1.

DSCHIHADMANIA

WARUM TAUSENDE EUROPÄISCHE JUGENDLICHE VON DER TERRORMILIZ DES „ISLAMISCHEN STAATES" FASZINIERT SIND

Über Syrien, vor allem über den „Islamischen Staat" (IS), dessen Sympathisanten und Fans zu schreiben, führt mich als Journalistin und Autorin an viele Grenzen. Zuerst einmal an die Grenze des Erträglichen: Seit sechzehn Jahren recherchiere ich in Krisen- und Konfliktgebieten. So gut es geht, musste ich mich daran gewöhnen, nach Bombenanschlägen die Toten und Verwundeten zu sehen, mit Folteropfern zu reden, mit Frauen, die im Krieg vergewaltigt wurden. Mittlerweile kann ich dabei ruhig und empathisch bleiben und professionell als Reporterin agieren. In Syrien allerdings gab und gibt es Momente, in denen ich fast scheitere. Mit Ausbruch der Revolution 2011 und dem darauf folgenden Bürgerkrieg setzte sich eine Spirale fürchterlicher Gewalt in Gang, die ich bei meinen Reisen in das Kriegsgebiet mit jeder neuen, horrenden Drehung erlebe. Menschen, die ich interviewte, sprachen nicht nur mit mir, manchmal brüllten sie mich an, etwa nach ziellosen Bombenangriffen auf die Stadt Aleppo durch die Armee von Baschar al-Assad. „Wie könnt ihr das zulassen? Wieso?" Es waren Väter, die neben ihren eben getöteten Kindern standen, deren Blut

in den Staub sickerte. Und ich stand daneben und zitterte. Weil ich nicht wusste, was ich sagen sollte. Weil ich eben noch die Kinder beim Spielen gesehen hatte, in Fußballdressen, lachend. Weil ich Angst hatte: vor der nächsten Bombe, vor den Insassen des nächsten Autos, die es vielleicht darauf angelegt hatten, mich zu entführen. Stück für Stück rückte ich selbst ins Visier. Journalisten gelten als „wertvolle Beute" für die Terrormilizen. Lösegeld in zweistelligen Euromillionen sind sie wert. Oder sie werden brutal ermordet, dabei auf „IS"-Propagandavideos global vorgeführt.
Dieser Konflikt schien und scheint aussichtslos. Mit geradezu entfesselter Gewalt agieren in Syrien alle Konfliktparteien, besonders aber die Miliz des IS. Mit dem Elend als Nährboden wurde sie von einer von vielen Rebellenfraktionen zur globalen Terrorgroßmacht. Im Juni 2014 rief der Führer des IS das „Kalifat" aus, das sich mit Stand Sommer 2015 – dem Redaktionsschluss dieses Buches – auf die Hälfte Syriens und weite Teile des Irak erstreckt. In der Region, die etwa die Größe Großbritanniens hat, leben etwa acht Millionen Menschen. Dazu schlossen sich in über zwanzig Ländern Terrorgruppen der Organisation an, gliederten sich dem „Kalifat" ein. In Libyen hielt im Sommer 2015 eine „Filiale" des IS mehrere Städte und regierte hier mit derselben Grausamkeit wie ihre Verbündeten in Syrien und im Irak. Wie brutal sie agieren, kann jeder und jede via Internet täglich mitverfolgen. Mit modernstem Equipment und Medien-Know-how werden Propagandafilme und Fotos produziert, die steinzeitliche Barbarei als Errungenschaft im Namen einer Religion vermarkten, Massenexekutionen zeigen und lächelnde „Gotteskrieger", die stolz darauf sind, zu morden.

Dieses Material zu sichten bedeutet für mich, einen Blick in menschliche Abgründe zu tun. Die rituelle Tötung von Journalistenkollegen bekomme ich da vorgeführt. Oder Kreuzigungen. Kinder, wie sie die Leichen der Exekutierten auf den öffentlichen Plätzen anstarren. Den blutenden Stumpf einer amputierten Hand eines Diebes, der Rest des Armes noch in einen azurblau lackierten Schraubstock gezwängt. Ein Maschinengewehr, das eine Frau stolz neben ihr Baby in den Kinderwagen legt, die ersten Betonklötze, die während einer Steinigung auf eine Frau geschleudert werden. Ihre Schreie.

„Das Fürchterlichste, was bisher geschehen ist, war diese Steinigung", erzählte mir ein junger Mann, der in der Hauptstadt des Kalifats, der syrischen Stadt Raqqa, lebt und mir unter Lebensgefahr half, die Hintergründe solcher Videos zu verstehen: „Eine Frau namens Fadda soll ihrem Mann untreu gewesen sein. Sie haben sie auf einen Platz in der Nähe des Sportstadions gezerrt. Ein Mann las das Urteil vor: Nach den Gesetzen Gottes müsse diese Ehebrecherin gesteinigt werden. Mit einem Lastwagen brachten sie schwere Steine. Viele waren da. Hundert oder so. Aber von den Menschen aus Raqqa nahm niemand einen Stein. Da brüllten die Milizen herum. Aber die Leute rührten sich nicht. Nur die ausländischen Kämpfer griffen zu. Sie lachten, als sie die Steine warfen. Mein Freund Mohammed war dort. Wie Tiere, sagte er, hätten sie sich benommen. Und er sei starr geworden. Er habe sich gefühlt, wie wenn seine Organe zu Eisklumpen geworden wären. An diesem Abend war es heiß, 40 Grad. Aber Mohammed glaubte zu erfrieren."[1]

Wie der Mann betonte, zählen zu den besonders brutalen Mitgliedern der Miliz Jugendliche, die aus Europa nach Syrien und den Irak ziehen, um sich als folternde und kaltblütige Gotteskrieger zu profilieren. Seine Beobachtung deckt sich mit vielen anderen Augenzeugenberichten. Und so stoße ich hier an meine nächste Grenze: Es ist schlicht unfassbar, warum sie das tun: Wieso stürzen sich junge Europäer in Kampfmontur auf wehrlose Menschen, werden zu Selbstmordbombern in irakischen Städten und verschlimmern damit das Leid in der Krisenregion, treiben noch mehr Menschen in die Flucht?

„Hier in Europa geboren zu sein kommt einem Lottosechser gleich", betont Nahost-Korrespondent Karim El-Gawhary, der in einem Buch Schicksale von Flüchtlingen aufzeichnete, die

versuchen, in klapprigen Booten übers Mittelmeer nach Europa zu gelangen.[2] Viele stammen aus Syrien, von wo laut Angaben der Vereinten Nationen im Sommer 2015 bereits die Hälfte der Bevölkerung im In- und Ausland auf der Flucht war. So wie Husam, ein Teenager aus Raqqa. Er würde Karim El-Gawharys Aussage, wie Millionen andere Menschen, sofort unterschreiben. Drei seiner Finger wurden von Schergen des IS amputiert, weil er eine Zigarette geraucht hatte. Husam gelang die Flucht nach Österreich und dann in Wien in einer Wohngemeinschaft unterzukommen. Hier zu sein nennt Husam „Glück". Andere Jugendliche, die in demselben Wien leben – oder leben könnten –, werfen dieses „Glück" weg, verbrennen ihren EU-Pass und machen daraus ein weiteres der unzähligen IS-Propagandavideos.
Dies tat im März 2013 auch der damals 28-jährige Mohammed Mahmoud. Er zündete seinen Pass an und quasselte dazu wilde Terrordrohungen in die Kamera. Er ist in Österreich geboren und aufgewachsen, seine Eltern stammen aus Ägypten. Seit dem Sommer 2014 dürfte er in der Hauptstadt des Terrorstaates für Propaganda in Europa zuständig sein. Bereits 2007 war er in Österreich als Drahtzieher der „Globalen Islamischen Medienfront" verurteilt worden. Schon damals hatte er sich als PR-Mann in Sachen Terror positioniert und dürfte seine Zeit im Gefängnis dazu genutzt haben, am Konzept globaler PR-Offensiven zu arbeiten. Im vierten Kapitel dieses Buches analysiere ich, warum er so „erfolgreich" sein konnte und wie er zu einer der führenden Figuren des IS wurde.

DAS PHÄNOMEN DES POP-DSCHIHADISMUS

Möglicherweise ist es ein grundlegender Fehler, „nur" wegen der Terrorbedrohung durch den IS vor Figuren wie diesem Mohammed in Panik zu geraten. Tausende Europäer und Europäerinnen haben sich der Gruppe angeschlossen. Hunderte kehren und kehrten bereits zurück: Das macht Angst. Aber

ebenso gefährlich scheint es zu sein, dass sich mit hoher Wahrscheinlichkeit Zehntausende mehr oder weniger heimlich mit der Gruppe solidarisieren und mitten in Europa Pläne schmieden, den „Heiligen Krieg“ – den Dschihad – hier auszutragen.
Dieser Begriff kursiert mittlerweile geradezu inflationär in der Alltagssprache, wobei ihn viele Muslime ganz anders verwenden würden. Vereinfacht lässt sich Dschihad folgendermaßen definieren: Im islamischen Religionsverständnis gibt es den „großen“ und den „kleinen Dschihad“. Dabei bezeichnet der „große Dschihad“ den inneren Kampf eines Menschen, ein rechtschaffenes Leben zu führen, sich gegen Verlockungen zu wehren, die einen von einem tugendhaften Weg abbringen. Mit dem „kleinen Dschihad“ ist der bewaffnete Kampf gemeint, der unter bestimmten, in islamischen Rechtsquellen sehr klar definierten Voraussetzungen zur Verteidigung von Muslimen geführt werden darf. Den Krieg, den der IS führt, würde deshalb kaum ein Muslim als „legitimen Dschihad“ bezeichnen.
Der Begriff hat sich aber verselbstständigt und beschreibt als „Dschihadismus“ eine Strömung des ultrakonservativen Islam, die jegliche Abweichungen von ihrer strengen dogmatischen Lehre als Blasphemie verurteilt, die Welt in Schwarz und Weiß einteilt und sich mit ihr im Kriegszustand befindet. Das Feindbild sind die „Kuffar“ – die „Ungläubigen“. Es ist ein Wort, das in vielen Statements von IS-Anhängern vorkommt und zentral deren Ideologie beschreibt. Es ist ein Weltbild, das von so viel Gewaltbereitschaft, Hass und Fanatismus geprägt ist, dass selbst die berüchtigte Terrororganisation „al-Kaida“, aus deren Reihen die Gruppe hervorging, sich von ihr lossagte.

Doch der IS ist schon lange mehr als nur eine weitere Terrorgruppe. Es ist ein Staat, eine Ideologie und zu einem beträchtlichen Teil eine Protestbewegung von Jugendlichen. Er hat ein Paralleluniversum aufgebaut – vor allem online. Die Gruppe verfügt über ein eigenes Branding und Merchandising. Ihre

Insignien werden zum Logo, das auf T-Shirts, Kaffeetassen und Baseballmützen prangt. Wichtige Werbeträger der Bewegung, quasi ihre Ikonen, sind die ausgereisten europäischen Dschihadisten, besonders Frauen, die sich dem IS anschließen. Nur warum scheint es für viele Jugendliche, die in Europa aufgewachsen sind, trendig, sich mit den Codes einer Terrorgruppe zu schmücken, die Menschen quält, ermordet und brutal erniedrigt?

Als ich begonnen habe, an diesem Buch zu schreiben, hat sich vermutlich fast jeder irgendwann einmal diese Frage gestellt. In Österreich sorgten damals, im Frühling 2014, die Abschiedsbriefe der beiden sogenannten „Dschihad-Bräute" für Aufregung: „Sucht nicht nach uns. Wir dienen Allah und werden für ihn sterben." Diese Worte hinterließen die 16-jährige Samra und die 15-jährige Sabina[3] ihren Eltern und machten sich aus Wien gen Syrien auf. Die Fotos der Schülerinnen kursierten weltweit: in westlicher Kleidung mit langen offenen Haaren. Lebensfroh, modern, fröhlich. Sie waren vielleicht nur zwei Mädchen, die sich in eine Idee verrannt hatten, sich dabei selbst überholten und nicht mehr den Weg zurück fanden. Anhaltspunkte wie das Geschmiere von „I love al-Kaida"-Slogans auf die Wände der Klassenzimmer hatten wenige Monate zuvor den Schuldirektor ihrer Schule auf den Plan gerufen. Gespräche mit Eltern, Versuche, sie zu disziplinieren, halfen nicht. Vielleicht war es nur eine hochgradige pubertäre Verirrung. Nur ändern solche Motive nichts daran, dass sie zur Avantgarde einer gefährlichen Bewegung hochstilisiert wurden.

Viel hatte die PR-Abteilung des IS nicht zu tun, um aus ihnen Ikonen zu machen. Da halfen viele westliche Medien unfreiwillig, aber tatkräftig mit. In großen Lettern und mit ganzseitigen Fotos wurde die äußere Metamorphose der Teenager – aus den Slim-fit-Jeans in den schwarzen Umhang, der Niqab – illustriert. Es wurde und wird übersehen, dass solche Geschichten nicht nur empört rezipiert werden, sondern von manchen Lesern – und vor allem Leserinnen – als

Bestätigung einer Ideologie verstanden werden. Jede unreflektierte Schlagzeile, jedes Titelbild aus den Archiven des IS verstärkt deren Botschaft. Es sei so vor allem eine Form der Jugend-Protestbewegung geworden: „Der Punk des 21. Jahrhunderts trägt eine Niqab", sagt Olivier Roy, Professor an der Universität Florenz und Autor zahlreicher Bücher zu islamistischem Extremismus. Er will das Phänomen IS nicht vorrangig als religiösen Wahn, sondern als neuen Kult definieren: „Die Fans haben ihre eigene Ausdrucksweise, einen eigenen Dresscode." Maßgeblich sei dabei das Image: „Sie wollen Helden sein, darum ist die Darstellung ihrer Vertreter in den Medien besonders brisant."[4]

Jene, die nach Syrien ausreisen, werden so zum doppelten Problemfall: Die Verrohung durch den Alltag im IS, die Ausbildung zu Terrorkämpfern kann selbst aus harmlosen, sozialromantischen Verirrten indoktrinierte Extremisten machen, die nach ihrer Rückkehr ein gewaltiges Risiko darstellen. Die pausenlose Selbstdarstellung in Heldenpose nährt dazu einen Mythos und wird zur Werbesendung für die Gruppe. Anders als die „al-Kaida", die sich als elitäre Vorhut empfand, will der IS eine Massenbewegung sein. Die Faszination der Gegenkultur des Dschihad sei ein viel größeres Problem, als man vermuten würde, betont Nazir Afzal. Der ehemalige britische Staatsanwalt ortet eine regelrechte „Dschihadmania": „Buben wollen so sein wie die IS-Kämpfer, genauso wie die Mädchen. Sie bauen ein Image auf, das sie wie ein Magnet anzieht, glamourös erscheint." Dabei sei die Realität eine gänzlich andere: „Es sind narzisstische mordlüsterne Cowboys. Dieses Bild sollten wir in der Öffentlichkeit vermitteln, nicht jenes von Popidolen."[5]
Diese Forderung zeigt mir wieder eine Grenze auf: Ein Buch über die Fans des IS zu schreiben darf der Gruppe kein Forum bieten. Deshalb wird man hier vergebens nach unreflektiert übernommenen Schilderungen von „Gotteskriegern" und „Dschihadisten-Bräuten" suchen und ich werde auch das

Material von ausführlichen journalistischen Berichten, die in Kooperation mit dem IS entstanden, nicht als Quelle verwenden. Vielmehr soll dieses Buch helfen, die Bewegung zu „entzaubern", und den Horror, für den sie steht, offenlegen. Ihre Anhänger sollen als das gezeigt werden, was sie sind: gestrandete Existenzen. Jugendliche in Europa, die meinen, dort ihr Glück zu finden, müssen daran erinnert werden, mit wem sie gemeinsame Sache machen. Nicht mit glorifizierten Märtyrern, sondern mit Menschen, die ihre Widersacher kreuzigen; mit Männern wie Seifeddine Rezgui, der im tunesischen Badeort Sousse am 26. Juni 2015 mit einem Maschinengewehr 38 europäische Touristen eiskalt erschoss. Am Strand. Beim Baden. In der Sonnenliege.

Dem IS geht es längst nicht mehr darum, im Bürgerkriegsland Syrien und im chronisch instabilen Irak als neue Ordnungsmacht zu reüssieren oder die Utopie eines „Kalifats", eines transnationalen Staates aller Muslime, zu realisieren. Es geht um die Errichtung einer Ordnung, die auf roher Gewalt basiert und den Rest der Welt terrorisiert. So rief Abu Mohammed al-Adnani, der Sprecher des IS, im Herbst 2015 „alle Muslime im Westen dazu auf, einen Ungläubigen zu finden und seinen Schädel mit einem Stein zu zertrümmern, ihn mit dem Auto zu überfahren, seine Ernte zu vernichten".[6] Jugendliche wie die jungen Wienerinnen Sabina und Samra glaubten in einer Gedankenwelt, wie sie Adnani vertritt, eine neue Heimat zu finden. Warum das möglich war, darum geht es vorrangig in diesem Buch. Oder wie aus einem jungen Mann, wie dem 26-jährigen Mohammed Emwazi, ein graduierter IT-Experte, der in geordneten Verhältnissen am Stadtrand Londons groß wurde, ein sadistischer Mörder wurde, das als „Jihadi John" bekannt ist. Er sorgte dafür, dass dieses Thema mich auch an eine Grenze meines Berufes führt: Kann ich angesichts der Bedrohung durch den IS in den Regionen, wo meine Berichterstattung vor Ort am wichtigsten wäre, etwa in Syrien, noch weiterarbeiten?

Der amerikanische Journalist Jim Foley wurde von Mohammed Emwazi am 19. August 2014 enthauptet. Ich kannte ihn, ebenso die anderen Journalisten – Kenji Goto und Steven Sotloff –, die ebenso brutal getötet wurden. Steven wurde im Sommer 2014 direkt an der türkisch-syrischen Grenze entführt. Ich hatte damals nur wenige Tage vor ihm die gleiche Route genommen. Er war mit jenen Übersetzern unterwegs, mit denen ich kurz vor seiner Entführung zusammengearbeitet hatte. Um illegal nach Syrien zu gelangen, in die von Rebellen gehaltenen Territorien, ist man auf die Hilfe solcher „Übersetzer" angewiesen. Geht etwas schief, stehen die Chancen auf Rettung gleich null. Es war Zufall, dass er und nicht ich in die Hände der IS-Miliz geraten war.

Fast dreißig Reporter waren Mitte 2014 in der Gewalt des IS. Aus Beobachtern des Konfliktes wurden Akteure. „Eine Nachricht an Amerika" nannte der IS das Video über die Hinrichtung Jim Foleys. Er trug eine orange Uniform wie die Häftlinge aus dem US-Gefangenenlager Guantanamo. Sein Tod wurde als Racheakt auf den damals eben begonnenen Luftkrieg durch die USA und seine Alliierten gegen Stellungen des IS inszeniert. „Ich starb an dem Tag, als deine Kollegen begannen, Bomben abzuwerfen", wurde er gezwungen zu sagen, adressiert an seinen Bruder, der US-Soldat ist. „Ihr bekämpft nicht länger einen Aufstand. Ihr bekämpft eine islamische Armee", verkündete sein schwarz gekleideter Henker Mohammed Emwazi, bevor er begann, Jims Kopf abzutrennen.
Es waren stumpfe Klingen, die – wie immer im IS – bei den Enthauptungen verwendet werden: „Um den Schmerz zu erhöhen", gab ein von einer kurdischen Miliz gefangen genommener IS-Kämpfer zu Protokoll. Zuvor würde die Hinrichtung in zahlreichen Scheinexekutionen mit den Gefangenen „geprobt", wie ein Mann namens „Saleh", der sich in die Türkei abgesetzt hatte, erzählt.[7] Er behauptet, bei mehreren Videos von Enthauptungen im Hintergrund mitgewirkt zu haben. „Die Geiseln wirken auf den Videos alle so ruhig, weil sie glauben,

es würde sich nur um die Drohung einer Exekution handeln", so „Saleh". Ein anderer Augenzeuge, der sich „Adnan" nennt und vor seiner Flucht beim IS Gefängniswärter war, erlebte dies bei einem Häftling: „Die Kämpfer haben wieder und wieder Kinder kommen lassen, die eine Pistole an seinen Kopf richteten und abdrückten. Es wiederholte sich jeden Tag. Immer filmten sie mit. Die Pistole war nie geladen. Bis auf den letzten Tag seines Lebens."[8]

DAS BÖSE AN SICH?

„Er strich mit der Klinge zart über meinen Nacken, hörte dabei nicht auf zu reden: ‚Fühlst du es? Kalt, nicht wahr? Kannst du dir den Schmerz vorstellen, wenn es dich schneiden wird? Den unerträglichen Schmerz.' Dann ließ er das Schwert bis zu meiner Halsschlagader gleiten. ‚Mit dem ersten Schnitt werde ich deine Adern durchtrennen. Dein Blut wird sich mit deinem Speichel vermengen' sagte dieser Jihadi John dann." Dies sind die Erinnerungen von Javier Espinosa, einem spanischen Journalisten, der diese Scheinhinrichtungen erlebte.[9] Von September 2013 bis April 2014 war er Geisel des IS, wurde dabei auch gemeinsam mit Jim Foley festgehalten. „Die ‚Beatles', wie wir die drei britischen Kämpfer nannten, die uns bewachten, liebten dieses Theater", so Espinosa. „Und sie wiederholten es wieder und wieder. Emwazi suchte die exzessivste Inszenierung dieses Dramas. Dazu brachte er ein antikes Schwert, eines, das muslimische Heere im Mittelalter benutzt hatten. Die Klinge war einen Meter lang, der Griff aus Silber. ‚Mit dem zweiten Schlag werde ich deinen Nacken durchtrennen. Ab diesem Moment wirst du nicht mehr durch die Nase atmen können, nur noch durch den Mund. Du wirst lustige Gluckslaute von dir geben. Ich habe das schon erlebt, ab dieser Phase hört ihr euch alle an wie Schweine', sagte er, und dann: ‚Mit dem dritten Schlag des Schwertes wird dann dein Kopf abgetrennt. Den lege ich dir dann auf den Rücken.' Er und die anderen Auf-

passer nötigten mich, dabei auf dem Boden zu sitzen, barfuß. Wenn sie mit der Schwertszene fertig waren, nahmen sie eine Pistole aus dem Halfter, eine Glock. Sie drückten sie mir gegen die Schläfe. ‚Klick.'" Niemals, so Javier Espinosa, hätte er den Eindruck gehabt, dass sie diese horrende Einschüchterung zufriedenstellte: „Hätte ich jemals Zweifel gehabt: Diese Szenen bestätigten, dass unsere Geiselnehmer Psychopathen waren."
Auch der französische Journalist Nicolas Hénin war eine Geisel des IS. Von Juni 2013 bis April 2014 wurde er festgehalten und wie alle anderen gefoltert. Am brutalsten quälte ihn sein Landsmann Mehdi Nemmouche, der ihm in den Pausen der Misshandlungen Ausschnitte einer französischen Fernsehserie zeigte, die er auf seinem Smartphone gespeichert hatte. Sie lief unter dem Titel „Faites entrer l'accusé!" („Führen Sie den Angeklagten vor!") und handelte von Massenmördern. Dabei vertraute Nemmouche seinem Opfer an, dass es sein größter Wunsch sei, selbst einmal in der Show aufzutreten. „Der Islam ist bei diesen Leuten nur ein Anstrich für abscheuliche Gewaltfantasien", sagt Hénin heute. „Diese Folterer haben sicher mehr Horrorfilme gesehen, als Koranverse gelesen, und im Islamischen Staat nur einen Vorwand gefunden, um ihrer Neigung zu Gewalt freien Lauf zu lassen."[10]

Die beiden Journalisten zählen zu den wenigen unabhängigen Augenzeugen, die über einen langen Zeitraum mit den IS-Dschihadisten konfrontiert waren. Sie erlebten, wie sie ticken, und sammelten so – trotz der fürchterlichen Erfahrungen – wertvolle Indizien, die helfen, den IS und seine Schergen zu verstehen. Doch auch wenn beide von den pathologischen Persönlichkeitsstörungen ihrer Folterer überzeugt waren, muss man davon ausgehen, dass nicht alle Dschihadisten schlicht krank sind. Manche waren hochtalentierte Schüler und Studenten, andere notorisch arbeitslos und Kleinkriminelle. Überraschend sei, wie extrem verschieden sie wären, betonen Fachleute unisono.
„Es gibt abgebrühte Extremisten genauso wie weinerliche Jammerer", sagt etwa Shiraz Maher vom britischen Thinktank

„International Centre for the Study of Radicalization“ (ICSR). Einem innovativen Forschungszugang verdankt er tiefe Einblicke in die Gedankenwelt der Dschihadisten: Über soziale Medien stehen Shiraz Maher und seine Kollegen seit 2013 kontinuierlich mit Dutzenden ausländischen Kämpfern des IS im Dialog.[11] Schon deren bloße Selbstdarstellung spiegle die große Bandbreite an Persönlichkeiten, die in den IS gezogen sind, meint er: „Manche prahlen mit Fotos, die sie in Swimmingpools in Syrien zeigen, andere in Kampfmontur. Unter ihnen gibt es abgebrühte Dschihadisten, die so schnell wie möglich als Selbstmordbomber sterben wollen, aber auch weinerliche Sozialromantiker, wie ein Mexikaner, der darunter leidet, dass er in Syrien kein Restaurant mit mexikanischer Küche findet, oder ein junger Brite, der sich kurz vor seiner Abreise nach Syrien nervös erkundigt, ob es dort eh Haargel gäbe. Es gibt Körperbehinderte, die dazu angestachelt werden, in den Krieg zu ziehen, wie auch Familien mit Kindern.“ Gleichheit sei nur ein Leitmotiv: „Es geht darum, dass alle willkommen sind, weil man dabei ist, einen Staat aufzubauen.“

Auch wenn es zuvor bereits Protostaaten radikaler Islamisten – etwa die Taliban-Herrschaft in Afghanistan von 1996 bis 2001 – gab, ist der Anspruch des „Kalifats“ singulär. Seit dem Ende des osmanischen Kalifats im März 1924 war die Notwendigkeit der Wiedererrichtung dieses gemeinsamen Staates aller Muslime das Credo sämtlicher Bewegungen des politischen Islamismus – bis zu den Dschihadisten. Der IS kidnappte diese Utopie und erhob den Führungsanspruch der Sunniten, die circa 90 Prozent aller 1,7 Milliarden Muslime stellen. Inkludiert ist aus Sicht des IS, die einzig „korrekte“ Auslegung des islamischen Lebensstils zu verwirklichen. Dazu zählt, dass Schiiten genauso als Abweichler gebrandmarkt werden, wie Sunniten, die sich gegen diese Dogmen stellen. Die Folgen sind verheerend: Das Vergehen, „falsch“ zu glauben, rechtfertigt im Universum des IS, diese Menschen zu töten.

Dazu scheint die besondere Grausamkeit der Gruppe unvergleichlich. Systematische Gewalt gegen die Zivilbevölkerung und Sadismus von Milizen oder einzelnen Kämpfern sind an sich – leider – keine Markenzeichen, die nur für den IS typisch wären. Doch meist folgen diese Verbrechen einer kaltblütigen, aber doch rein militärischen Logik. Sie werden als Taktik der Einschüchterung eingesetzt und besonders bei ethnischen Säuberungswellen forciert. Eines der brutalsten Videos des IS dürfte beweisen, dass dies auch Teil der Propagandalogik der Gruppe ist. Fünf Gefangene wurden im Juni 2015 in einem Stahlkäfig in einen Pool getaucht und ertränkt. Die Botschaft zum Filmmaterial: „Dies zeigt Verräter, die den Amerikanern unsere Positionen verraten haben."

Doch die Exzesse des IS erfüllen einen weiteren Zweck: Sie sichern die maximale und kontinuierliche Aufmerksamkeit in westlichen Medien. Es ist eine Machtdemonstration, eine auf die Spitze getriebene Provokation. „Der IS inszeniert sich als barbarischer Gegenentwurf zur westlichen Zivilisation, als das andere an sich", analysiert Professor Lia Brynjar von der Universität Oslo: „Der IS ist omnipräsent, gewann so die Propagandaschlacht gegen andere islamistische Extremistengruppen, allen voran gegen die al-Kaida, von der sich die Anhänger des Kalifats nicht bloß abspalteten, sondern sie in Syriens Bürgerkrieg massiv bekämpften. Das half, Anhänger zu finden; vor allem unter den ausländischen Kämpfern."[12] Diese sind ein wertvolles Instrument: Kanonenfutter als Selbstmordattentäter, Werbefiguren und gehorsame Diener des Kalifen, die im Kriegsgebiet keine anderen Verbindungen und Interessen haben, als „Shahid" – Märtyrer – zu werden.

SEX & CRIME: WIE DER IS AUF PRIMITIVE TRIEBE SETZT

Doch es geht nicht nur um Gewalt, wenn der IS die Werbetrommel rührt. „Die Marke ist komplex. Von einer Minute auf die andere schaltet die Gruppe von Massakern auf Blumenwiesen und Schulkinder um", so Charlie Winter von der „Quilliam Foundation", der für eine Analyse der Kalifats-PR 1700 ihrer

Videos analysierte. Der Sozialpsychologe Arie W. Kruglanski, der an der University of Maryland in den USA lehrt und seit Jahrzehnten Motive von Terroristen erforscht, meint, dass die Ordnung der IS-Welt in klare Schwarz-Weiß-Strukturen einen beträchtlichen Teil der Faszination für Jugendliche erkläre, die versuchen, einen Sinn in ihrem als gescheitert empfundenen Leben zu finden. Eine wesentliche Rolle spiele dabei seiner Meinung nach aber auch das Versprechen der unbegrenzten Verfügbarkeit von Frauen: „Jungen, oft sexuell frustrierten Männern wird ein erotisches Shangri-La als Preis für ihre Tapferkeit in Aussicht gestellt.“[13]

Wie wichtig dieser vermeintlich nebensächliche Aspekt ist, zeigte sich bei fast allen Gesprächen, die ich mit IS-Fans für dieses Buch führte und die ich noch genauer wiedergeben werde. Auch die britische Dokumentarfilmerin Deeyah Khan entdeckte dieses Muster in ihrer Arbeit mit Dschihadisten:[14] „Meist hatten sie Probleme mit ihren Vätern, die mit der offenen Sexualität im Westen nicht umgehen können und ihre Frustration auf die Kinder übertragen.“ Alyas Karmani, der mittlerweile als islamischer Prediger arbeitet und versucht, der Radikalisierung entgegenzusteuern, war selbst zuvor in den Fängen der Gruppe und meint, dass in dem Moment, in dem Jugendliche dem IS beitreten, ihre gröbsten Probleme mit einem Schlag vermeintlich gelöst seien: Sie entkommen den Eltern, die sie unterdrücken, fühlen sich zugehörig und können – dies sei ein wichtiger Punkt – ihre Sexualität leben. „Die Teenager bekommen Waffen, posieren mit der MP, die auf den Fotos meist wie eine Penisverlängerung aussieht“, so Karmani. „Sie haben das Gefühl, sexy zu sein in der Rolle als Gotteskrieger, dass sie nun Eindruck auf Mädchen machen.“

Doch es sind nicht nur sogenannte „freiwillige Dschihadisten-Bräute“, die diese Bedürfnisse erfüllen müssen. Abu Ibrahim al-Raqqawi, ein syrischer Aktivist, der gemeinsam mit einem Dutzend Gleichgesinnter Augenzeugenberichte aus Raqqa, der Hauptstadt des IS, sammelt, dokumentierte dazu schier unfassbare Details: „Die IS-Kämpfer sind geradezu sexbesessen", sagt er. „Ein nicht unbeträchtlicher Teil, vor allem unter den Ausländern, lebt horrende Fantasien mit Frauen aus, die sie als Sklavinnen kaufen. Zu den meist nachgefragten Medikamenten gehört Viagra." Immer wieder, erzählt er, müssten Frauen im Spital behandelt werden, so schlimm seien die Verletzungen, die sie dabei erleiden.

Ist es angesichts dieser Gräuel überhaupt denkbar, den IS im Rahmen seiner Religion zu definieren? Der Großteil aller Muslime, die ich für dieses Buch interviewte, weist jede Ähnlichkeit ihrer Einstellung mit jener des IS entrüstet zurück. Nichts habe das mit dem Islam zu tun. Auch US-Präsident Barack Obama charakterisierte den IS als gegen die Religion gerichtet, als völlig neuartige Bedrohung, als „das Böse an sich".[15]

Trotz – oder vielleicht wegen – des Schreckens, den dieser real existierende islamistische Extremismus verkörpert, haben sich seit 2011 – inklusive der geschätzten Dunkelziffer – circa 7000 junge Leute aus Europa den Dschihadisten angeschlossen.[16] Ein Zehntel davon sind Frauen, jeder, beziehungsweise jede Sechste ein Konvertit, eine Konvertitin. In Frankreich liegt ihr Anteil sogar bei einem Viertel.[17]

Somit liefern die unzureichenden Versuche, den Kindern muslimischer Zuwanderer gute Perspektiven zu bieten, nur den Ansatz einer Antwort auf die Frage, was nun die Faszination des IS für diese Jugendlichen ausmacht. Aber es ist eine wichtige Spur: „Es gibt unzählige Formen der Radikalisierung", sagte Peter Neumann, Direktor des bereits erwähnten „ICRC", in einem Statement vor dem UN-Sicherheitsrat im April 2015. „Doch etwas geht jeder Radikalisierung für den IS voraus: das Gefühl, ausgeschlossen zu sein."

Und dies wird mitunter nicht bloß durch die Herkunft ausgelöst, sondern auch durch eine brüchige Biografie. Lisa-Maries Geschichte beweist dies: An einem verregneten Maitag 2015 stand die Sechzehnjährige leichenblass und verschreckt in Wien vor Gericht, alles bis auf ihr Gesicht ist verschleiert.

Die Anklage gegen sie lautete: „Unterstützung einer Terrorvereinigung“, von diesem Verdacht wird sie freigesprochen. Zu offensichtlich ist, dass sie nicht kämpfen, sondern einen Sinn suchen wollte. Im Sommer 2014 war die nach einer abgebrochenen Lehre arbeitslose Wienerin zum Islam konvertiert und geriet in den Sog radikaler Kreise. Im Winter 2014 wollte sie in den „Islamischen Staat“ ziehen. Es scheint, als hätte sie ihrer Chancenlosigkeit den Ganzkörperschleier „Niqab“ umgeworfen, ihr so einen Namen, einen Grund gegeben.

DIE TERRORAKADEMIE „ISLAMISCHER STAAT“

„Eilt herbei! Muslime auf der ganzen Welt, kommt schnell in euren Staat!“ Am 4. Juli 2014 trat der selbst ernannte „Kalif Ibrahim“ mit diesen Worten zum ersten Mal öffentlich auf. Seine damalige Freitagspredigt in der wichtigsten Moschee der zweitgrößten irakischen Stadt Mossul war eine Überraschung. Keine einzige Filmaufnahme war bis zu dem Zeitpunkt von ihm überliefert, einzig ein grobkörniger Screenshot aus einem Video kursierte. „Kalif Ibrahim“ war einst ein muslimischer Kleriker, der als Ibrahim Awad Ibrahim al-Badari 1971 in der irakischen Stadt Samarra auf die Welt kam. Unter dem Kampfnamen „Abu Bakr al-Baghdadi“ schloss er sich nach 2003 dem Terrorkrieg gegen die US-Besatzung an, ab 2010 war er Führer des „Islamischen Staates im Irak“ und so auch Boss des daraus entstandenen „Islamischen Staates“ sowie des Kalifats, das am 29. Juni 2014 ausgerufen worden war.
Ein Kopfgeld von zehn Millionen Dollar hatte die US-Regierung zu diesem Zeitpunkt bereits auf ihn ausgesetzt und al-Baghdadi zu einem der meistgesuchten Terroristen im Nahen Osten erklärt. Dies hatte aber auch einen kontraproduktiven Effekt: Der amtlich zum Erzfeind der USA deklarierte Iraker vermittelte mit Gestik, Outfit und Wortwahl eine klare, trotzige Botschaft.[18] Seine Legitimität ‚als „Kalif Ibrahim“

Führer der sunnitischen Muslime zu sein, leitete er vorrangig daraus ab, aber auch von Rechtsquellen des Islam, die von führenden Klerikern allerdings völlig anders interpretiert werden. So betont Abdulfattah al-Owari, einer der führenden Experten der ägyptischen Universität Al-Azhar: „Sicher ist, dass ein Kalifat niemals durch die gewaltsame Okkupation von Land errichtet werden kann. Die Welt hat sich seit den Zeiten des Propheten Mohammed verändert, und heute gibt es Staaten mit klaren Grenzen, die zu respektieren sind." „Nichts im Islam würde einen solchen Herrschaftsanspruch rechtfertigen", betont ein weiterer führender Islam-Gelehrter der al-Azhar-Universität, Ibrahim al-Hudud: „Dies gilt auch für Selbstmordanschläge, die das Leben von Unschuldigen fordern. Sie stehen im krassen Gegensatz zum islamischen Recht, der Scharia."[19]

Im Universum des IS zählen solche Bedenken wenig. Die Schlagkraft des Kalifats erklärt sich vor allem daraus, dass Selbstmordattentäter als Teil eines eiskalten Kalküls im Angriffskrieg eingesetzt werden. Der „Blitzkrieg" des Jahres 2014 war nur möglich, weil Dutzende Selbstmordattentäter die Reihen der Gegner sprengten. All dies vermittelte einen Mythos der Stärke, der noch mehr ausländische Kämpfer anzog, die darum wetteiferten, zu Märtyrern zu werden. Sprunghaft stiegen die Ausreisen ab diesem Moment an. Mindestens 20.000 Ausländer aus hundert Staaten der Welt kämpften Mitte 2015 bereits in den Reihen des IS. Da nach Beginn der Militärschläge der internationalen Anti-IS-Koalition pro Monat tausend neue Kämpfer kamen,[20] blieb die Armee des Kalifats intakt, auch wenn bei Luftschlägen der internationalen Anti-IS-Allianz bis Juni 2015 laut Angaben des US-Verteidigungsministeriums mehr als 10.000 ihrer Kämpfer getötet wurden.[21]
Neben der Zahl von 20.000 ausländischen Kämpfern, die Sicherheitskreise in Europa und den USA nennen, kursieren aber auch andere, wesentlich höhere Schätzungen. So meint Ab-

del Rahman vom „Syrischen Beobachtungszentrum für Menschenrechte“, dass allein in Syrien 50.000 Ausländer aufseiten des IS kämpfen würden; das russische Militär wollte Anfang 2015 gar von 70.000 wissen. Bereits Im Juli 2014 warnte der irakische Terrorexperte Hisham al-Hashimi vor „bis zu 100.000 ausländischen Dschihadisten“. In dieser Zahl sind bewaffnete Einheiten inkludiert, die nicht im eigentlichen militärischen Konflikt eingesetzt werden: Polizeieinheiten, Leibwächter, lokale Milizen in besetzten Städten sowie Paramilitärs, die zu den verschiedenen Sicherheitskräften des IS gehören.[22] Wie viele es wirklich sind, weiß niemand mit Sicherheit, denn es gibt keine Chance, unabhängig im IS zu recherchieren. Dazu kommt: Meist beziehen sich die Zahlen über ausländische Dschihadisten, die in Syrien und dem Irak aktiv sind, auf alle Extremistengruppen, die in den Konflikt involviert sind. Nur drei Viertel davon – so meine Schätzung, die auf zahlreichen Analysen basiert – kämpfen tatsächlich für den IS. Andere sind für andere Dschihadistengruppen aktiv, die auch gegen den IS Krieg führen.

So muss man sich dessen bewusst sein, dass wir auch über die wahren Zahlen aus den einzelnen Staaten nur Schätzungen der jeweiligen Sicherheitsbehörden kennen. Die meisten Ausländer im Sold des IS – circa 3000 – stammen aus Tunesien, gefolgt von Saudis, die mit 2500 Kämpfern das zweitgrößte Kontingent stellen. Militärisch eine wichtige Rolle spielen Tschetschenen und andere Milizen aus dem Kaukasus, die auch Kampferfahrung mitbringen. Die größte Gruppe der circa 7000 europäischen Dschihadisten stammt aus Frankreich, von wo ab 2011 mindestens 1400 Kämpfer nach Syrien und in den Irak zogen. Drei Viertel sind erst ab 2014 ausgereist. Aus Deutschland und Großbritannien dürften bis Juni 2015 jeweils 700 Kämpfer kommen. In Relation zur Zahl der Einwohner rangiert Österreich mit seinen 220 Dschihadisten weit oben in der Liste der Rekrutierungsländer. Sehr viele Freiwillige stammen aus den Balkanländern, besonders aus dem Kosovo. Von hier kommen in etwa so viele Dschihadisten wie aus Belgien, das mit circa 400 Kämpfern den höchsten Pro-Kopf-Anteil der europäischen Staaten hat.

Wie hoch die Diskrepanz zwischen diesen offiziellen Zahlen und der Realität sein dürfte, zeigen Recherchen des Historikers Pieter Van Ostaeyen, der die offiziellen Angaben aus seinem Heimatland Belgien penibel überprüfte. Er fand heraus, dass um ein Fünftel mehr ausgereist war, als von der Regierung angegeben.[23] Im Frühling 2014 wandten sich sogar Mitarbeiter des britischen Geheimdienstes an die Presse: „Die offiziellen Zahlen scheinen uns zu niedrig", so die Einschätzung: „Das liegt daran, dass wir das Problem zu spät erkannten und so viele Ausreisen nicht registrierten. Alleine wenn man bedenkt, dass noch immer in etwa fünf Personen pro Woche nach Syrien und in den Irak reisen, dürfte es sich insgesamt um höhere Dimensionen handeln."[24]
Trotz der massiven Verschärfung von Gesetzen und Kontrollen mit Beginn 2014 schafften es zahlreiche Dschihadisten nicht nur in Großbritannien auch im Jahr eins des Kalifats auszureisen und werden dies auch in Zukunft tun. Bis zu 10.000 Kämpfer aus Europa könnten bis Ende 2015 in Syrien und im Irak sein, so die Prognose von Frankreichs Premierminister Manuel Valls.[25] Ähnlich schätzen auch Behörden in Österreich und Deutschland die Entwicklung ein: Laut dem deutschen Bundeskriminalamt etwa dürfte sich die Zahl der ausgereisten Dschihadisten bis Ende 2015 fast verdoppeln, also auf tausend steigen.[26]

Etwa ein Zehntel ist bereits wieder zurück in ihre Heimat gereist. Dies lässt die Alarmglocken schrillen. „Wir haben noch nie eine dermaßen große Terrorbedrohung erlebt", sagt Brett McGurk, Sondergesandter von US-Präsident Barack Obama für die „Anti-IS-Koalition".[27] Von einer regelrechten Ausbildungsstelle für den globalen Dschihad ist in einem Bericht der Vereinten Nationen im April 2014 die Rede: „So wie in den 1990er-Jahren Afghanistan verwandeln sich Syrien und der

Irak in eine Kaderschmiede von Extremisten." Die Experten fassten dafür weltweite Informationen über freiwillige Kämpfer bei islamistischen Terrorgruppen zusammen. Die Zahl der Mitglieder von Terrororganisationen ist demnach zwischen 2014 und 2015 um 71 Prozent gestiegen. „Noch nie in der Geschichte gab es eine dermaßen hohe Aktivität von Dschihadisten", heißt es in dem Bericht. Die warnende Ergänzung: „Eine mögliche militärische Niederlage des IS könnte dazu führen, dass hoch motivierte Kämpfer in ihre Heimatländer zurückkommen und für große Sicherheitsprobleme sorgen würden: „Manche der Rückkehrer werden traumatisiert sein und im Schock, andere von kriminellen Netzwerken rekrutiert werden", heißt es in dem Bericht.

Dieses Problem stellt sich allerdings nicht erst in der Zukunft, nach einem möglichen Zusammenbruch des IS. Die Bedrohung des Terrorexports ist bereits in der Gegenwart angekommen: Am 24. Mai 2014 wurden vier Besucher des jüdischen Museums in Brüssel ermordet. Der Attentäter: Mehdi Nemmouche. Es war jener junge Franzose, den der Journalist Nicolas Hénin nur wenige Wochen zuvor noch als sadistischen Folterknecht des IS erlebt hatte. In Nemmouches Wohnung fand die Polizei eine Kalaschnikow und ein Jagdgewehr, eingehüllt in die schwarze Fahne des IS. Während des Attentats trug er eine Kamera bei sich, auf der ein vierzig Sekunden langes Video aufgezeichnet worden war, in dem er die Verantwortung für die Morde auf sich nahm und betonte, wie sehr er es bereue, dass es ihm nicht gelungen wäre, das Massaker selbst aufzuzeichnen, um dieses Material für Propagandazwecke zu gebrauchen.[28]

Am 7. Jänner 2015 wurde in Paris die Redaktion der französischen Satirezeitschrift *Charlie Hebdo* angegriffen, dann ein jüdischer Supermarkt. Siebzehn Menschen starben. Zwei der Attentäter, die Brüder Chérif und Said Kouachi, waren in Trainingslagern der al-Kaida gewesen und gaben an, im Auftrag des al-Kaida-Ablegers im Jemen die Anschläge verübt zu haben. Ihr Komplize Amedy Coulibaly bekannte sich zum IS: via eines Telefonats mit Journalisten während des Attentats.

DAS RISIKO DER EINSAMEN WÖLFE

Es überlebte kein Attentäter dieses Tages, außer Amedy Coulibalys Komplizin und Freundin Hayat Boumeddiene. Es gelang ihr, zu entkommen und in Syrien beim IS Unterschlupf zu finden. In einem Interview für das Magazin *Dabiq,* das die Gruppe online auf Englisch verbreitet, schilderte sie eine bezeichnende Anekdote: „Amedy verbot mir, ihm Videos vom Leben im Islamischen Staat zu zeigen. Sonst hätte er es vor Sehnsucht nicht mehr ausgehalten, und anstatt die Tat in Paris auszuüben, wäre er einfach losgefahren."

Es ist ein Satz, der viel aussagt. Bei Weitem nicht alle IS-Fans reisen in „ihren Staat", vor allem nicht jene, die planen, in ihrer eigentlichen Heimat aktiv zu werden.

So schreibt „Abu Muhadjar", ein Brite, in einer E-Mail aus der IS-Hochburg Raqqa: „Es gab viele Gründe, warum ich mein Leben, wie ich es kannte, verlassen habe. Vorrangig waren es religiöse Motive. Es ist die Pflicht eines jeden Muslims, das Land von Muslimen zu verteidigen, wenn es angegriffen wird. Und der zweitwichtigste Grund war es, helfen zu wollen: Ich kämpfe nicht nur, sondern kümmere mich auch um die Zivilbevölkerung." Ein anderer, er nennt sich „Abu Islam", schreibt: „Großbritannien ist mein Zuhause. Dort bin ich geboren. Wenn ich geplant hätte, dort als Gotteskrieger zu kämpfen, dann hätte ich ja nicht nach Syrien fahren müssen. Es kommt mir ein wenig surreal vor, dass jemand glaubt, ich werde von hier zurückkehren und Terrorist werden. Ich verstehe natürlich die Sorge der Sicherheitsbeamten. Aber es wäre nötig, nicht alle über denselben Kamm zu scheren. Es gibt große Unterschiede."

Es wäre freilich ein Fehler, Dschihadisten, die zurückkommen, einen Persilschein auszustellen, wie das Attentat in Belgien im Mai 2014 beweist. Wichtig ist es aber, jene nicht aus den Augen zu verlieren, die in Europa bleiben. Nicht die Rückkehrer, so Experte Peter Neumann, würden die größte Bedrohung darstellen, „sondern sich frei herumtreibende Fans, die im Westen leben und eben nicht ausreisen."[29] Wie viele es sind, wagt niemand zu schätzen.

Sicher ist allerdings, dass sie bestens organisiert sind. So wurde etwa am 19. März 2015 über den Twitter-Account *@Shahadastories* ein elektronisch abrufbares Buch mit dem Titel „How to Survive in the West: A Mujahid Guide" beworben. Frei übersetzt bedeutet das: „Ein Leitfaden, um als Gotteskrieger im Westen zu überleben". Es ist Teil einer Serie, die vor allem praktische Tipps gibt, um „den Dschihad zu Hause zu führen", wie es heißt. Ein Kapitel widmet sich etwa der Frage, wie man „seine extremistische Identität verbergen kann, um nicht aufzufallen". Es wird abgeraten, sich einen Bart wachsen zu lassen oder ähnliche Veränderungen im Lifestyle sichtbar zu machen, um nicht auf eine Terrorliste zu geraten: Das Beste sei, sich so freundlich und offen wie möglich zu geben. Es helfe auch, sich einen Spitznamen zuzulegen, der möglichst westlich klingt. Dazu finden sich Abschnitte, die erläutern, wie man eine Bombe baut, unauffällig Waffen transportiert, seine Internetkommunikation sicher gestaltet. Die Strategie scheint aufzugehen. „Die Anschläge in Paris haben uns die schmerzhafte Realität vor Augen geführt, dass es angesichts der Größenordnung des Problems für die Behörden derzeit außerordentlich schwierig ist, potenziell gefährliche Personen zu identifizieren", so Europol-Chef Rob Wainwright.[30]
Die Entwicklung nach den fürchterlichen Morden vom Jänner 2015 bestätigt dies: Nur eine Woche nach dem Terroralarm in Brüssel, als die Polizei die Zelle vor den Anschlägen ausheben wollte, starben in Verviers dreizehn Menschen. In der Nacht vom 14. auf den 15. Februar 2015 eröffnete ein junger Däne mit palästinensischen Wurzeln das Feuer auf eine Synagoge und die Teilnehmer einer Diskussionsveranstaltung über das Recht auf freie Meinungsäußerung, an der auch ein schwedischer Cartoonist teilnahm. Fünf Polizisten wurden dabei verletzt, zwei Männer und der Attentäter starben.

Mehr als sechzig verübte oder versuchte Anschläge des globalen IS-Netzwerks wurden zwischen Juni 2014 und Juni 2015 in Europa, Nordamerika und Australien gezählt. Viele schei-

terten, was darauf schließen lässt, dass die „freischaffenden" Einzeltäter glücklicherweise meist äußerst amateurhaft vorgehen. Gleichzeitig geht es nicht darum, mit einzelnen, spektakulären Anschlägen Aufmerksamkeit zu schaffen, sondern eine kontinuierlich bestehende Drohkulisse zu inszenieren. Laut einer Analyse des „Spanischen Instituts für Strategische Studien" (IEEE),[31] das zum Verteidigungsministeriums gehört, stellen „sogenannte ‚einsame Wölfe' die größte Bedrohung für Europa dar. Das sind Aktivisten, die heimlich den Treueeid gegenüber al-Baghdadi leisten, sie agieren, ohne sich mit irgendjemandem abzusprechen. Es ist die Hölle, wenn man versuchen möchte, solche Personen zu stoppen", heißt es in dem Bericht. „Terroristen sind heute nicht mehr darauf angewiesen, mit den Führern ihrer Bewegung per E-Mail oder Telefon direkt in Kontakt zu treten, um zu wissen, wann und was sie genau zu tun haben. Ob Codes, Angriffsziele oder Timing: Sie bekommen ihre Befehle übers Netz." Als Beispiel wird ein Video erwähnt, das vom IS im Juli 2014 verbreitet wurde und die Befreiung „Andalusiens" propagiert und dazu anregt, es als Provinz ins Kalifat einzugliedern. Es wird dabei Bezug auf den historischen Begriff „al-Andaluz" genommen: jenes Gebiet im Süden Spaniens, das ab dem 8. Jahrhundert von den Mauren gehalten und 1492 von den „katholischen Königen" erobert wurde. Ein Dschihadist, der Spanisch spricht, verkündet in dieser Aufnahme: „Ich gebe diese Warnung der ganzen Welt. Wir kämpfen unter der Islamischen Flagge und wir wollen alle Länder der Muslime, die von Ungläubigen besetzt sind, zurückerobern. Von Jakarta bis Andalusien. Spanien ist das Land unserer Vorfahren und mit der Macht Allahs holen wir es zurück."
Harleen Gambhir vom „Institute for the Study of War" (ISW) erkennt darin eine klare Strategie der IS-Führung. Um die Macht zu konsolidieren, werde auf drei Taktiken gesetzt. Erstens: Der militärische Konflikt rund um das Kalifat wird laufend angestachelt. Zweiter Pfeiler der Strategie sei es, Dschihadistengruppen weltweit einzugliedern. Ein wesentlicher

Stützpfeiler der Strategie sei das dritte Element, im Westen „einsame Wölfe" für Anschläge zu motivieren. Gambhir: „Das alles folgt dem Ziel, einen globalen apokalyptischen Krieg zu starten."[32]

Wann immer der IS in seiner Hochburg an Terrain verlor, wurde dieser dritte Pfeiler im Kampf wichtig. Im März 2015 starben 21 Menschen bei einem Anschlag auf das tunesische Nationalmuseum, zu dem sich die Gruppe bekannte. Damals war die Terrormiliz in ihren Hochburgen in Syrien und im Irak massiv unter Druck geraten. So auch Mitte Juni 2015, kurz bevor am 26. des Monats eine Anschlagswelle in Frankreich, Kuwait und Tunesien Tote forderte. „Die Feinde Allahs sind direkt vor euren Augen. Greift sie an, wo immer in der Welt ihr sie finden möget!" Mit diesen Worten wandte sich IS-Sprecher Abu Mohammed al-Adnani nur wenige Tage später per Audiobotschaft an die Fangemeinde. Wenige Tage später enthauptete der 35-jährige französische Lastwagenfahrer Yassin Salhi seinen Chef, setzte das Betriebsgelände in Brand und schickte ein „Selfie" von sich und dem Kopf des Toten zu seinen Freunden, die in Syrien im IS kämpften. Am selben Tag griff ein IS-Sympathisant aus Saudi-Arabien eine schiitische Moschee in Kuwait an und Seifeddine Rezgui Touristen am Strand von Sousse in Tunesien. Ob es je einen direkten Kontakt zwischen der IS-Führung und diesen Terroristen gegeben hat, ist unklar. Klar ist, dass dieser gar nicht nötig war. Der „Dschihad 3.0" läuft wie von Zauberhand gesteuert.

Diese Strategie ist zentral für den IS. Bereits während der ersten Tage nach der Gründung des Kalifats war dies spürbar. Über das Internet lief eine Kampagne namens „Eine Milliarde Muslime zur Unterstützung des islamischen Staates" an. Weltweit wurden Fans der Gruppe aktiv, hielten Zettel mit diesen Worten vor Sehenswürdigkeiten. In Wien war es das Riesenrad. Jemand namens „Abu Umar" fotografierte es und stellte es ins Netzwerk Twitter. Sechzehn Mal wurde es binnen weniger Stunden weitergeleitet, dreizehn Mal wurde es „favori-

siert". Als Heimatland gibt „Abu Umar" in seinem Profil „das Diesseits" an.[33]
Und auch in Österreich zeigten erste Verhaftungen, dass Möchtegern-Dschihadisten quasi im Fernstudium die „IS-Internetakademie" nutzen. So plante ein Vierzehnjähriger, den Wiener Westbahnhof zu sprengen. Seit acht Jahren lebte der Bub da schon in Österreich, auf die Welt kam er in Istanbul. Nach der Scheidung seiner Eltern wuchs er ohne Vater auf und besuchte die Sonderschule, stritt sich ständig mit der Mutter. Im Internet fand er in der Propaganda des IS eine Gegenwelt. Er plante, nach Syrien auszureisen, suchte Kontaktpersonen in Wien. Diese redeten ihm die Reise aus. Er könne doch auch in Österreich für den Heiligen Krieg nützlich sein, wurde ihm gesagt. Also recherchierte er online, wie man eine Bombe baut, und suchte nach Plänen des Wiener Westbahnhofs als mögliches Anschlagsziel.[34]
Sind Personen wie er, die mit der Anklage konfrontiert sind, Teil einer terroristischen Gruppe zu sein, vor Gericht und auch im Gefängnis am richtigen Ort aufgehoben? In diesem Fall wurde lediglich eine bedingte Strafe ausgesprochen. Dies mag auch damit zu tun haben, dass fast alle Attentäter, die zuletzt in Europa zuschlugen, nicht eine Reise nach Syrien gemeinsam haben, sondern allesamt erst im Gefängnis ihre Radikalisierung erlebten. Deshalb ist diesem Problem ein beträchtlicher Abschnitt in diesem Buch gewidmet. Zuvor gilt es aber, die Spurensuche des Phänomens IS aufzunehmen. Was sind „Dschihadismus" und „Salafismus", welche Bedeutung hat die Ideologie und wie konnte sie sich in eine bedrohliche Jugendbewegung verwandeln? Vor allem: Wie ticken diese Jugendlichen, wie funktioniert ihre PR-Abteilung, die Gehirnwäsche, wie werden sie rekrutiert, wie grausam gehen sie vor und wie gefährlich ist die „Dschihadmania" für uns?

2.

„MAMA, ICH BIN IN SYRIEN!“

DIE PSYCHOTRICKS DES IS-KULTS, SEINE IDEOLOGIE UND WIE DIE REKRUTIERUNG DER FANGEMEINDE LÄUFT

Ein paar Tage nach seiner Ankunft in Syrien sei ihm blitzartig klar geworden, worauf er sich eingelassen habe: „Wollt ihr mich in den Tod schicken?“, will Oliver entsetzt seine Mitstreiter gefragt haben. Eine Woche im Trainingscamp für Neuankömmlinge hatte der minderjährige Möchtegern-Dschihadist da gerade hinter sich gebracht, ein paar Lektionen Islamkunde intus, nun sollte er kämpfen: im Irak, wo die Anti-IS-Koalition eben einen Luftkrieg gegen die Stellungen der Terrormiliz begonnen hatte. „Ich wurde nie im Umgang mit Waffen ausgebildet,“ sagt der Wiener Teenager, der sich nur drei Monate nach seinem Übertritt zum Islam der Terrormiliz des IS angeschlossen hatte und ins Kalifat auswanderte.

Drei Wochen blieb er damals im Irak, versteckt in einem Haus, aus Angst vor den Raketen, bevor er wieder in die Hauptstadt des Kalifats, nach Raqqa, verlegt wurde. Es sei alles „ein Irrtum, eine große Enttäuschung gewesen“, beteuert er, als er nach seiner Rückkehr nach Österreich vor Gericht gestellt wird. In Wien habe man ihm ganz andere Perspektiven in Aussicht gestellt, wenn er, der frisch gebackene Muslim, „dem Ruf seiner Religion folge". Es hieß, „ich könnte dort auch gut leben, ohne kämpfen zu müssen. Ich verstand darunter, dass ich eine Frau, Geld und ein Haus bekommen werde." Zu diesem Zeitpunkt war Oliver sechzehn.

Von August 2014 bis März 2015 lebte der Teenager im sogenannten „Islamischen Staat". Schwer verletzt und reumütig kehrte er zurück, stellte sich der Polizei und erzählte seine Version des Alltags in der Zentrale der Gotteskrieger. Er hätte zwar immer ein automatisches Gewehr mit dreißig Schuss Munition bei sich gehabt, sagte er bei seiner ersten Einvernahme durch die Polizei: „Das hatten dort alle", aber er habe es nie benutzt, außer zur Selbstdarstellung auf Facebook und in anderen Internetforen. Im Krieg will er nur drei Tage lang gewesen sein, und dies als Rettungsfahrer: „Ich bin mit einem Hummer, einem Jeep, bis zur Front bei Kobane gefahren und habe die Toten und Verletzten geborgen." Verletzt wurde er bei einem Raketenangriff auf die Stadt Raqqa. „Nur mit Glück habe ich überlebt." Pech hatte Firas, ein anderer Österreicher, der auch ins Kalifat auswanderte und mittlerweile tot ist. Mit ihm teilte sich Oliver über Monate eine Wohnung. Er identifizierte die Leiche von Firas, trug bei seiner Rückkehr dessen Kleider.

In Syrien hatte er es mit der mutmaßlichen Europa-Elite des IS zu tun: dem Österreicher Mohammed Mahmoud und dessen Freund, dem Ex-Rapper Denis Cuspert. Seine dramatischen Erfahrungen mit den Terroristen könnten helfen, den naiven Fans der Bewegung einen dringend nötigen Realitycheck zu verpassen. Dem Kalifen nachzureisen brachte Oliver herzlich wenig. Mit siebzehn hat er eine zerfetzte Milz, nur noch eine Niere, einen schwer lädierten Lungenflügel und einen – zum Zeitpunkt des Redaktionsschlusses dieses Buches nicht rechtskräftigen – Schuldspruch in erster Instanz wegen Mitgliedschaft bei einer Terrorvereinigung. Helden sehen anders aus als das Häufchen Elend mit dem blonden Kurzhaarschnitt.

Vieles in seiner Biografie weist Parallelen zu jener anderer IS-Sympathisanten auf: Als Oliver vier war, trennten sich seine Eltern, seine Mutter war mit der Erziehung ihrer Kinder überfordert, immer wieder landete er in Krisenzentren der Sozialwohlfahrt, in Heimen. Aus Sicht der Gerichtspsychiaterin Gabriele Wörgötter führte dies zu massiven Entwicklungsstörungen seiner Persönlichkeit. „Er ist entwurzelt, nicht zu Empathie fähig, es fehlten ihm Zuneigung und Anerkennung", heißt es in ihrem Gutachten. Sie nähme ein psychopathisches Muster wahr, wie sie dann vor Gericht erläuterte, sowie „Narzissmus und Entwurzelung. Die Ohnmacht, die dies in ihm hinterlassen hatte, versuchte er mit Gewalt gegen andere zu kompensieren. Deshalb hat er die Ideologie dieser radikal-islamistischen Gruppierung so rasch verinnerlicht. Sie rechtfertigte diese Gewalt, die bis zur Tötung anderer geht."

Zum Zeitpunkt seiner Ausreise nach Syrien war dem Jugendamt die Vormundschaft des Minderjährigen übertragen. Der Lehrling bei einem Versicherungsunternehmen hatte eine eigene Wohnung, ging auf Partys, traf Freundinnen, trank Alkohol und spielte gerne „Ego-Shooter". Wenige Monate bevor er am Flughafen Wien-Schwechat mit einem Dschihadisten-Kollegen in ein Flugzeug Richtung Türkei stieg, war sein Leben erneut aus den Fugen geraten. Er hatte sich in die Idee verrannt, bei den IS-Sympathisanten eine Heimat zu finden.

Zur Arbeit erschien er plötzlich nicht mehr, wie ein Vorgesetzter vor Gericht aussagte. Auf dem Papier war er römisch-katholisch – bis zum Mai 2014: „Da bin ich zum Islam konvertiert." Yassin, ein Bekannter mit türkischem Background, habe ihn dazu überredet. Im Internet suchte er dann nach Informationen über seine neue Religion und fand dort Aussagen wie, dass die „Hidschra" Pflicht eines jeden Muslims sei. Der Begriff bezieht sich eigentlich auf die Flucht des Propheten Mohammed im Jahr 622 von Mekka nach Medina und markiert den Beginn der islamischen Zeitrechnung. Mit diesem Wort bezeichnen radikale Muslime heute aber auch die Verpflichtung zur Ausreise in den „Islamischen Staat".

Oliver besuchte mehrere Gebetshäuser, bis er in der Omar al-Faruq Moschee in Wien-Favoriten auf einen Prediger stieß, der die Texte so interpretierte, wie Oliver es im Internet gelesen hatte. Er lernte dort auch eine afghanische Familie kennen, der er sich anschloss und mit der er viel Zeit verbrachte. Wie die Menschen hießen, die mittlerweile alle im Gebiet des IS leben, daran will er sich nicht mehr erinnern können, aber sehr wohl an die Sätze, die sie ihm eintrichterten: „Sie sagten, wer als Muslim nicht kämpfen geht, versündigt sich." Am meisten, ergänzt er, hätten ihn die Söhne – zwischen neunzehn und 25 Jahre alt – beeinflusst. „Ich habe sie dann später auch in Raqqa getroffen."

Oliver hätte sich ab diesem Sommer 2014 fünf Mal am Tag die Füße zu waschen und zu beten begonnen, berichteten die besorgten Arbeitgeber dem Jugendamt. Unternommen wurde nichts, im Gegenteil: Ihm wurde sein Pass ausgehändigt, weil er behauptete, er müsse einem Freund ein Buch ins Gefängnis bringen. Ob er noch aufzuhalten gewesen wäre? Die Abreise am 24. August 2014 war bereits sein dritter Versuch. „Ich war damals stark im Glauben", erzählt Oliver, „verbrachte auch die Nächte zum Gebet in der Moschee, hatte starke Schuldgefühle, weil ich nicht kämpfte. Damals tauchten einige Deutsche mit türkischen Wurzeln in der Moschee auf, die mich dann gefragt haben, ob ich nicht mitkommen möchte. Sie haben dann meine Reise in die Wege geleitet." Ein Mann sei plötzlich da gewesen, ein Deutscher, den er „Organisator" nennt. Dieser hätte den Rest an Vorbereitung übernommen und ihm und seinem deutschen Reisegefährten einen Umschlag mit 1500 Euro in die Hand gedrückt.

Über Istanbul ging es in die türkische Stadt Gaziantep und dann illegal nach Syrien, in den IS. Aus Oliver wurde „Abu Muktail al Almani", der ab diesem Zeitpunkt in sozialen Medien seine neue Existenz zelebrierte. „Ich warte nur auf das Treffen mit unserem Herrn. Und wenn es sein Wille ist, werde ich Shahid (Märtyrer)", postete er etwa am 4. Oktober 2014 auf Facebook. „Man kann schwer in den Dschihad ziehen und nur Tee trinken wollen", kommentiert er solche Fotos heute. Er habe eben kein Feigling sein wollen.

Später wirkte er in einem Propagandavideo des IS mit. Darin fordert er „seine Brüder im Glauben auf, die Kuffar (Ungläubigen) wie die Schafe zu schlachten". Dazu meint er jetzt abwiegelnd: „Ein Dschihadist aus Bielefeld wollte anlässlich eines islamischen Feiertags ein Schaf schächten. In dem Schlachthaus sind dann fünf andere samt Kamera aufgetaucht, die mich aufforderten, mitzumachen." Hätte er es nicht getan, wäre er ausgepeitscht worden.

Egal, ob er seine Taten tatsächlich zutiefst bedauert oder dies vorgibt, um eine möglichst geringe Strafe zu bekommen. An einer echten Reue zweifelt die Psychiaterin, die ihn im Auftrag des Gerichts untersuchte. „Es wird Jahre dauern, bis er wirklich begreift, was geschehen ist. Der Grund seiner Abreise war aus meiner Sicht, dass er so schwer verletzt wurde. Die Verletzungen, die anderen von der Gruppe zugefügt wurden, haben ihn nicht berührt."

Doch trotz der Bedenken der Psychiaterin könnten Aussteiger wie Oliver sehr viel dazu beitragen, den IS zu entzaubern und die Radikalisierung zu bremsen. Dies betont etwa Nazir Afzal, der schon zitierte ehemalige britische Staatsanwalt:[35] „Die Botschaft gegen den IS wäre wesentlich kraftvoller, wenn sie von ehemaligen Fans käme." Die aktuellen Kampagnen zur Deradikalisierung würden wenig bringen, meint Afzal: „Ich weiß aus Erfahrung, dass dies meist darauf basiert, dass die Polizei endlose Sitzungen mit den immer gleichen Vertretern der islamischen Gemeinschaft hält." Um das Phänomen zu stoppen, müsste man Augenzeugen erzählen lassen: nicht bloß über die grauenhafte Realität im IS, sondern auch darüber, wie sie in den Bann der Bewegung gezogen wurden. „Die Rekrutierenden nutzen dabei ähnliche Methoden wie Kinderschänder, die ihre Opfer anlocken. Sie manipulieren sie, distanzieren sie von Freunden und Familie." Und so erfahren die meisten Verwandten erst im Nachhinein, dass ihr verschwundenes Kind als Jünger des Kalifats auftaucht. Etwa durch einen Anruf mit den Worten: „Mama, ich bin in Syrien!"

WIE DIE „RECRUITER" ARBEITEN

„Der erste Schritt besteht darin, ihn ganz aus seiner Umgebung zu lösen. Versuche entweder einen neuen Freundeskreis für deinen Schützling zu finden oder beanspruche so viel von seiner Zeit, dass er nicht mehr dazu kommt, jemand anderen zu sehen." Dieses Zitat stammt aus dem „Handbuch von der Kunst des perfekten Rekrutierens", veröffentlicht 2009 von der „Al-Kaida-im-Irak", der Mutterorganisation des IS.[36] Diese Fibel dürfte noch immer Drehbuch für die Anwerbung von IS-Dschihadisten rund um den Globus sein. Es ist frappierend, wie sehr sich etwa Olivers Geschichte mit den Leitlinien dieses Handbuchs überschneidet. Die afghanische Familie, von deren großen Einfluss er berichtet, agierte exakt, wie dieser Leitfaden vorgibt: „Der Recruiter muss in allen Gesprächen sehr genau zuhören, wann immer es geht, sich empathisch an den Glücksmomenten und den Problemen beteiligen. Ziel ist es, sie immer näher an sich zu binden."

Was an dem Dokument so überrascht, ist seine Präzision. Schablonen für Evaluierungstabellen nehmen hier den größten Platz ein; ein Punktesystem macht die Eignung der Kandidaten bei jedem Schritt der Anwerbung objektivierbar. Drei Wochen soll, so ist es vorgesehen, die Phase des Kennenlernens dauern, in der konkrete Themen tunlichst vermieden werden sollten: so etwa der Dschihad, die Kriege, die gegen Muslime geführt werden, auch Politik ist am Anfang tabu. „Der Rekrut darf nicht misstrauisch werden." Wichtig sei es jetzt, eine tiefe Vertrauensbasis aufzubauen. Erst wenn diese stabil ist, beginnt Phase zwei, die Einführung in die Pflicht zum Heiligen Krieg, dem Dschihad, in die Qualität eines Gotteskriegers. 24 Stunden pro Tag, sieben Tage die Woche wird der Schützling nun von seinem Anwerber überwacht.

Abschließend folgt die Phase der „Erweckung“, die mindestens sechzig Tage in Anspruch nimmt. Der „Catcher“, wie Sicherheitskräfte solche Rekrutierer auch bezeichnen, konzentriert sich jetzt auf die Schilderungen der „Schönheit des Paradieses für Gotteskrieger“, aber auch auf die Lehren über Höllenqualen, die jenen, die sich von der „wahren Religion“ abwenden, drohen. „Geh mit ihm auf den Friedhof, um darüber zu reden“, so ein Tipp aus dem Handbuch. Oder: „Sprich mit ihm häufig über die aktuellen Gräueltaten gegen Muslime. Besonders der Gaza-Konflikt würde sich dazu eignen, da er in allen muslimischen Kreisen unumstritten ist.“

Zuletzt folgt der „Abschlusstest“, der sich wie ein Fragebogen zur Berufseignung liest. Hier geht es um Fragen wie: „Hat er den blinden Gehorsam internalisiert?“, „Nimmt er regelmäßig am empfohlenen Nachtgebet teil?“ Der Proband hat das Curriculum bestanden, wenn er es sich nicht bloß wünscht, Dschihadist zu werden, sondern wenn er es richtig will. Und wenn er oder sie ein anderer beziehungsweise eine andere geworden ist: Ein maßgebliches Symbol ist dabei die Namensänderung. „Abu-irgendwas“ oder – im Falle von Frauen – „Umm-so-und-so“. „Kuna“ heißen diese Kampfnamen. Sie signalisieren, dass die alte Identität wie mit einer Delete-Taste gelöscht worden ist.

Es scheint, als wäre basierend auf diesem Handbuch ein weltweites Rekrutierungssystem aufgebaut worden. In Stein gemeißelt ist es freilich nicht. So wie nichts, was den IS betrifft, der sich laufend adaptiert, um seine Effizienz zu erhöhen, auch im Bereich der Anwerbung. Seit 2014 nahm die Zahl der Anschläge von Einzeltätern gegen westliche Ziele im Namen des IS dramatisch zu, gleichzeitig stiegen die Ausreisen von jungen Gefolgsleuten der Miliz –Männern wie Frauen – signifikant. Ab diesem Moment hatten die Anwerber eine Trumpfkarte in der Hand. Das „Kalifat“ war wiedererrichtet worden und die Auswanderung aus den Ländern der „Ungläubigen“, die „Hidschra“, in ein nach islamischen Gesetzen regiertes Land gilt in Extremistenkreisen als Pflicht. Wie stark der Magnetismus eines „Islamischen Staates“ sein kann, entdeckte der italienische Experte für islamistischen Extremismus, Lorenzo Videno, wie er im Gespräch für dieses Buch berichtet, bereits ein Jahrzehnt vor dem Entstehen des IS während einer Forschungsarbeit im Auftrag der kanadischen Regierung. Dazu analysierte er die Protokolle von Internetchats junger extremistischer Muslime in Kanada. „Zu den Themen, die am häufigsten diskutiert wurden, zählte die Pflicht, in ein Land auszuwandern, wo islamisches Recht gilt. Doch die jungen Diskutanten fanden keine Lösung. Kein Land schien geeignet. Immer wieder kreisten sie ratlos um die Frage: Wir müssten auswandern, nur wohin?“

Dies hat sich nun geändert: Die PR-Agenten des IS werben nicht mehr bloß für irgendeine neue Terrorgruppe, sondern sie sind in offizieller Mission des Kalifats unterwegs, eines „Islamischen Staates“, wie ihn sich Extremisten vorstellen. Dieser „Unique Selling Point“ unterscheidet den „Dschihadismus à la IS“ massiv von sämtlichen vorigen Bewegungen. Die „Catcher“ agieren aber nicht nur als Botschafter, sondern auch als Avantgarde eines „Pop-Dschihadismus“. Sie treten als fromme Muslime auf, die sich nahtlos in das Milieu ihrer „Beute“ fügen. Sie infiltrieren verarmte Viertel europäischer Städte, wo die Erfolglosen, die Sinnsuchenden abhängen: wo sie unter sich sind, in Jugendtreffs, Dönerbuden und Shisha-Bars. „Wenn sie chillen, ist es der beste Moment, um sie zu catchen“, beschrieben ehemalige Rekrutierer ihre Arbeit in einem Interview für das Nachrichtenmagazin *Der Spiegel*:[37] Sie verglichen die jungen Männer mit aufladbaren Batterien, die sie erst entladen, um sie dann neu aufzuladen. Das Leben auf Erden wird als eine Art Computerspiel vermittelt, in dem man Punkte für das Jenseits sammeln kann, etwa indem man in den Heiligen Krieg zieht.

So sind selbst im Zeitalter des „Dschihad 3.0“ Kontakte im echten Leben wichtiger, als viele denken. Der wichtigste Radikalisierungsfaktor der ausgereisten Dschihadisten waren Freunde, in knapp einem Drittel der Fälle hatten sie maßgeblichen Einfluss, hieß es schon Anfang 2014 in einem Bericht deutscher

Terrorexperten. Konkreter wurde im Juni 2015 der Berliner Verfassungsschutz in einer Analyse der Biografien von ausgereisten Dschihadisten: „Die in Sicherheitskreisen manchmal zu hörende Theorie, die Radikalisierung verläuft mehr und mehr über das Internet, trifft auf die Berliner Szene nicht zu. Die Mehrheit der sechzig von uns untersuchten Kämpfer hat Kontakte zu dem Verfassungsschutz bekannten Moscheen und anderen von Islamisten genutzten Trefforten unterhalten."[38]
Gleichzeitig ist unbestritten: Die PR im Internet ist nicht minder maßgeblich. So warnen Experten des österreichischen Bundesamts für Verfassungsschutz davor, dass Techniken benutzt werden, die jenen gleichen, die Firmen anwenden, um mehr über die Kundschaft zu erfahren oder sie direkt anzuwerben. Stöbert jemand auf einer Dschihadisten-Website, werden Informationen über den Benutzer recherchiert. Passt das Profil ins Bild, wird direkt Kontakt aufgenommen.[39] Meist dürfte es sich im fortgeschrittenen Radikalisierungsprozess also um einen Mix handeln: Die meisten IS-Sympathisanten geraten in die Zange aus Online- und Offlinegehirnwäsche.

DAS BEUTESCHEMA DER „CATCHER"

Nur wo und wie genau passiert diese Erstinfektion mit extremistischem Gedankengut? Wie kommt jemand wie der junge Wiener Oliver überhaupt auf die Idee, Dschihadist zu werden? Hier könnte ein Detail aus seiner Biografie zu einem entscheidenden Mosaikstück werden: Oliver hatte neben seiner Tätigkeit als Lehrling einen Nebenjob in einem Fitnesscenter angenommen. Exakt dieser Aspekt zählte zu den überraschendsten Ergebnissen während der Recherche für dieses Buch: In Österreich kamen IS-Fanboys kurz vor Beginn ihrer Begeisterung für den IS oft mit von jungen Migranten besuchten Sportclubs in Kontakt.
Dies zieht sich wie ein roter Faden durch viele Anwerbungsstorys in mehreren Ländern Europas. In Winterthur in der

Schweiz zum Beispiel: Sandro war so wie Oliver sechzehn, als er Ende 2014 nach Syrien in den Dschihad zog,[40] auch er war kurz zuvor zum Islam konvertiert. Unter seinem neuen Namen „Abu Malik" posierte der Teenager auf abscheulichen Fotos im Netz. Er war offenbar bei Enthauptungen dabei und hielt den Kopf eines Opfers in die Kamera. Neben ihm lag der Torso eines Mannes. Er war mit Klebeband und Kabelbindern an einem kreuzartigen Holzgestell befestigt. Szenen wie diese beweisen, wie unfassbar schnell die Metamorphose vom harmlosen Teenager zum kaltblütigen Terroristen gehen kann.
Die Reise ins Kalifat unternahm Sandro mit zwei Freunden und einer jungen Frau; alle stammten aus der gleichen Stadt. Wie sich die Radikalisierung des jungen Schweizers vollzogen hat, war Fahndern und Familie über Monate ein Rätsel. Fast ein halbes Jahr später jedoch tauchte ein Anhaltspunkt auf. Sandro und seine drei männlichen Reisegefährten übten alle denselben Sport aus: Sie trainierten „Mixed Martial Arts" in einem Club, den der Thaibox-Weltmeister Valdet Gashi betrieb. Auch vom 29-jährigen Gashi fehlte seit Jänner 2015 jede Spur. Der zweifache Familienvater wurde in Thailand vermutet, doch mit Mai 2015 war das Geheimnis gelüftet: Er hatte sich bereits im Juli 2014 dem IS angeschlossen. Ab diesem Zeitpunkt arbeitete er als „Catcher", sein Coming-out erfolgte über Facebook, da lebte er schon in der IS-Hauptstadt Raqqa: „Es ist schöner, den Märtyrertod zu suchen als seine neugeborene Tochter aufwachsen zu sehen", schrieb er. Er fand diesen Tod am 4.7.2015, wahrscheinlich bei einem Luftangriff auf die syrische Stadt.

Zwischen den drei jungen Männern aus Winterthur gab es neben ihrem zum IS abgedrifteten Trainer eine weitere Verbindung: Sie beteten in der ultrakonservativen „An'Nur"-Moschee. Atef Shanoun, Präsident des Moscheevereins, will aber nichts davon wissen, dass er und der Verein die Radikalisierung beeinflusst hätten, sondern spricht von „unsichtbaren Leuten", die junge Menschen in „schwarzen Momenten" rekrutierten.

So zeigt dieses Beispiel, wie groß die Lücke zwischen Radikalisierungstheorien und dem Wissen über die Praxis noch ist: welche Rolle einschlägige Moscheen spielen, wo eine radikale Form des Islams gepredigt wird und welche Rolle Figuren spielen, die scheinbar so gar nicht in den Kontext der religiösen Fanatiker passen, wie eben ein Kickbox-Weltmeister.
Die europäischen Sicherheitsbehörden sind ebenso weit davon entfernt, mit konkreten Profilen gefährdeter Personen operieren zu können, und diese Unsicherheit betrifft nicht bloß jene, die drohen, ins Netz des IS zu geraten. Ebenso schwierig ist es, vorherzusehen, wer aus dem Kreis der Sympathisanten sich dazu entschließt, im Land zu bleiben, vor Ort zu rekrutieren oder gar Anschläge vorzubereiten, und wer ausreist. In Großbritannien etwa gab es laut dem Inlandsgeheimdienst MI5 mit Stand 2015 ungefähr 3000 möglicherweise verdächtige Personen, die man mit 5000 Mitarbeitern zu überwachen versucht. „Das Schwierige dabei ist aber nicht nur die Größenordnung", so ein MI5-Mitarbeiter: „Das Phänomen IS lässt sich mit der physikalischen Theorie der Brown'schen Bewegung vergleichen: Dabei wird die unregelmäßige und ruckartige Bewegung von Teilchen in Flüssigkeiten und Gasen beschrieben. Es gibt dafür kein Muster. Und genauso wenig sind die Interaktionen der Mitglieder des IS-Netzwerkes voraussagbar: Manche sind verbunden, manche nicht, manche bewegen sich gänzlich anders als erwartet."[41]
Dazu kommt: Die Struktur des IS-Netzwerks wandelt sich von Monat zu Monat, von Land zu Land. In Europa ist Letzteres besonders ausgeprägt, deshalb wird sich dieses Buch in einem eigenen Abschnitt den jeweiligen Strukturen in diesen Staaten widmen. So spielte in Belgien, einem zentralen Rekrutierungsland, die Extremistengruppe „Sharia4Belgium" eine wesentliche Rolle; in Österreich wiederum wurden potenzielle IS-Fans nicht bloß im Umfeld einiger berüchtigter Moscheen rekrutiert, sondern auch in nahegelegenen Parks, beziehungsweise wurde eine ethnische Radikalisierung außerhalb der klassischen Muster in der hier besonders großen Gruppe der

Tschetschenen beobachtet. In Norwegen wurden die Behörden stutzig, als ausgerechnet in Lisleby, einem Stadtteil von Fredrikstad, eine signifikant hohe Zahl an Dschihadisten ausreiste. Hier fand man heraus, dass ein junger Fußballstar namens Abdullah Chaib sich dem IS angeschlossen hatte und seine Mannschaftskameraden „infizierte".

Dies verdeutlicht ein weiteres Problem: Aus Angeworbenen werden rasch Anwerber. Durch diesen Schneeballeffekt potenziert der IS derzeit seine Anhängerschar binnen kurzer Zeit. Wie dies im Detail funktioniert, konnte das deutsche „Gemeinsame Terrorabwehrzentrum der Bundesregierung" – ein Gremium, in dem sich Polizei und Geheimdienste über Terrorismusfälle austauschen – im Sommer 2015 aufzeigen:[42] Es wurden die Aktivitäten ausgereister Dschihadistinnen untersucht. Dabei zeigte sich, dass diese von Syrien aus alte Freundschaften aktivieren und dazu in sozialen Netzwerken gezielt nach jungen Mädchen suchen. Eine einzelne Anwerberin hält laut dieser Analyse oft Kontakt mit bis zu zwanzig Mädchen. Sie verherrlicht in privaten Nachrichten das Leben im IS, sucht nach Schwachstellen bei ihren potenziellen Opfern und versucht, sie für ein Leben in Syrien zu ködern. Beunruhigend dabei ist: Rekrutierte Frauen und Mädchen sind oft noch jünger als die männlichen Ausreisenden.

EINE VERLORENE JUGEND?

Zwar sind nicht alle, die in den „Heiligen Krieg" ziehen, Jugendliche, aber diese stellen den Löwenanteil. Etwa zwei Drittel der knapp 780 deutschen Dschihadisten waren nicht einmal achtzehn, als sie ausreisten, österreichische „Kämpfer" sind im Schnitt ein wenig älter, doch wie überall in Europa sind gerade die weiblichen Fans der Bewegung sehr jung. Dies sind Daten, die sich mit jenen der SOUFAN-Gruppe decken, die regelmäßig präzise Analysen zu den Ausländern im IS vorlegt. Demnach sind die meisten zwischen achtzehn und 29 Jahre alt, es gäbe aber zahlreiche Fälle von Fünfzehn- bis Siebzehnjährigen, so die SOUFAN-Analyse. Manchmal muss man von regelrechten Kindersoldaten sprechen, die gezielt für Selbstmordaktionen angeworben werden. Im Vergleich dazu waren die freiwilligen Gotteskrieger, die in den 1980er-Jahren nach Afghanistan zogen, oder jene, die im Bosnienkrieg kämpften, im Schnitt um fast ein Jahrzehnt älter.[43]

Das Phänomen von Terrorsöldnern ist keine Erfindung des IS. Nur gibt es hier zahlreiche neue Aspekte: ihre Jugend, ebenso der hohe Anteil von Frauen, von Konvertiten, die große Gruppe von Sympathisanten, die dem Pop-Dschihadismus-Kult in ihren Heimatländern verfällt, sowie die große Bandbreite ihres Backgrounds. Die Kämpfer des IS waren in ihren früheren Leben vieles: Boxer, Pizzaboten, Verkäuferinnen, IT-Experten, Buddhisten, Muslime, Gelegenheitsdiebe, Ärzte oder Schülerinnen – aber nur in den seltensten Fälle schon lange zuvor gläubige Muslime. „Freunde oder Familienmitglieder können sich selten einen Reim darauf machen, warum jemand plötzlich Dschihadist wird“, sagt Hassan Hassan, der weltweit zu den renommiertesten Experten in dem Metier zählt. Für sein 2015 erschienenes Buch „ISIS. Inside the Army of Terror“ hat er mit Koautor Michael Weiss zahlreiche Biografien von Dschihadisten durchleuchtet. Dabei stieß er trotz der Vielfältigkeit auf gewisse Muster: „Der Großteil war vor der Radikalisierung besonders zurückgezogen, nahezu passiv. Und da war noch etwas, das auffällt: ein überwältigendes Gefühl, eingesperrt zu sein.“ Hassan verweist dazu auf ein Zitat aus einer E-Mail, die Mohammed Emwazi vor seiner Ausreise schrieb: „Ich habe das Gefühl, ein Häftling zu sein. Mein Gefängnis ist keine Zelle, sondern London.“[44] So die Worte jenes IS-Henkers, der später als „Jihadi-John“ europäische Journalisten sadistisch tötete.

Emwazis Eltern stammen aus Kuwait. In Großbritannien konnten sie sich eine Existenz aufbauen, wie viele der Einwandererfamilien, deren in Europa geborene Kinder und Enkel später in den IS zogen. Der deutsche Islamwissenschaftler Marwan Abu

Taam meint deshalb, dass es trotz jeweils unterschiedlicher Gründe für die Radikalisierung doch einen signifikanten Trend gebe: „Bei den Ausreisenden handelt es sich oft um Jugendliche mit Identitätsproblemen auf der Suche nach starken Gruppenerlebnissen und Lebenssinn. Sie wollen eine Rolle in der Gesellschaft haben, die ihnen oft – so ihre eigene Wahrnehmung – verwehrt wird. Von ihren Eltern bekommen sie den Vorwurf zu hören ‚wie die Deutschen zu sein', von der Gesellschaft werden sie als ‚Muslime' problematisiert." Eine große Bedeutung habe laut seiner Erfahrung ihre Politisierung: „Viele leben in medialer Verbindung zu ihren Herkunftsländern. Sie solidarisieren sich mit den dortigen Sorgen und definieren ihre Konflikte durch die Religion entlang einer ethnisch-religiösen Trennlinie. Diese Konflikte werden mit ihren eigenen in der Diaspora kombiniert und gedeutet."[45]

Meine Gespräche mit muslimischen Jugendlichen für dieses Buch, besonders mit jenen, die offensichtlich an der Kippe zur Radikalisierung standen, bestätigen Abu Taams Befund. Wie ein Mantra wird dabei von einem schon lange dauernden Krieg gegen Muslime gesprochen, der Konflikt in Syrien sei eine neue Etappe, viele hat auch der Konflikt im Gazastreifen vom Sommer 2014 massiv beschäftigt. Indem sie sich mit solchen Fragen identifizieren, bekommt mitunter ihr Scheitern, die Benachteiligung, die sie erfahren, einen Kontext, der Sinn stiftet. Was den IS-Kult für junge Frauen und Männer gleichermaßen verlockend macht, lässt sich dann mitunter erschreckend einfach skizzieren: etwa durch diese kurze Passage aus einem Artikel in der *Süddeutschen Zeitung* vom Juni 2015. „In Dscharabulus, einem kleinen Ort in Syrien, ist Riza nicht mehr der junge, unbedeutende Mann aus dem Problemviertel in Frankfurt, der wegen Drogen und Körperverletzung im Knast saß. In Dscharabulus trägt er Uniform, hat eine Wohnung, eine Waffe und Elif, seine blutjunge Frau. Sogar seine alten Freunde hat er um sich, die er seit Kindertagen vom Bolzplatz im Gallusviertel kennt. Die sind auch nach Syrien ausgewandert."[46]

Es ist einer von mittlerweile Tausenden Texten, darunter brillante Analysen, Reportagen, Bücher und Studien zum Thema. Sie alle sind faszinierend zu lesen, einleuchtend geschrieben und vermögen doch nicht im Geringsten das Weltbild jener Dschihadisten ins Wanken zu bringen, die sich in die Gegenwelt des IS flüchten. Denn an einem Punkt scheitern bisher alle – ein Gegenmittel aufzuzeigen: Berater, Antiterrorkämpfer, besorgte Eltern, Lehrer. Der IS zieht seine Fangemeinschaft in einen Bann, der sie förmlich hypnotisiert.

„Sie sind wie Sirenen. Sie singen in dein Ohr, tagein, tagaus. Ich konnte nicht anders und hörte zu und irgendwann hatten sie mich", so schildert Ahmad Walid Rashidi, ein junger Däne, wie er um Haaresbreite in den Sog des IS geraten wäre.[47] Dabei glaubte er, immun dagegen zu sein. Der 23-jährige Medizinstudent sagt, er hasse seit seiner Kindheit nichts so sehr wie Extremisten: Mit fünf hatte er in Afghanistans Hauptstadt Kabul bei einem Bombenanschlag der Taliban ein Bein verloren. Mit zehn fand er als Flüchtling Zuflucht in Dänemark und war unendlich froh darüber.

In Berührung mit dem IS kam er auf ungewöhnliche Weise: Bekannte baten ihn, nach deren Töchtern zu suchen, die nach Syrien ausgereist waren, und sie zurückzuholen. Er war naiv genug, dies für machbar zu halten, fuhr dorthin, wurde jedoch binnen weniger Stunden als „Spion" von der Terrormiliz gefangen genommen. „Nach und nach", erzählt er, hätte sein Aufseher zu ihm Vertrauen gefasst. „Deshalb brachte er mich zu einem der Kommandanten, einen 28-Jährigen, der aus Großbritannien gekommen war. Wir fanden sofort einen Draht zueinander. Wie Schulkollegen, wir scherzten, lachten, quatschten. Wir waren zwei Testosteronbomben." Alte Wunden wären in den Gesprächen zutage getreten, sagt Ahmad. „In der Schule habe ich einmal versucht, die Anzahl der Opfer vom Anschlag des 11. September 2001 mit denen im Krieg in Afghanistan zu vergleichen. Und mein Lehrer sagte, diese Menschen zählen nicht." Plötzlich entwickelte die unterdrückte Wut in dem jungen Mann ein Eigenleben, wurde Treibstoff seiner Faszination für die Bewegung; einem Gefühl, dem er nur schwer entkommen konnte. Doch es gelang. Er ist zurück in Dänemark und verurteilt den IS und seine Kämpfer mit der gleichen Inbrunst, mit der er einst gegen die Taliban wetterte. „Meine Erfahrungen zeigten mir allerdings sehr deutlich auf, wie es den Dschihadisten gelingt, die richtigen Töne anzuschlagen, bei jungen Muslimen, die sich und ihre Welt als diskriminiert erleben."

Weshalb die Ideologie auch bei Nichtmuslimen so rasch auf Anklang stößt, ist ein weiteres Rätsel, das zeigt, wie wenig wir vom System IS eigentlich wissen. „Jetzt reden alle von Deradikalisierung, aber wir wissen nicht einmal wirklich, wie die Radikalisierung vonstatten geht", so Gilles Kepel, Frankreichs renommiertester Islamwissenschaftler. Es ist eine gewichtige Stimme, die sich mahnend zu Wort meldet. Seit Jahrzehnten forscht er über den Islam im Westen, gilt als Koryphäe in dem Metier: „Von Frankreichs Dschihadisten, die in den Krieg auf die syrischen und irakischen Schlachtfelder zogen, sind etwa 25 Prozent Konvertiten und 30 Prozent Frauen. Dieser Bewegung gehören also nicht nur kleine maghrebinische Drogendealer, sondern auch Leute aus der Mittelschicht und sogar konvertierte Juden an."[48] Etwa der 23-jährige Raphael Amar, der im Sommer 2014 aus dem südfranzösischen Lunel nach Syrien aufbrach, wo er wenige Monate später ums Leben kam.

PSYCHOLOGEN AN DIE ANTITERRORFRONT!

Wie viele Experten betont auch Kepel, dass massive Integrationsprobleme muslimscher Jugendlicher eine Hauptrolle spielen. Aber nicht nur das: Die in den gettoisierten Vorstädten herrschende Arbeitslosigkeit, die Armut, die geringen Bildungs- und Aufstiegschancen seien maßgeblich, doch seien familienpsychologische Faktoren ebenso wichtig: „Wenn ich Angehörige der in den Dschihad gezogenen Jugendlichen treffe, habe ich es fast ausschließlich mit Müttern zu tun, weil die Väter die Familien längst verlassen haben."

Die britische Dokumentarfilmerin Deeyah Khan beobachtete bei den Dschihadisten, die sie interviewte, ein ähnliches Muster: „In neun von zehn Fällen entdeckte ich in der Biografie von IS-Anhängern, dass Väter – ihre Abwesenheit oder ihre Ignoranz – eine massive Rolle spielen." [49] Hassprediger und Terrorrekrutierer, mit denen übers Internet Freundschaft geschlossen wird, erlangen die Funktion von Ersatzeltern. So habe ihr ein Jugendlicher erzählt: „Ich war so berührt, endlich hat sich jemand um mich so richtig gekümmert, mich gefragt, ob ich eh gut nach Hause gekommen bin. Mein Dad hat das nie getan." Und Ex-Dschihadist Alyas Karmani sagt: „Wenn dir zum ersten Mal jemand den Arm um die Schultern legt und dich so annimmt, wie du bist, übt das eine fast magische Anziehungskraft aus."

Als „kriminelles Hochhausmilieu" bezeichnet Imam Husamuddin Meyer das Milieu, wenn er auf Biografien deutscher Dschihadisten zu sprechen kommt.[50] Der Imam hat als Seelsorger in der Justizanstalt Wiesbaden spätere Dschihadisten betreut, die nach oder schon während Gefängnisaufenthalten plötzlich von Salafisten-Gruppen, Vertretern der ultrakonservativen Strömung des Islam, umgarnt wurden. Meyer teilt den Kreis der IS-Sympathisanten in „Manipulierte" und „Manipulierer" ein. Letztere seien oft sehr intelligent, innerlich gefestigt und gingen clever beim Umwerben der Zielgruppe vor. Zahlen belegen dies: Von 378 Dschihadisten aus Deutschland, die von den Radikalisierungsexperten genau durchleuchtet wurden, waren 249 als Kleinkriminelle aufgefallen; meist waren es Raubdelikte oder Körperverletzung.[51]

Sollten also neben Antiterrorexperten oder kundigen Imamen verstärkt Psychologen den Feldzug gegen den IS antreten? „Ja", meint Brian Michael Jenkins. Der Experte der „RAND Corporation" legte dem US-Senat ein Dokument vor, in dem er psychologische Forschung zu Terrorismus in Zusammenhang mit dem IS-Kult brachte: „Die religiöse Überzeugung spielt bei den

Motiven junger Menschen, die sich dem Islamischen Staat anschließen, eine wesentliche Rolle", so Jenkins. „Wer dies abstreitet, verleugnet eine wesentliche Ursache. Viele Fanatiker, die es nach Syrien und in den Irak zieht, wissen auffällig wenig über ihren Glauben."[52] Es geht also um mehr. Jenkins meint weiter, dass die gewaltbereite Auslegung der Religion auch als Legitimierung von aggressiven Tendenzen benutzt werde, die schon zuvor vorhanden waren. „Die Identität der Person vermengt sich dabei mit der Akzeptanz von brutaler Gewalt im IS." Ebenso würden jene Erfahrungen eine wichtige Rolle spielen, die eine neue Generation von Muslimen nach den Anschlägen vom 11. September 2001 im Westen gemacht hätte: Sie fühlten sich plötzlich als Fremdkörper, unter Generalverdacht. „Der IS gibt ihnen die Chance, sich auf einmal angenommen, wichtig genommen zu erleben. Als Teil einer epischen Schlacht."
Ähnliche Thesen vertritt der Sozialpsychologe Arie W. Kruglanski von der University of Maryland: „Am Ende des Tages müssen wir zugeben, dass der einzigartige ‚Blitzkrieg' des IS im Jahr 2014 Teil einer psychologischen Kriegsführung war, der wir etwas entgegenhalten müssen. Die Brutalität, die Entschlossenheit und Dominanz vermitteln einen gewaltigen Machtanspruch."[53] Der Kampf um die Herzen und Seelen der verklärten IS-Enthusiasten, die Kopf und Kragen riskieren, um dabei zu sein, könne nicht nur mit Gewalt und einer rationalen Vermittlung des „richtigen" Islam gewonnen werden, resümiert Kruglanski: „Der IS rekrutiert nicht so effizient, weil die religiösen Argumente so überzeugend sind, es ist die psychologische Ebene, die seinen Bann ausmacht." Der Appeal, so Kruglanski, würde darauf basieren, dass zwei fundamentale menschliche Bedürfnisse gestillt werden: Jenes nach einem Gefühl der Klarheit in einer verwirrenden Welt; dem Gefühl zu wissen, was die Zukunft bringt. „Darüber hinaus lockt die IS seine Gefolgschaft mit einem unvergleichlichen Preis. Indem sie sich dem Kampf gegen die Ungläubigen anschließen, können sie einen Heldenstatus erreichen, eine Bedeutung, die über ihre Existenz hinausgeht. Sie können Geschichte schreiben."

Um den Zusammenhalt in der Gruppe zu sichern, baut der IS sein Inneres wie eine Sekte auf. Dazu gehört die Zugehörigkeit zu einer selbst ernannten „Elite", unter der Führung eines „Guru-Kalifen", gepaart mit Härte und Gewalt gegenüber all denjenigen, die nicht den Vorschriften der Gruppe folgen. Dazu werden Mythen aufgebaut, die selbst Gewaltorgien als korrekten Glaubensakt interpretieren. Und es wird mit den Zitaten der Alltagskultur Jugendlicher gespielt, wie das „Französische Zentrum für die Prävention gegen Sektenauswüchse im Zusammenhang mit dem Islam" (CPDSI) festgestellt hat. So werden etwa die Kultfilme „Matrix" oder der Trilogie „Herr der Ringe" als gezielte Propagandainstrumente genutzt. Die Gründerin dieses Zentrums, Dounia Bouzar, analysierte den Werdegang von rund 160 Personen, deren Familien sich hilfesuchend an ihr Zentrum gewandt hatten.[54] Ihr Fazit: „Die Islamisten haben ihre Rekrutierungsmethoden so verfeinert, dass sie jeweils passend für die Zielperson eine individuelle Strategie anwenden." So gäbe es mehrere Modelle, die bei der Indoktrination zur Anwendung kämen: zum Beispiel den „heldenhaften Ritter" für jene mit Geltungsdrang oder den „Wasserträger" für junge Männer, die nach einem Anführer suchen.

EUROPAS NÄHRBODEN FÜR DEN IS: DER „NEO-SALAFISMUS"

„Die Massenbewegung gewinnt und bindet ihre Gefolgschaft nicht mit einer Doktrin, sondern indem sie Zuflucht bietet: vor den Ängsten, der Bedeutungslosigkeit der individuellen Existenz."[55] So beschreibt Eric Hoffer in seinem richtungsweisenden Buch „Der Fanatiker" aus dem Jahr 1951 die Anatomie von radikalen Gruppen wie dem IS. Hoffer betont, dass der Erfolg solcher Gruppen davon abhängt, wie sehr es den Führern der Bewegung gelingt, einen „Ausweg" zu propagieren: aus dem privaten Scheitern fliehen zu können, in einem größeren Ganzen aufzugehen.

Der 23-jährige gebürtige Pole Yannick hatte wahrscheinlich das Gefühl, einen glorreichen Notausgang aus seinem Leben gefunden zu haben, als er an einem Maitag 2015 mit dem Auto losfuhr. Mit 1,5 Tonnen Sprengstoff war der Wagen beladen, den er auf eine Stellung der irakischen Armee bei der Raffinerie Baiji zusteuerte. Sein letztes Foto, das er als Testament für die Internetwelt inszenierte, zeigt einen blassen dunkelhaarigen Mann mit eckigen Brillen. Yannick lächelt gelöst und hebt den Zeigefinger der rechten Hand, der Erkennungscode der IS-Jünger. „Abu Mohammed al Almani“ hatte er sich in seinem neuen Leben genannt, das nur ein knappes Jahr dauerte. Er trägt Bart und ein schwarzes Barrett mit einem weißen arabischen Schriftzug. Es ist die *Schahada*: „Es gibt keinen Gott außer Allah“, der erste Teil des islamischen Glaubensbekenntnisses.

Yannicks angenommener Glaube, der binnen Wochen zum Fanatismus eskalierte, war der Code seines Handelns, höchstwahrscheinlich aber nicht das Motiv. Laut dem Sozialpsychologen Hoffer sei es gar nicht wichtig, ob eine solche Massenbewegung den Glauben an Gott vermitteln würde. Wichtig hingegen sei der Glaube an einen „Teufel“, das andere Böse, gegen das man sich als Gruppe abschotten muss. So in etwa ließe sich auch die Ideologie der Salafisten zusammenfassen.

Vermutlich wurde Yannik nur zehn Monate vor seinem „Märtyrertod“ in der Innenstadt von Freiburg, wo er lebte, von Vertretern dieser Bewegung angesprochen. Yannick sei verzweifelt auf der Suche nach familiärem Anschluss und Geborgenheit gewesen, erzählen Bekannte. „Er wäre auch mit Scientology mitgegangen, wenn die bei ihm angefragt hätten“, so eine Freundin. Wegen einer Entwicklungsstörung war er beeinträchtigt, fasste nie Fuß, kam wegen Drogendelikten und Körperverletzung mit dem Gesetz in Konflikt. Jahrelang war er obdachlos, wurde von den Mitarbeitern der „Freiburger Straßenschule“ betreut. „Im Juli 2014 gab es Hinweise darauf, dass er sich einer extremistischen islamistischen Gruppe zuwendet“, berichtet Thomas Rau, Regionalleiter Südwestdeutschland des Vereins SOS-Kinderdörfer, dem Träger der Straßenschule: „Wir haben versucht, ihm das auszureden. Aber es gab keine Chance gegen die Indoktrinierung der Salafisten."[56]

Die Salafisten gelten als die wichtigste Vorfeldorganisation der IS-Terrormiliz in Europa. Wenigstens waren sie es bis 2014. Ab diesem Zeitpunkt wurde immer deutlicher, dass sich das Lager radikaler Islamisten zu spalten beginnt. Welche Netzwerke konkret für die Anwerbung von IS-Kämpfern in Europa verantwortlich sind, ist unklar. Sicher ist jedoch, die Initialzündung war die plötzlich wachsende Popularität dieser Gruppe; schon Jahre, bevor die Terrormiliz des IS entstand. Ihre Ideologie bereitete den Boden des Pop-Dschihadismus auf.
Es ist eine eigentlich sehr junge Strömung, manchmal taucht dafür auch die Bezeichnung „Neo-Salafismus" auf. Salafisten selbst würden sich niemals so nennen, denn damit würden sie sich selbst widersprechen. Kern ihres Credos ist die Überzeugung, als Einzige den „wahren" Islam zu leben; und zwar exakt so wie zu Zeiten des Propheten Mohammed und der ersten Kalifen. Jede Erneuerung und Anpassung des Glaubens an die moderne Welt wird kategorisch abgelehnt: Dies reicht von Demokratie bis hin zu Fragen des Lebensstils wie Ernährung oder Kleidung. Basis ihres politischen und privaten Selbstverständnisses sind die Rechtsquellen des Islam, der Koran, die Überlieferungen des Propheten, die wörtlich genommen werden. Dies kann von der Legitimierung von sogenannten „Körperstrafen" wie der Amputation nach Diebstählen und Steinigungen bis zu einem strikten Bekleidungscodex reichen: Salafisten tragen Bärte, weil es verboten ist, sich die Haare im Gesicht zu schneiden. Dies führt zu mitunter skurrilen Debatten mit Predigern, etwa ob es erlaubt sei, Nasenhaare oder die Augenbrauen zu trimmen. Ihr wichtigstes Erkennungsmerkmal ist die Kleidung: Roben und Hosen der Männer reichen bis zum Knöchel, weil es als unrein gilt, wenn diese den Boden berühren. Frauen treten nur in voller Verschleierung in der Öffentlichkeit auf. Alles bei den Salafisten kreist um das „Pure" und das „Reine".

Zwei Worte, die jedem Muslim, jeder Muslimin vertraut sind, spielen im Weltbild der Salafisten eine zentrale Rolle: „haram", das Verbotene, und „halal", das Erlaubte. Ihre Welt ist entlang dieser Pole strukturiert, ohne Grautöne.

Neu ist der Salafismus nur in seiner zeitgenössischen Version als Jugendbewegung. Seine Tradition hingegen reicht tief in die Geschichte des Islam zurück. Früher lautete der deutsche Begriff „Salafiten", abgeleitet vom arabischen „ahl as-salaf", was „die Anhänger der Altvorderen" bedeutet. Einer der ersten starken Impulse dieser Lehre ging im 13. Jahrhundert vom islamischen Gelehrten Ibn Taymiyya aus, der das Vorbild der Urgemeinde, also die Ära des Propheten, als perfekten Zustand der „*umma*" (der Gemeinschaft aller Muslime) darstellte. Sein erstes Buch trug den vielsagenden Titel „Das scharfe Schwert gegenüber demjenigen, der den Gottesgesandten lästert". Es erschien in Damaskus, wohin er sich mit seiner Familie nach dem Mongolenansturm geflüchtet hatte. So wie heute wurden damals salafistische Strömungen meist angesichts von politischen Krisen in der islamischen Welt virulent. Der Gedanke dahinter: Eine Stärkung der Religion und somit auch der Gemeinschaft der Muslime soll erreicht werden, indem zu den eigentlichen Fundamenten des Glaubens zurückgekehrt wird. Dieses salafistische Leitmotiv prägte auch die „Re-Islamisierungsbewegung" des späten 19. Jahrhunderts. Zum zentralen Axiom wurden die Lehren Hassan al-Bannas, der 1928 mit der ägyptischen „Muslimbruderschaft" die Mutter aller Bewegungen des politischen Islam gründete.

Beeinflusst von Ibn Taymiyya war auch Ibn Abd al-Wahhab, der bereits im späten 18. Jahrhundert eine sehr ähnliche Lehre vom „reinen" Islam propagierte. Er verbündete sich mit dem Clan der Saud, die sich von der strikten Lehre Wahhabs eine Legitimierung des Herrschaftsanspruchs auf der arabischen Halbinsel erhoffte. Diese Idee wurde im 20. Jahrhundert wieder aufgegriffen, als nach dem Ende des Osmanischen Reiches das Territorium zum „Königreich von Saudi-Arabien" wurde. Seither ist der mit dem Salafismus eng verwandte Wahhabismus dort Staatsreligion.

Und somit ist auch leicht erklärt, warum dieser Ideologie derzeit ein weltweiter Boom beschieden ist. Salafisten sind Sunniten, wie 90 Prozent aller Muslime, der Rest verteilt sich auf Splittergruppen, hauptsächlich Schiiten. Nach der „Islamischen Revolution" im Iran fürchtete das Königshaus der Sauds, dass die schiitischen Mullahs ihnen die Hegemoniestellung innerhalb der islamischen Welt streitig machen könnten – nicht zu Unrecht. Der Iran betrieb ab 1979 emsig den Export seiner Ideologie des schiitischen Gottesstaates und konnte zahlreiche Verbündete gewinnen. Die Sauds, als Hüter der für den Islam heiligen Stätten von Mekka und Medina, fühlten sich herausgefordert, ihre Machtposition im Namen der sunnitischen Muslime zu verteidigen. Ein ideologisches und später auch militärisches Wettrüsten zwischen dem Iran und Saudi-Arabien begann.
Die wichtigste Front in diesem Konflikt war jedoch das Sponsoring. Dank des Ölreichtums Saudi-Arabiens waren ab den 1970er-Jahren die Staatskassen prall gefüllt und so flossen gigantische Summen in die Missionierung der islamischen Welt nach Art des ultrakonservativen Wahhabismus.[57] Die saudische „Muslimische Weltliga" eröffnete weltweit Filialen, der Bau von Moscheen, Schulen und der Druck von Koranen sowie anderer Lehrbücher der saudischen Lesart des Islam wurden massiv gefördert. Gleichzeitig strömten Gastarbeiter aus der gesamten muslimischen Welt nach Saudi-Arabien und kamen dort in Kontakt mit den Grundsätzen der Wahhabiten. Hier werden Körperstrafen exekutiert, Frauen wird das Recht auf Bewegungsfreiheit abgesprochen und die strikten Regeln werden von „Religionspolizisten" gnadenlos exekutiert.

FROMME WERDEN ZU FANATIKERN

In den 1990er-Jahren tauchte der Salafismus auch in Europa auf, doch erst im neuen Jahrtausend wurde die Szene sichtbar. Plötzlich begannen ihre Aktivisten öffentlich zu missionieren. Sie machen zwar nach wie vor nur einen Bruchteil der in Europa lebenden Muslime aus, doch die Splittergruppe wächst rasant. Einige Hundert Sympathisanten gibt es in Österreich, in Deutschland zählte man laut Angaben des Innenministeriums im Juni 2015 mindestens 7500 Sympathisanten, um 1000 mehr als noch im Oktober 2014 und doppelt so viele wie im Jahr 2011.[58] In Frankreich stehen etwa hundert Moscheen unter der Kontrolle von Salafisten. Angesichts von landesweit 2000 Gebetshäusern scheint dies wenig, doch auch diese Zahl hat sich innerhalb von nur vier Jahren verdoppelt. Ähnlich die Lage in Großbritannien: Mehmood Naqshbandi, der die britische Regierung zu Gegenstrategien den Extremismus betreffend berät und Daten über sämtliche religiöse Strömungen sammelt, sagt: „Besonders die muslimische Jugend wendet sich in einem rasanten Tempo dem Salafismus zu. Ein Viertel aller britischen Muslime unter dreißig hat wenigstens Teile dieser Lehre verinnerlicht."[59]

Mehrere Bücher sind zuletzt erschienen, die sich mit dem Phänomen des Neo-Salafismus in Deutschland befassen. Denn eines ist offensichtlich: Die Saat der Begeisterung und auch die hohe Bindungskraft der IS-Fangemeinde hängt eng mit der DNA dieser ideologischen Strömung zusammen. Lange galt sie als Vorfeldorganisation, die den Boden für radikale Exponenten aufbereitet. „Die innere Dynamik der salafistischen Gruppe erklärt nicht nur die Rekrutierungskraft, sondern auch das Verbleiben und die Treue der Mitglieder. Eine eigene Gruppenkultur mit spezifischen Traditionen und Werten, die prinzipiell totalitär sind und vom Einzelnen die absolute Solidarität mit der Gruppe in ihrer Gesamtheit, nicht unbedingt mit dem einzelnen Individuum, verlangen", heißt es in der Einleitung eines zentralen Werks zum Thema, dem von Thorsten Gerald Schneiders 2014 herausgegebenen „Salafismus in Deutschland. Ursprünge und Gefahren einer islamisch-fundamentalistischen Bewegung".[60]

Die Praxis sieht dann aus, wie es etwa Jochen Müller von der Beratungsstelle „ufuq" beschreibt: „Mir sagte mal ein Jugendlicher: ‚Die Deutschen werden mich noch in hundert Jahren fragen, wo ich herkomme, nur weil ich schwarze Haare habe.' Salafistische Prediger geben Antworten auf die Frage, wohin ich gehöre. Also: ,Du bist Muslim und als Muslim wirst du immer diskriminiert werden und nie Teil dieser Gesellschaft sein. Schau dir an, was in Syrien passiert und in Palästina. Und auch hier in Deutschland wird der Islam unterdrückt. Es reicht! Seid stolz, wehrt euch!' So geht das."[61]

Die Arabistin Claudia Dantschke, derzeit Deutschlands führende Fachfrau im Bereich der Bekämpfung von Radikalisierung, sagt, dass der Salafismus eine eindeutige und absolute Identität als „Muslim" verspreche, der Islam spiele dabei aber keine große spirituelle Rolle. Wichtig sei eher, dass man nun eine Gruppe gefunden habe, in der man Zusammengehörigkeit erlebt: „Betroffene Jugendliche lehnen plötzlich alte Freundschaften ab und ändern ihren ganzen Tagesablauf. Das geht in der Familie damit los, dass sie verlangen, dass nur noch halal gegessen wird, also ohne jegliches Schweinefleisch. Sie hängen in ihrem Zimmer alle Bilder ab, wo Menschen zu sehen sind. Weil nach den strengen Regeln nur Gott der Schöpfer des Menschen ist. Und sie feiern keine Geburtstage mehr, weil die Anbetung nur Gott alleine gebühre. Sie stehen nachts auf zum Beten. Sie wollen perfekt sein. Sie wollen von heute auf morgen zu 100 Prozent alle vermeintlichen Vorgaben erfüllen."[62] Sind die Eltern auch muslimisch, werden sie plötzlich heftig kritisiert.
Ein solches Verhalten weise, so Dantschke, auf einen beginnenden Radikalisierungsprozess hin. Was danach geschieht, ist aber längst nicht ausgemachte Sache. Nicht jeder Salafist wird Dschihadist, aber alle Dschihadisten sind Salafisten gewesen. „Es funktioniert wie ein Räderwerk, bei dem alle Teile ineinandergreifen", so die Expertin. Laut ihrer Analyse seien „Anfixer" aber die Hauptverantwortlichen, allen voran Figuren wie die Konvertiten Pierre Vogel oder Sven Lau, der 2014 in Wuppertal eine „Scharia-Polizei" auf die Straße schickte. Ebenso gefährlich sei das „Lies!-Projekt", das die Verteilung von Koranen in deutschen und österreichischen Städten organisiere.[63]

Das deutsche BKA geht davon aus, dass über ein Viertel aller deutschen Dschihadkämpfer sich im Umfeld der „Lies!"-Aktivisten radikalisierte. Ebenso maßgeblich sind einschlägige Hilfsorganisationen, die von Salafisten betrieben werden und wo Hilfe für die Bürgerkriegsopfer in Syrien mitunter nahtlos in ein militärisches Engagement übergeht.
Die Verortung der einzelnen Gruppen, ihr Zusammenspiel mit der Terrormiliz des IS ist jedoch wesentlich komplexer, als es scheint. Von welchen Gruppen die größten Risiken ausgehen, wie sich die Radikalisierung vollzieht, wird in diesem Buch zentraler Teil des siebten Kapitels sein, in dem es um die IS-Sympathisanten in den einzelnen Ländern Europas gehen wird und auch um die Abgrenzung zwischen dem erzkonservativen Islamverständnis und Terror.

Es gibt viele unterschiedliche Strömungen im Salafismus, grob vereinfacht lassen sich drei Gruppen unterscheiden: „Quietisten", die ihre ultrakonservative Ideologie im Alltag leben, aber jegliches politisches Handeln ablehnen und heute nur noch einen marginalen Teil der Salafisten stellen. Die größte Gruppe wird als „politische Salafisten" bezeichnet. Auch sie leben ihr Verständnis der „Urversion" des Islam im täglichen Leben, allerdings meinen sie, missionieren zu müssen, „Da'wa" zu betreiben. Die Grenze zwischen politischen Salafisten und den Dschihadisten, der dritten Gruppe in diesem Spektrum, ist fließend. Auch Dschihadisten propagieren eine politische Veränderung, die Einführung des „Islamischen Rechts", der Scharia, allerdings auch oder nur mit den Mitteln der Gewalt. Ein prägender Faktor ist der „Takfirismus". Es gibt unterschiedliche Ansätze, diesen Aspekt der Ideologie einzudeutschen, gemeint ist aber immer ein Prinzip: Andere Muslime, die sich nicht dieser Doktrin verschreiben, werden als „Nichtmuslime" gebrandmarkt. Dies tun mitunter auch politische Salafisten, nur unterscheiden sich die Dschihadisten in einem markanten Punkt: Sie nehmen für sich das Recht in Anspruch, Abweichler ihres Gedankengutes, aber auch zum Teil „Ungläubige" töten zu dürfen.

So wie im Salafismus gibt auch nicht den *einen* Dschihadismus, sondern viele Varianten. Zuletzt ist eine Unterscheidung immer relevanter geworden: Zwischen der Gruppe der „al-Kaida" und dem IS. Dieses Schisma im Milieu dschihadistischer Terroristen beeinflusste nicht nur den Konflikt in und um Syrien ab 2014 massiv, auch die Anwerbung von Syrienkämpfern in Europa änderte sich mit dem Bruch zwischen den Gruppen. Innerhalb des gewaltbereiten salafistischen Milieus in Europa, in dem in vielen Fällen die Radikalisierung von Jugendlichen beginnt, traten ab dem Frühling 2015 massive Spannungen zwischen Anhängern der al-Kaida und des IS auf.

Es ist eine verwirrende, vielschichtige Entwicklung: Sie wird im nächsten Abschnitt dieses Buches klarer, in dem es um die Entstehungsgeschichte des „Islamischen Staates" in Syrien und im Irak geht. So viel vorweg: Es wäre ein Fehler, das Phänomen des brisanten Jugendkults des Pop-Dschihadismus einzig als Exportgut des Kalifats in Syrien und im Irak zu sehen. Vielmehr dürfte es sich um ein Wechselspiel zwischen der Radikalisierung in Nahost und jener von Extremistengruppen in Europa handeln. Um den Islam geht es auch, doch bei Weitem nicht nur. Der IS und sein Erfolg bei der Rekrutierung von Jugendlichen ist vorrangig kein religiöses, sondern ein politisches Phänomen. Und so sei hier abschließend auf die Notwendigkeit verwiesen, einen viel breiteren Kontext zu suchen, um die bedrohliche Radikalisierung der marginalisierten Gruppen in Europas Jugend zu stoppen.

„Die gleiche Wut, unterschiedliche Ideologie" lautete der Titel eines Artikels in der *New York Times*, der sich mit den bemerkenswerten Ähnlichkeiten von Rechtsradikalismus und islamistischem Extremismus befasste.[64] Er basiert auf den Biografien von zwei Jugendlichen, die erfolgreich an De-Radikalisierungsprogrammen teilgenommen hatten, und macht deutlich, dass die Vorzeichen einer Ideologie weniger bedeutsam sind als die Möglichkeit, seiner Wut Ausdruck zu verleihen, das Gefühl der Zugehörigkeit und der Aufwertung eines fragilen „Ichs" durch die Einbettung in eine Gruppe zu erlangen, die Macht verleiht.

Ibrahim Ahmed, der in einer Londoner Moschee angeworben wurde, erzählt, er hätte zuvor „weiße Musik" gehört, den gleichen Fußballclub wie seine Schulfreunde favorisiert, doch das Gefühl, „anders zu sein und nicht dazuzugehören", hätte sich in seinem Alltag immer tiefer verankert. Als Gotteskrieger zu kämpfen habe ihm das Gefühl der Überlegenheit gegeben. „Meine Rasse war meine Religion", sagt wiederum der Schwede Robert Orell, der sich von den Übergriffen von Migrantenkindern in der Schule ausgegrenzt gefühlt hatte. „Ich fantasierte davon, mit einem Gewehr ins Parlament zu gehen und alle niederzuschießen." In beiden Gruppen, sowohl den britischen Extremisten als auch den schwedischen Faschisten, tauchten viele Parallelen auf. Etwa extreme Askese: Um seiner „arischen Rasse" alle Ehre zu machen, hörte Robert auf, Alkohol zu trinken, und führte ein „reines Leben" ganz im Sinne der Doktrin. Nicht viel anders klingen die Details über die extremen Veränderungen in Ahmeds Leben, der Mitglied einer geheimen Extremistengruppe wurde.
„Das Problem ist, dass ihr Empfinden gestört ist", erklärt Asma Guénifi, klinische Psychologin und Psychoanalytikerin, über die Hintergründe der jugendlichen IS-Anhänger. „Sie tendieren zur Paranoia, sie fühlen sich verfolgt und glauben, dass sie und ihre Gemeinschaft in Gefahr seien und verteidigt werden müssten. Sie schreiten zur Tat, gerade weil sie sich ungeschützt und bedroht fühlen. Das rührt daher, dass sie die Gewalt in ihnen selbst nach außen projizieren. Ich sage es ungern, doch die Salafisten sind ausgezeichnete Psychologen und wissen genau, wo sie ansetzen müssen."[65]

3.

APOKALPYSE NOW!

WIE DER KRIEG IN SYRIEN DEN IS ZU DEM MACHTE, WAS ER IST: DSCHIHADISTEN-GROSSMACHT MIT ENDZEITFANTASIE

Außer Wassermelonen in Hülle und Fülle gab es Anfang August 2014 in Dabiq wenig zu holen. Trotzdem lieferte sich die Terrormiliz des IS mit einer Rebellengruppe der „Freien Syrischen Armee“ (FSA) eine tagelange, erbitterte Schlacht um die Kontrolle dieses syrischen Dorfes. Zehn Kilometer von der Grenze entfernt gelegen, hatte es wenig strategische Relevanz, trotz der Nähe zur Verkehrsachse zwischen der südtürkischen Stadt Gaziantep und Aleppo. 3000 Einwohner hatte Dabiq, doch nur wenige waren in diesem Sommer noch in ihren Häusern, deren zerschossene Fassaden von blühenden Rosen umwuchert waren, wo trotz jahrelangem Krieg die wenigen noch nicht verwaisten Obstplantagen weiter gediehen.
Nach der hart erkämpften Eroberung sicherten die IS-Milizen die umliegenden Hügel sofort mit Scharfschützen und schwerer Artillerie. Aber erst als IS-Anhänger enthusiastisch Aufnahmen der eben gehissten Fahne des Kalifats über Dabiq auf sozialen Medien teilten, kristallisierte sich die enorme Tragweite dieser Eroberung heraus. „Jener Funke, der im Irak entzündet wurde und dessen Hitze sich weiter und weiter verstärkt, wird

so lange brennen, bis er die Armee der Kreuzritter in Dabiq versenken wird." Diese Worte hatte Abu Mus'ab al-Zarqawi im September 2004 auf einer Audiodatei hinterlassen. Sie war Teil einer typischen Brandrede des Führers der Terrorgruppe „al-Kaida im Irak". Er starb zwar 2006 bei einem Raketenangriff der US-Armee, doch gilt er bis heute als *die* Leitfigur des IS, als dessen ideologischer Pate. Zarqawi war besessen von Endzeitfantasien, der finalen Schlacht zwischen „Gut" und „Böse", die, wie er damals ankündigte, in Dabiq beginnen soll. Ebenso zentral in seinem Gedankengut war die Gründung eines „Islamischen Staates" samt eines Dschihadisten-Heeres, das jede noch so kleine Abweichung vom „wahren Islam" gnadenlos ahnden sollte.
Diese Faktoren bringen die enorme Brisanz des IS auf den Punkt: Wer sich für eine apokalyptische Schlacht rüstet, ist zu allem fähig, die Gruppe ist deshalb unberechenbar wie keine andere Terrorgruppe. Und wer einen Staat hat, der sich selbst finanzieren und verwalten kann, ist von niemandem mehr unter Kontrolle zu bekommen. Zahlreiche Propagandavideos der Miliz wurden nach der Eroberung Dabiqs mit dem Tondokument Zarqawis unterlegt: Eingespielt in den letzten Sequenzen untermalt es akustisch Aufnahmen von IS-Kämpfern, die auf einer Anhöhe über dem Dorf rituell die schwarze Fahne vor sich hertragen. Auch als der US-Bürger Peter Kassig im November 2014 nach einem Jahr in Geiselhaft hingerichtet wurde, wählten seine Henker Dabiq als Schauplatz für seine brutale Enthauptung. Kassig, Mitarbeiter einer Hilfsorganisation, war damals bereits zum Islam konvertiert und nannte sich Abdul-Rahman. Doch an seinem Part in dem grauenhaften Spektakel änderte dies nichts. Der maskierte Dschihadist tötete ihn mit den Worten: „Hier begraben wir den ersten amerikanischen Kreuzritter in Dabiq. Wir warten ungeduldig darauf, dass der Rest eurer Armeen eintrifft."[66]
Zarqawis Zitat vom „Zündfunken der Schlacht" prangte auch auf der vordersten Seite der ersten, im Juli 2014 veröffentlichten Nummer des IS-Propagandamagazins, das – wie könnte es

anders sein – *Dabiq* heißt.[67] Darin wird die von Abu Huraira aufgezeichnete Überlieferung des Propheten Mohammed (eine sogenannte „Hadith") ausführlich vorgestellt. Dabiq soll laut dieser Prophezeiung des Propheten Schauplatz des „Malahim" sein, der islamischen Version des „Armageddon", einer Schlacht zwischen muslimischen und christlichen Armeen am Ende der Zeit. Wörtlich ist darin von einem Heer unter der Führung Roms die Rede, das samt achtzig Verbündeten eine Armee „wahrer Muslime" angreifen werde. Letztere würden zwar schwere Verluste erleiden, aber schlussendlich siegen. Es gibt in den islamischen Quellen zwar auch andere apokalyptische Szenarien, aber diese blendet die Führung des „Kalifats" geflissentlich aus.[68] Ebenso die Details: In der Interpretation dieser Hadith durch den IS wird Rom mit den USA substituiert. Als eine internationale Militärallianz unter Führung der Vereinigten Staaten ab dem Herbst 2014 begann, Luftangriffe gegen die Stellungen des IS zu fliegen, sah die IS-Führung dies folglich als Omen dafür an, dass die Schlacht aller Schlachten und damit das Ende aller Zeiten angebrochen sei.

DIE WAHRE MACHT DES ENDZEITKULTES

Immer wieder reißt der IS wie in diesem Fall einzelne Abschnitte der Glaubenstexte des Islams aus dem Kontext und fügt sie zu einer kruden Ideologie zusammen, die auf barbarischer Gewalt fußt. Das gilt ebenso für die Rechtfertigung brutaler Exekutionen oder auch dafür, alle, die nicht den „wahren Islam" dieser Terrormiliz anerkennen, als „Ungläubige" zu brandmarken, die getötet werden dürfen. Diese Interpretation habe, wie der Großteil der Muslime betont, überhaupt nichts mit dem Islam zu tun. Denn der Koran, die Überlieferungen über das Leben Mohammeds und dessen Sprüche sind nun einmal keine Nachschlagewerke. Sie bestehen mitunter auch aus Widersprüchen; Texte, die im jeweiligen Kontext zu verstehen sind und angepasst an die Gegenwart interpretiert werden müssten. Für solche Feinheiten fehlt vielen Predigern des IS nicht bloß der Sinn, sondern mit dieser bewusst selektiven Wahrnehmung der islamischen Quellen wird der Führungsanspruch legitimiert und Machtpolitik betrieben.

Es wäre aber ein gravierender Fehler, den IS deshalb als „nicht islamisch“ abzutun, argumentiert der Journalist Graeme Wood. Er veröffentlichte in der US-Monatszeitschrift *The Atlantic* einen ausführlichen Artikel über die langfristigen Ziele des IS. Sein sonst weltweit begeistert rezipierter Text löste in diesem Punkt aber eine heftige Debatte aus. Darf man das überhaupt: den IS als islamisch bezeichnen? „Ja“, meint Wood. Es sei gerade diese apokalyptische Vision, die eine solche Sicht nahelege: „Der IS ist ein religiöser Endzeitkult, dessen theologisches Fundament man erst einmal begreifen muss, bevor es möglich ist, eine sinnvolle Gegenstrategie zu entwickeln; sei es militärisch oder im Antiterrorkampf.“ Da würde es vorrangig darum gehen, die Verwendung der religiösen Codes und vor allem ihre Signalwirkung richtig zu deuten und deren Anziehungskraft so zu knacken.[69]

Noch klappt das nicht. Offen gab das etwa General Michael K. Nagata, Kommandant für Spezialoperationen im „US Central Command“, im Dezember 2014 zu: „Wir verstehen den Islamischen Staat nicht, vor allem seine Ideologie. Und das ist zentral. Denn erst wenn wir die Idee dahinter begriffen haben, wird es uns gelingen, diese Idee zu besiegen und mit der Idee auch den Islamischen Staat.“[70]

Was will die Gruppe also wirklich? Einen Staat aufbauen oder gegen den Rest der Welt in eine finale Schlacht ziehen? Die Führung der al-Kaida hatte, wie alle anderen Dschihadisten vor den IS-Milizen, die Bedeutung von Endzeitfantasien immer heruntergespielt. Hier würden der selbst ernannte Kalif und seine Entourage eine große Ausnahme darstellen und damit den islamistisch motivierten Terror, wie wir ihn bis jetzt kannten, nachhaltig verändern, betont William McCants, Extremismusexperte am „Brookings Institute“, der ein Buch über die maßgebliche Bedeutung der Endzeitvision des IS verfasst hat. McCants ist davon überzeugt, „dass der Islamische Staat irgendwann einmal besiegt sein wird. Aber die Führer des IS haben das bislang gängige Wissen, wie die Rekrutierung von Terroristen funktioniert, über den Haufen geworfen."[71]

Sich der Gruppe anzuschließen, ist für radikalisierte Jugendliche aus Europa, wie in den vorigen Kapiteln ausgeführt, nicht bloß eine Glaubensfrage: Dass Sexualität und Aggressivität zügellos ausgelebt werden können, erklärt mit die Anziehungskraft. Der Nimbus eines Utopia, einer Gegenwelt zum Westen auch. Verstärkt wird dies durch die Aussicht, am historischen Projekt der „Wiedererrichtung des Kalifats" teilzuhaben sowie sich einer epischen Schlacht anzuschließen. Gerade der Mythos eines finalen Kampfes, um das Kollektiv zu retten, ist ja ein grundlegendes Leitmotiv totalitärer Systeme, die so ihre Gefolgschaft in einen hypnotischen Bann ziehen können. Dies ist etwa in Norman Cohns epochalem Werk „The Pursuit of the Millennium"[72] präzise nachzulesen. Er schrieb schon in den 1950er-Jahren über diese Facetten von Kommunismus und Nationalsozialismus, wobei diese Mechanismen genauso für die totalitäre Organisation IS gelten.

Denn der IS will keine elitäre Kampfeinheit von Dschihadisten sein, sondern eine Massenbewegung; eine Supermacht, die in einen großen Krieg zieht: „Es gibt keine Entschuldigung für Muslime, nicht dem Islamischen Staat beizutreten", verkündete Abu Bakr al-Baghdadi, als er den ersten Jahrestag der „Wiederrichtung des Kalifats" zelebrierte. Durch diesen Anspruch, das islamische Reich wieder installiert zu haben, gelang es der Gruppe, eine zentrale politische Botschaft zu besetzen. Shadi Hamid, Forscher am „Saban Center for Middle East Policy", verweist auf zahlreiche Meinungsumfragen, die dies belegen würden: „Zweifelsohne will kaum jemand in einem Kalifat leben, wie es derzeit in Teilen Syriens und des Irak praktiziert wird. Aber die Wiedererrichtung eines solchen Reiches nimmt selbst im Weltbild vieler säkularer Muslime im Nahen Osten einen wichtigen Stellenwert ein."[73]

Fast jede Gruppe des politischen Islam operierte seit dem Ende des Osmanischen Kalifats 1924, mit dem Versprechen, ein islamisches Reich nach dem Vorbild der ersten vier rechtsgeleiteten Kalifen wieder zu errichten: von den ägyptischen Muslimbrüdern bis hin zu allen radikalisierten Splittergruppen aus dem salafistisch-dschihadistischen Milieu.[74] Dies war die zentrale Botschaft, das von Islamisten propagierte Gegenmodell zur verachteten „Dominanz des Westens" und der empfundenen „Erniedrigung der muslimischen Welt".
Scheinbar geschafft hat dies am 29. Juni 2014 jedoch nur der IS, indem er kurzerhand dieses Kalifat ausgerufen und in mehreren Videos als historische Wende dargestellt hat. „Ich war völlig überrascht, als ich einen Syrer, der ein vehementer Gegner des IS war, dabei beobachtete, wie gerührt er war, als in einem dieser Filme symbolisch die 1916 nach dem Sykes-Picot-Abkommen gezogene Grenze zwischen dem Irak und seinem Land zerstört wurde und die Wiedervereinigung der auf beiden Seiten lebenden Stämme zelebriert wurde", so ein ehemaliger europäischer Diplomat über die politische Sprengkraft des „Projekts IS".[75] Das Sykes-Picot-Abkommen regelte die Ordnung der Region nach dem Ersten Weltkrieg, führte langfristig zur Bildung von Nationalstaaten in der arabischen Welt, erzwang die Ziehung von Grenzen, um die Machtinteressen Europas einzubetonieren. Es verliefen plötzlich Bruchlinien durch ehemalige Provinzen des Osmanischen Reiches und auch das Gebiet der Kurden wurde auf vier Länder zersplittert. Dieses Abkommen gilt als *das* Symbol der westlichen Hegemonie in dem Raum und der Widerstand dagegen ist deshalb eine mehrheitsfähige Forderung – quer durch alle Länder und Gesellschaftsschichten.

Der IS und seine Anziehungskraft ist also genauso wie sein Bedrohungspotenzial vielschichtig: Er nutzt sozusagen publikumswirksame Forderungen kaltblütig aus und nutzte das politische Vakuum in Syrien und dem Irak, um einen Hybrid eines totalitären Territorialstaats zu schaffen, der die letzten

Reste von Stabilität in der Bürgerkriegsregion untergräbt und zugleich zur global aktiven Terrorhochburg wird. Beide Charakteristika hat die Gruppe internalisiert, die mit ihren Methoden die Gegner zu entwaffnen scheint: Die strategische Kriegsführung gleicht der einer Armee, die aber auf die Taktik von Selbstmordangriffen bei Eroberungsoffensiven setzt. Dem können klassische Militärs wenig entgegensetzen. Bei der Eindämmung des globalen Terrors im Namen des IS – dies zeigen die jüngsten Anschläge im tunesischen Sousse bis hin zu denen in Paris – erweisen sich Antiterror-maßnahmen aus Zeiten der al-Kaida als wirkungslos. IS-Sympathisanten, die eigeninitiativ bomben und morden, sind vor ihren Taten kaum auszumachen. Laut einer Analyse der SOUFAN-Gruppe ist diese Dimension die eigentliche Gefahr für den Westen: „Wann immer jemand im Namen der Gruppe Gewalt anwendet, bekennt man sich dazu und nimmt damit in Anspruch, die Avantgarde der Verteidigung des Islam gegenüber allen Feinden zu sein."[76]

Das Postulat, nicht bloß ein Kalifat errichtet zu haben, sondern alle in Not geratenen Muslime zu rächen, sorgt dafür, dass es bei potenziellen Sympathisanten „klick" macht. Besonders der Konflikt in Syrien wird häufig als Beweis dafür empfunden, „dass die Welt den Muslimen entweder den Krieg erklärt oder sie im Stich lässt". Solche Phrasen hörte ich in fast jedem Gespräch mit Jugendlichen in Europa, die mit der Gruppe in Kontakt gekommen waren, aus deren Bekanntenkreis sich jemand dem IS angeschlossen hat. So sehr sie die Taten des IS auch verurteilen, selbst bei jenen, die diese sehr scharf kritisieren, schimmert dieses „Grundverständnis" durch. Täglich nährt die Flut an Informationen über soziale Medien diesen Eindruck. Auch in diesem Punkt ist der Bürgerkrieg in Syrien historisch. Es gab noch nie eine Auseinandersetzung, von der so viel Bildmaterial in Echtzeit inklusive allen fürchterlichen Details übertragen wurde. Der dabei empfundenen Hilflosigkeit begegnet der IS mit der Aussicht auf die finale Schlacht, die das muslimische Heer gewinnen werde. Mithilfe des apokalyptischen

Todeskults werden Angst und Schrecken erzeugt. Und so gelang der Gruppe ein Propagandameisterstück, dessen Quintessenz lautet: Sei ein Muslim wie wir und du hast Macht, sehr viel Macht.

NACH SYRIEN IN DIE SCHLACHT GEZOGEN, IM IS ANGEKOMMEN

In den vielen Analysen über den IS war es ein vergleichsweise banaler Satz, der perfekt die größte Schwierigkeit im Umgang mit dem IS illustrierte: „The story is relatively easy to narrate, but much more difficult to understand."[77] (Es ist sehr einfach, die Geschichte des IS zu erzählen, aber viel schwieriger ist es, sie zu verstehen.) Ganz besonders trifft dies auf ausländische Kämpfer im IS zu. Deren Geschichten sind meist um einen Deut komplizierter, als sie überliefert werden. Sei es vor Gericht, wenn Rückkehrer aus dem Bürgerkrieg auf der Anklagebank sitzen, sich wegen „Mitgliedschaft bei einer Terrorvereinigung" verantworten müssen, oder in vielen Medienberichten, in den Warnungen der Sicherheitsbehörden: Es ist von *den* Dschihadisten, die in Syrien und im Irak kämpfen, die Rede. So einfach ist das aber nicht.

Von den Europäern, die sich dem Dschihad in Syrien angeschlossen haben, kämpfen, wie eingangs erwähnt, nur etwa drei Viertel aufseiten des IS. Ein beträchtlicher Teil hat sich anderen Gruppen, die auch als „extrem islamistisch" gelten , angeschlossen: eine Unterscheidung mit wichtigen Konsequenzen. So wie sich die Radikalisierung und Rekrutierung seit den Anfängen 2012 veränderte, so unterschiedlich sind auch die Motive der Kämpfer, ihr Training und ihre Einstellung, je nachdem, mit wem sie kämpfen. Die ersten Freiwilligen des Syrienkrieges in Europa wurden vor allem über humanitäre Organisationen aus dem salafistischen Milieu rekrutiert: für den Graubereich zwischen Helfen und Kämpfen bei islamistischen Rebellengruppen. Ihnen ging es damals nie um einen „Islamischen Staat" oder irgendwelche kruden Weltherrschaftsideen. Sie waren von dem aus ihrer Sicht dringend nötigen Widerstand gegen das Assad-Regime angespornt. Sie schlossen sich größtenteils dem syrischen al-Kaida-Ableger „Jabhat al-Nusra li Ahl asch-Scham" („Front zur Verteidigung des Volkes Syriens", meist als „Nusra-Front" abgekürzt), der „Ahrar al-Scham" (eigentlich „Harakat Ahrar asch-Scham al-Islamiya" – „Islamische Bewegung der freien Männer der Levante") sowie der „Jund al-Aqsa" („Soldaten der al-Aqsa") an.

Einen Persilschein sollte man diesen Kämpfern keinesfalls ausstellen: So gilt die „Nusra-Front" als eine mit dem al-Kaida-Netzwerk verbundene Terrorgruppe und sie war lange mit dem IS verwoben. Und auch wenn die „Ahrar al-Scham" 2015 massiv an ihrer Imagekorrektur feilte, hat sie sich eindeutig der radikal islamistischen Ideologie verschrieben und kooperierte häufig mit der „Nusra-Front". Der Kampf gegen den IS in Syrien schien aber im Jahr eins des Kalifats ohne diese beiden Gruppen aussichtslos, wie auch ohne die kurdischen Kampfeinheiten und die schiitisch-paramilitärischen Gruppen im Irak. Solange es vonseiten der internationalen Staatengemeinschaft keine Bereitschaft gibt, Bodentruppen zu schicken, gilt das Primat der Realpolitik. Und dazu zählt eben auch eine informelle Allianz mit diesen Islamisten.

Doch so einfach waren diese Gruppen nicht ins Boot zu bekommen. Im Sommer 2015 kam es zum größten anzunehmenden Unfall in der ohnehin störanfälligen Syrienpolitik der USA und ihrer Verbündeten: Die Schaffung einer Sicherheitszone in Nordsyrien wurde angedacht. Ein Kurswechsel der Türkei, die dazu bereit war, den Kampf gegen den von ihr lange unterstützten IS aufzunehmen, steigerte die Realisierbarkeit des Plans. „Moderate" Rebellenmilizen sollten diese Zone sichern, hieß es seitens des US-Verteidigungsministeriums. Doch trotz eines ehrgeizigen Trainingsprogramms, das seit einem halben Jahr in Gang war und 600 Millionen Dollar kostete, gab es damals erst 54 einsatzbereite „moderate Kämpfer".[78] Als diese Gruppe, genannt „Division 30", in den letzten Julitagen

2015 ihren Einsatz aufnahm, wurden mehrere Mitglieder der Gruppe von der „al-Nusra" sofort getötet, ein Teil gekidnappt: „Wir werden den Arm der US-Regierung, die hier einzugreifen versucht, sofort abschlagen", hieß es in einem Statement der Gruppe.[79] Postwendend flog die US-Allianz Luftangriffe gegen Al-Nusra-Stellungen und räumte ein, dass man künftig die eigenen Rebellen auch gegen Luftschläge der syrischen Armee verteidigen würde. „Wir brauchen einfach viel mehr Entschlossenheit des Westens", sagte mir am Tag nach diesem Fiasko Yussef Eissa, ein Kämpfer der moderaten Rebellen, der in der türkischen Grenzstadt Kilis die Lage aus sicherer Distanz beobachtete. „Wir müssen uns gegen so viele Fronten bewähren. Jetzt ist eine entscheidende Phase." Und er gab zu: Man werde ohne die „Nusra-Front" kaum an Boden gewinnen. Die Moderaten müssten sich auch mit ihnen und ihren Kämpfern einigen, um Assad zu besiegen und auch den IS. „Wer sie ignoriert, der erntet ein großes Problem, wie wir jetzt sehen."

Für Europas „Dschihadisten-Kolonie" bedeutet dies also: Sie ist inmitten der immer unübersichtlicheren Wirren des syrischen Bürgerkriegs gefangen, kämpft gegen das Kalifat und den IS gleichzeitig und manchmal eben auch gegen Verbündete der USA. Sie in den gleichen Topf wie die IS-Söldner zu werfen – etwa bei Gerichtsverfahren nach einer möglichen Rückkehr – ist eigentlich gar nicht möglich. Nur ist es genauso schwierig festzumachen, wo sie wirklich waren. Denn mitunter erfuhren sie beim Einsatz in Syrien eine weitere Radikalisierung. Dies illustriert der Fall von Ifthekar Jaman, einer der bekanntesten britischen Freiwilligen. Er sei gläubig, aber nicht indoktriniert gewesen, sagen seine Eltern: „Die grauenhaften Berichte über den Bürgerkrieg in Syrien haben ihn dazu angespornt, zu kämpfen." Er fuhr 2013 auf eigene Faust los, doch die Führer der „Nusra-Front" lehnten ab, ihn in ihre Reihe aufzunehmen. „Ich brach in Tränen aus", erzählte er später: „Ich kam all den Weg und sie wollten mich nicht. Sie sagten, das ginge nur, wenn ich ein Schreiben eines vertrauenswürdigen Imams, der sich für mich verbürgt, mitbringen würde. Das hatte ich nicht." Deshalb schickten sie ihn kurzerhand mit dem Verweis „Die nehmen eh jeden" zum IS. Und ja: Der IS nahm ihn mit offenen Armen auf. Er wurde Koch, schob über Monate Küchendienst, seinen wichtigsten Einfluss übte er aber durch unzählige Berichte in sozialen Medien aus, die dazu führten, dass er zahlreiche Briten rekrutierte. Von einem Tag auf den anderen wurde er dann selbst in eine Schlacht geschickt und starb binnen Stunden.[80]

Einmal mehr zeigt dieses Beispiel, wie groß die Unterschiede zwischen den verschworenen „alten" Dschihadistengruppen, die sich für eine Elite halten und nur die besten Kämpfer aufnehmen, und dem IS, der wahllos rekrutiert, sind. Die radikalislamistische Ideologie haben sie gemeinsam, doch der „Islamische Staat" hat mit dem Anspruch einer Rettung Syriens oder der syrischen Bevölkerung nichts mehr zu tun. Es geht um die Verwirklichung einer lange angestrebten Utopie: die Führung der sunnitischen Muslime zu übernehmen. Es kursieren Weltkarten, in denen die langfristigen Ziele gesteckt werden: ein Riesenreich bis Spanien, das sich über Afrika und den gesamten Nahen Osten erstreckt. In der Realität des Jahres 2015 ist das „Kalifat" ein geopolitischer Tsunami, der über die Region hinwegfegt. Trotz massiver Verluste bei Kämpfen mit kurdischen Einheiten, etwa die Stadt Kobane im Winter 2014/15, kann der IS einen Großteil seiner blitzartig eroberten Gebiete – anders als viele militärische Experten prognostizierten – bereits über ein Jahr halten. Nur ein Zehntel ging wieder verloren.

Dies war der Moment, in dem die IS-Propaganda ihre volle Kraft entfalten konnte: In Syrien, aber genauso sehr in Europa, wo die nun bestehende staatliche Struktur neue Rekrutierungsmuster aufbaute, die oft nicht mehr mit den alten Dschihadistennetzwerken in Zusammenhang standen, aber deutlich effizienter waren. „Die vergangenen Monate sahen wir eine unglaubliche Steigerung des Zuzugs von ausländischen Kämpfern in den IS", analysierte US-General Joseph L. Votel am

19. Mai 2015.[81] Laut Aaron Lund, einem Autor zahlreicher Studien und Bücher über den IS, bedeutete der Moment der Ausrufung des Kalifats einen Dammbruch. Ab diesem Zeitpunkt wechselten größere Einheiten syrischer und ausländischer Kämpfer fluchtartig zum IS. „Es schien, als würde die gesamte bewaffnete Opposition in Syrien wegbrechen."[82]

Was in diesen Männern vor sich ging, konnte der niederländische Journalist Roozbeh Kaboley anhand der Geschichte eines Kämpfers aus seinem Land detailliert nachvollziehen. Im persönlichen Gespräch für dieses Buch erzählt er von seinem Kontakt zu ihm und welches Bild er sich machen konnte. 2014 hielt er über Monate fast täglich Kontakt mit dem 26-jährigen Yilmaz: „Er wollte Elitesoldat werden, aber unsere Armee hielt ihn nicht für geeignet. Danach arbeitete er in einem Altenheim. Dort lief immer der Fernseher und er war täglich mit den Nachrichten aus Syrien konfrontiert. Das löste bei ihm das Gefühl aus, es nicht mehr in Holland auszuhalten", erzählt Kaboley. Yilmaz selbst sagte in den Interviews: „Ich würde gegen alle kämpfen, selbst gegen meinen Vater, wenn er daran schuld wäre, dass die Menschen in Syrien ständig bombardiert werden."
Anfangs arbeitete er in einem Spital im türkisch-syrischen Grenzgebiet. Dort kam er mit den Rebellen islamistischer Milizen in Kontakt. Schon in Holland war er gläubig gewesen, aber kein Extremist. Deshalb habe er sich nicht aus religiösen Gründen Syriens Rebellen angeschlossen, sondern, weil er sich als Soldat empfand, der für die „richtige Sache" zu kämpfen hätte: „Wenn die niederländische Armee beschlossen hätte, einzugreifen, dann hätte ich mich auch gemeldet", sagte er. Yilmaz begann als „Freelancer" die Kämpfer verschiedener Einheiten zu trainieren: der „Nusra-Front" oder der „Jund al-Aqsa", die besonders viele Ausländer in ihren Reihen hatte. Lange hielt er sich aus den ideologischen Debatten heraus: „Ich bin wegen Syrien da, nicht um ein Kalifat zu gründen."
Doch ein Raketenangriff der USA im Rahmen des Luftkrieges gegen IS-Stellungen im September 2014 veränderte seine Sicht

radikal. Dabei wurde eine Gruppe von führenden al-Kaida-Offizieren ins Visier genommen, die eine Gruppe namens „Khorasan" gegründet hatten und laut Angaben der US-Regierung einen Anschlag im Westen planten. Später gab es laute Zweifel an der Richtigkeit dieser Darstellung, auch in westlichen Militärkreisen. Bei dem Angriff auf die von der „Nusra-Front" gehaltenen Stadt Kafr Deryan, vierzig Kilometer westlich von Aleppo gelegen, kamen zahlreiche Kämpfer um, mit denen Yilmaz trainiert hatte. In diesem Moment schloss er sich dem IS an. Roozbeh Kaboley resümiert: „Er war so unendlich frustriert vom Vorgehen des Westens, dass er nur im IS eine Zukunft sah."

FANATIKER ZERSTÖREN EINE REVOLUTION

Syrer wie Abu Hamzi Arandas hätten auf den Beistand von Kämpfern wie Yilmaz nur allzu gern verzichtet. „Unsere Revolution wurde von den Fanatikern zerstört. Aus aller Welt sind sie hergekommen, während wir an Boden verlieren." Arandas war zum Zeitpunkt unseres Gespräches Kommandant der „Liwa Tawid" („Brigade der Einheit"). Diese Miliz galt lange als eine der effizientesten Einheiten unter den Hunderten Rebellengruppen, die sich nach dem Beginn des Bürgerkrieges zur „Freien Syrischen Armee" zusammengeschlossen hatten. Arandas und seine Kämpfer nahmen 2012 den Ostteil Aleppos, der größten syrischen Stadt, ein und eine Zeit lang sah es so aus, als ob sie ein Jahr nach Beginn des Aufstandes gegen Syriens Präsident Baschar al-Assad massiv an Boden gewinnen würden.

Zwei Jahre später, im Juli 2014, wird klar, dass dies ein großer Irrtum war. Die Nerven des 31-jährigen Kommandanten liegen blank, als er sich da Zeit für ein Interview mit mir nimmt. Nur achtzig Kilometer von seiner Stellung im Herzen der Altstadt Aleppos entfernt tobt in diesem Moment die Schlacht um Dabiq und um andere Dörfer. „Wir kämpfen nicht nur gegen die

Truppen von Assad, sondern auch gegen die Truppen des radikalen IS, die uns in den Rücken fallen und im Osten Syriens ihr Kalifat einzementieren wollen. Das ist ein Zweifrontenkrieg." Er rechnet vor, dass bereits die Hälfte aller bewaffneten Zusammenstöße des Syrienkonflikts zwischen den einzelnen Rebellengruppen stattfinden würde. Arandas erwähnt zahlreiche Beobachtungen, die aus seiner Sicht darauf hinweisen, dass der IS und das Regime Assads zusammenarbeiten. Tatsächlich tauchen seither immer wieder Indizien für eine Kooperation nicht bloß militärischer Natur auf. Die EU etwa legte Beweise dafür vor, dass neben der Türkei auch das Regime Assads hilft, Erdöl aus dem IS zu schmuggeln.[83] Doch wer wirklich an wessen Seite steht, ist zu diesem Zeitpunkt kaum noch mit Sicherheit zu sagen. Bis auf vereinzelte Schüsse ist es still an der Front, die er inmitten der historischen Altstadt Aleppos zu halten versucht. Dabei sind die Stellungen der syrischen Armee von Baschar al-Assad nur ein paar Meter entfernt. Von der Zitadelle aus nehmen Scharfschützen jene ins Visier, die sich durch die Gassen wagen. Immer wieder durchbrechen Schüsse die Ruhe. Aber kaum jemand gerät in Panik, vom Alltag im Krieg abgebrüht, wird die Todesgefahr resigniert zur Kenntnis genommen.

Dass sich die FSA-Miliz zu diesem Zeitpunkt hier noch halten kann, verdankt sie einzig der Tatsache, dass sie eine informelle Zweckkoalition mit radikalen Islamisten eingegangen ist. Natürlich weiß Abu Hamzi Arandas, dass er und seine Truppe dabei auf das falsche Pferd setzen. „Welche Alternativen haben wir? Was konkret würden Sie an unserer Stelle tun?" Immer wieder droht unser Interview in einen Streit zu münden. Wenn von den „moderaten" syrischen Rebellen die Rede ist, die es durch westliche Regierungen zu stärken gilt, dann sind Leute wie er gemeint. Nur wie kann ihm vonseiten Europas oder der USA geholfen werden, wenn seine Gruppe sich mit den Kämpfern der „Nusra-Front" verbündet, einem offiziellen Teil des al-Kaida-Netzwerks? Die Frage, ob eine solche Allianz nicht kontraproduktiv sei, bringt den Kommandanten zur Weißglut: „Wir schreiben das Jahr 2014. Wir kämpfen seit drei Jahren“, sagt er. „Wann genau hat uns der Westen jemals geholfen? Es hieß, wenn Assad Giftgas einsetzt, sei das eine rote Linie und man würde eingreifen. Und – was ist dann geschehen? Nichts!“

Früher hätte er ein florierendes Import-Export-Business besessen, erzählt er, und einen westlichen Lebensstil gepflegt. Sein perfektes Englisch, kurze Anekdoten von Geschäftsreisen in Europas Metropolen lassen ein Naturell durchblicken, das wenig mit einem Bündnispartner von Gotteskriegern zu tun hat, die Syrien nach der Befreiung vom Assad-Regime in eine Hochburg der Frömmigkeit verwandeln wollen.

Der Mann, der auch im Zorn druckreif in knappen, prägnanten Sätzen spricht, gerät aber am Ende des Gesprächs ins Stottern: Die Bitte um ein Foto mit mir bereitet ihm sichtlich Unbehagen. „Es wäre vielleicht eine gute Idee, also ... nur für das Foto, aber im Grunde genommen ...“ So in etwa hören sich die Halbsätze an, mit denen er versucht, mir möglichst höflich nahezulegen, dass er nur einem Foto mit mir zustimmen wird, wenn ich ein Kopftuch aufsetze. „Wir müssen die Regeln unserer Freunde respektieren“, meint er dann mit einem resignierenden Seufzer.

Diese Form der Realpolitik spiegelte sich damals überall in Aleppo wider: Statt der Trikolore der säkular geprägten FSA prägten längst die schwarzen Flaggen mit dem islamischen Glaubensbekenntnis in weißer Schrift das Stadtbild. Der Bruch zwischen dem IS und den anderen Islamisten war da noch jung. In den Jahren zuvor gab es nur Auseinandersetzungen, „die nicht schlimmer sind, als wenn sich eine Familie beim gemeinsamen Abendessen zankt“, wie Mohammed al-Jolani, der Führer der „Nusra-Front“, im Dezember 2013 meinte. Gemeinsam lukrierten sie Geld und Material in „befreundeten“ Ländern, vor allem in der Golfregion. Nicht immer kamen die Zuwendungen direkt aus den Staatskassen, sondern private Förderer ließen es sich – vor allem zwischen 2012 und 2013 –

Unsummen kosten, ihre Glaubensbrüder in Syrien hochzurüsten. Als Bastionen gegen den Erzfeind, den schiitischen Iran, der mit dem Regime Assads verbündet war.
Meist verschwammen dabei die Grenzen zwischen „humanitären Projekten“ und direkter Militärhilfe.[84] Allen voran Saudi-Arabien, aber auch Katar und Kuwait schufen so ein politisches Monster namens IS.[85] Denn viel Geld, Material und bisweilen auch die Unterstützer wechselten mit den Kämpfern ins Kalifat. Bewiesen ist etwa laut dem US-Finanzministerium, dass über die Konten eines Geschäftsmannes aus Katar zwei Millionen US-Dollar pro Monat an den IS flossen.[86] Auch die Türkei galt bis zum Juli 2015 als faktischer Verbündeter der Gruppe. James R. Clapper, nationaler Geheimdienstdirektor der Vereinigten Staaten, sprach noch im Mai von einer „toleranten Atmosphäre“ in der Türkei, die 60 Prozent aller ausländischen Kämpfer nach Syrien habe einreisen lassen. Sanliurfa, Gaziantep, Hatay oder Reyhanli – die türkischen Städte in Grenznähe zu Syrien – waren ein Eldorado für IS-Kämpfer und andere radikale Islamisten. Hier wurden sie im Krankenhaus behandelt, konnten sich in sicheren Unterkünften ausruhen, Treffen abhalten, Pläne schmieden oder ungestört einige Tage in Hotels bleiben, bis man sie über die Grenze brachte. Zudem hat der türkische Geheimdienst die IS-Terrormiliz regelmäßig mit Waffen beliefert. Das berichtete die Nachrichtenagentur Reuters im Mai unter Berufung auf Gerichtsakten.[87]

Doch lange bevor die IS als Machtfaktor samt eigenem Territorium entstand, ebneten Islamisten den Boden für deren Ideologie. Mit dem Geld und der Unterstützung aus dem Ausland gelang es ihnen, Teile der Bevölkerung zu gewinnen. Während meiner Reisen konnte ich beobachten, wie selbst kritische, moderne Syrer und Syrerinnen die wachsende Stärke dieser Gruppen anfangs als Segen empfanden, bevor sie später schockiert von deren eigentlicher Macht verzweifelten. Wenn die „Nusra-Front“ nicht wäre, gäbe es keine Hoffnung mehr, sagte mir die 22-jährige Krankenschwester Hudna im August 2012:

„Ich liebe sie dafür." Hudna war eine der Ersten, die in Aleppo auf die Straße gingen: für ein politisches System wie in Europa, für ein Ende des Assad-Regimes. „Nach dem Krieg und nach Wahlen wird es ein säkulares, modernes Syrien geben. Doch jetzt brauchen wir die Nusra", meinte sie. „Das sind ehrliche Menschen. Die denken nur an Gott, an unsere Sicherheit und haben die richtigen Waffen, um Assad Paroli zu bieten. Das sind heute die Guten."

Solche Reaktionen werden erst verständlich, wenn man sich die Lebenssituation von Menschen wie Hudna vergegenwärtigt. Die Arbeitslosigkeit war schwindelerregend hoch, die Preise für Lebensmittel ebenso. Zahlreiche Kämpfer der Rebellengruppen hatte der zweijährige Bürgerkrieg völlig entwurzelt, die Kleinkriminalität nahm zu, legale Einnahmequellen fielen zunehmend weg. Rebellen, die für die Islamisten kämpften, konnten im Großraum Aleppo ab 2012 mit knapp hundert Euro pro Kopf und Monat rechnen. „Natürlich hat auch Geld eine Rolle gespielt", räumte der 28-jährige Lehrer Hassan al-Hak ein, der damals kurz vor seinem ersten Training als al-Nusra-Kämpfer stand: „Aber wichtiger ist: Wir haben eine Vision. Wir wollen die vom Propheten vorgegebene Ordnung umsetzen. Deshalb sind wir vorbildlich. Wie ein Werbeträger."

Von dem Wahnsinn, der daraus entstehen würde, hatte damals weder die internationale Gemeinschaft noch die syrische Bevölkerung eine Vorstellung. Besonders nicht davon, wie sehr sich der Konflikt zuspitzen würde.

Etwa in und um Aleppo, das wie viele Regionen immer mehr zwischen den Islamisten und dem Luftkrieg durch das Assad-Regime zerrieben wurde: Alleine in den ersten sechs Monaten 2014 schlugen in Aleppo 504 Fassbomben, bis zu einer Tonne schwer, in den von Rebellen gehaltenen Gebieten ein. Während meiner Reise in die umkämpfte Stadt im Sommer 2014 waren es bereits mehr als dreißig pro Tag. 250.000 Menschen waren dem ausgeliefert. Ganze Straßenzüge waren in sich zusammengesackt, seit Monaten funktionierte die Wasserversorgung nicht mehr, der Strom war längst abgedreht.

Tausende Tote lagen unter den Trümmern. Verletzte konnten in den ebenso massiv unter Beschuss geratenen Spitälern nur notdürftig versorgt werden. Es fehlte an Schmerzmitteln und Antibiotika – praktisch an allem, was zum Leben nötig ist. Mit Stand Sommer 2015 hat der Bürgerkrieg laut Angaben der Vereinten Nationen in Syrien 220.000 Menschen das Leben gekostet, eine Million wurde verletzt und die Hälfte der 23 Millionen Einwohner ist entweder innerhalb Syriens oder im Ausland auf der Flucht.

BASCHAR AL-ASSADS SELBSTERFÜLLENDE PROPHEZEIUNG

Verschärft hat die ohnehin aussichtslose Lage die Entstehung des IS. Die Großmachtpolitik der Golfstaaten und der Türkei spielte eine gewaltige Rolle, ebenso die chronische Instabilität des Irak. Am Ende einer fatalen Kettenreaktion stand aber nicht bloß ein Terrorstaat, der acht Millionen Menschen unterjocht und fürchterliche Massaker mit Tausenden Toten verübt, sondern eine Bastion des Terrors mit einem im Rekordtempo wachsenden globalen Netzwerk, das als noch gefährlicher als jenes der al-Kaida gilt und zu der Bewegung in Konkurrenz steht.
Die entscheidende Wende geschah im April 2013: Abu Bakr al-Baghdadi, der Anführer des „Islamischen Staats im Irak“ erklärte den Zusammenschluss mit Syriens al-Kaida-Ableger, der „Nusra-Front“. Der „Islamische Staat im Irak und Sham“ – „ISIS“ – war somit entstanden. Mit „Sham“ wird im Arabischen eigentlich die Levante bezeichnet. Deshalb kursiert auch die Abkürzung „ISIL“. Auf Arabisch nennt sich die Gruppe „ad-Dawlah al-Islamiyah fil-'Iraq wash-Sham“, daraus leitet sich die Abkürzung „Dae'sch“ ab, ein Begriff, der auch außerhalb des arabischen Sprachraums verwendet wird und meist abwertend gebraucht wird.
Viele Journalisten und Experten blieben bei der Bezeichnung „ISIS“ auch nach der Ausrufung des Kalifats und der Namensänderung in „Islamischer Staat“ (IS). Dies auch, um zu signali-

sieren, dass man hier keine falsche Legitimität verleihen möchte. Aus meiner Sicht ist es nun einmal der „Islamische Staat", mit dem wir es zu tun haben. Schon allein deshalb, weil der erwähnte Zusammenschluss mit seiner syrischen „Schwestergruppe" nur wenige Tage nach seiner Entstehung für nichtig erklärt wurde. Der Hintergrund: Abu Bakr al-Baghdadi verweigerte, seine „ISIS" dem Kommando der al-Kaida zu unterstellen. Dabei spielte der Boss der „Nusra-Front" nicht mit: Mohammed al-Jolani scherte aus, es wechselten zwar Kämpfer zu der Baghdadi-Fraktion, aber seine Bewegung blieb eigenständig: Diese al-Kaida-Gruppe in Syrien mit ihren zirka 10.000 Kämpfern wurde ein Jahr später zu einem der zentralen Gegner des IS.

Dabei war die Gründung dieser grenzüberschreitenden Gruppe eigentlich eine Idee der beiden Männer gewesen. Und die Initiative dazu war von al-Jolani ausgegangen. Mit sieben seiner engsten Kampfgefährten reiste er in einer Augustnacht 2011 heimlich über Schmugglerpfade von der syrischen Grenzprovinz Hasaka in den Irak. Ihre Bärte waren gestutzt, Sprengstoffgürtel, Granaten und Pistolen unter weiten Gewändern versteckt. Das Ziel war Mossul, um dort al-Baghdadi zu treffen und mit seiner Hilfe eine Miliz zu gründen. Sie kannten einander aus Zeiten des Terrorkrieges im Irak. Wie viele Syrer hatten al-Jolani und seine Reisegefährten Seite an Seite mit den irakischen Aufständischen im Namen der al-Kaida gegen die US-Besatzung, aber auch gegen Iraks Schiiten einen Terrorkrieg geführt.

Die meisten waren längst von Syriens Führung verhaftet und zu langen Gefängnisstrafen verurteilt worden. Doch kurz nach dem Ausbruch des Aufstandes gegen das Regime entschloss sich Syriens Präsident Baschar al-Assad im Mai 2011 zu einem bemerkenswerten Schritt. Er veröffentlichte das „Dekret 61". Dabei handelte es sich um eine Amnestie „für alle Mitglieder der Muslimbruderschaft sowie Gefangener anderer islamistischer Gruppen". Darunter waren 300 syrische Veteranen der „al-Kaida im Irak". Dies führte dazu, dass sich die hartgesottenen Terrorveteranen samt ihrer Kollegen im Irak neu formierten.

Warum Assad das getan hat, ist unklar. Es wird spekuliert, dass er es auf eine „selbsterfüllende Prophezeiung" anlegte.[88] Bereits zu Beginn des Aufstands gegen sein Regime im März 2011, als dieser von Kräften getragen war, die einen demokratischen Wandel wollten, bekräftigte er, es sei ein Putsch von Terroristen, gegen den er sich zur Wehr setze. In Wahrheit aber setzte er auf Zeit. „Wenn ich diesen Kampf verliere, dann werden die Terroristen Chaos im gesamten Nahen Osten säen", warnte Assad in einem Interview im Jänner 2014 nicht bloß seine Nachbarstaaten, sondern auch den Westen.[89] Und niemand wagte mehr, ihm zu widersprechen. Vielmehr rückte der Kampf gegen die IS-Terrormiliz so sehr in den Vordergrund, dass der brutale Luftkrieg Assads gegen die syrische Bevölkerung in den Rebellengebieten kaum noch für empörte Schlagzeilen sorgte.
Der Assad-Clan ist in Syrien seit 1971 an der Macht, nachdem sich Baschars Vater Hafez al-Assad mittels eines Coups vom Verteidigungsminister zum Staatschef befördert hatte. Wie sein Sohn Baschar scheute er kein Mittel, um sich dort zu halten. Die Assads zählen zu den Alawiten, die nur 12 Prozent der Bevölkerung Syriens stellen. Weitere zehn Prozent der Syrer sind jeweils Kurden beziehungsweise Christen, zwei Drittel – die Mehrheit also – sunnitische arabische Muslime. Den Widerstand gegen die Diktatur der Assads, deren Präsidententitel nur durch Scheinwahlen legitimiert wurde, trugen vor allem extremistische Teile der syrischen Muslimbruderschaft. Bereits 1963 kam es zu ersten Auseinandersetzungen, ab Mitte der 1970er-Jahre verschärfte sich der Konflikt, bereits 1980 stand auf die Mitgliedschaft bei der Bruderschaft die Todesstrafe. Ein Jahr später eskalierte die Gewalt in bürgerkriegsähnlichen Konflikten in der Stadt Hama. Hafez al-Assad gab 1982 den Befehl, die Gruppe in der Stadt mit brachialer Gewalt niederzuschlagen. Laut Augenzeugen gab es damals 40.000 Tote, laut *Amnesty International* waren es mindestens 25.000.[90]

Dieser gewaltbereite Teil kam in den Jahren zuvor ebenfalls mit Splittergruppen der ägyptischen Muslimbruderschaft in

Kontakt, die planten, sich mit Gewalt gegen den dortigen Präsidenten zur Wehr zu setzen. Auch deren Radikalisierung war zum Großteil die Folge einer massiven Repressionswelle der Bewegung durch Präsident Gamal Abdel Nassrs Sicherheitskräfte. Zehntausende Mitglieder wurden eingekerkert und gefoltert, Tausende hingerichtet. Zu ihnen zählte Sayyed Qutb, der 1964 im Gefängnis, zwei Jahre vor seiner Exekution, das Buch „Meilensteine" verfasste. Qutb spricht darin von einer Avantgarde „wahrer Muslime", die gegen die Feinde des Islam in den Kampf, den Dschihad, ziehen muss, aber auch von der Notwendigkeit, eine Gesellschaft zu errichten, die in Einigkeit mit Gott lebt, in einer Ordnung wie zu den Zeiten des Propheten, die jede andere „Unterwerfung", wie er es nennt, ablehnt: Dazu zählt auch die Demokratie. Qutbs Werk beeinflusste den Muslimbruder Ayman az-Zawahiri, der in Ägypten die Gruppe „Islamischer Dschihad" gründete, sich dann von seiner Gruppe abspaltete und 1998 mit Osama bin Laden in Afghanistan die al-Kaida gründete. Gemeinsam hatten sie mit Dschihadisten aus aller Welt in den von Saudi-Arabien und den USA finanzierten „Gotteskrieg" gegen die Besetzung der UdSSR während der 1980er-Jahre gekämpft.[91]

Hier entstand das erste globale Netzwerk ausländischer Freiwilliger, der „Mudschaheddin", der „Gotteskrieger". Das Muster wiederholte sich ab diesem Zeitpunkt in regelmäßigen Abständen und das Netz wurde mit jedem neuen „Dschihad" engmaschiger: Im Bosnienkrieg ab 1992 schlossen sich freiwillige Kämpfer aus aller Welt den radikalen Islamisten an, 2003 zogen Dschihadisten aus der ganzen Welt in den Terrorkrieg im Irak. Belegt ist dies durch eine Liste mit 600 Namen von Dschihadisten der „al-Kaida im Irak", die eine US-Einheit 2008 nahe der Stadt Sinjar fand.[92] Die Veteranen von damals waren auch rasch im Syrienkrieg zur Stelle, als die al-Kaida in Syrien zum neuen Dschihad rief, und so legte die Gründung der „Nusra-Front" den Grundstein für eine neue globale Dschihad-Bewegung, die sich schlussendlich von ihrer Mutterorganisation, der „al-Kaida", emanzipierte.

Vollzogen wurde der Bruch erst 2014 mit der Gründung des IS, doch das Drehbuch dafür war ein Jahrzehnt alt: Es stammte von Ahmed Fahil, der im Oktober 1966 in Jordanien geboren wurde. Unter dem Kampfnamen „Abu Mus'ab al-Zarqawi" gründete er 2003 die „al-Kaida im Irak". Seine Biografie ist zweigeteilt. Nachdem er mit achtzehn Jahren seinen Vater verloren hatte, jobbte er in einem Videoladen, nahm Drogen, trank Alkohol in rauen Mengen, geriet mit der Polizei in Konflikt. Seine Mutter wusste sich nicht anders zu helfen, als den Sohn in eine von einem Islamisten geführte Selbsthilfegruppe zu schicken.[93]

Ab diesem Zeitpunkt verschrieb er sich dem Dschihadismus, ging nach Afghanistan, wurde in den Terrorcamps Osama bin Ladens ausgebildet. Nur einen Wesenszug rettete er aus seiner Phase als Kleinkrimineller in die des Dschihadisten: Er verweigerte es, sich unterzuordnen. Schon in Afghanistan gab es heftige Konflikte mit bin Laden, nur sperrig vollzog sich später die Eingliederung seiner irakischen Kampfgruppe ins Netzwerk. Die Hauptursache: al-Zarqawi war selbst bin Laden zu radikal. Jegliche Modernisierung des Islam empfand der Jordanier als „Gotteslästerung", die nicht anders als mit dem Tod zu bestrafen sei. Dazu zählte selbst jemand, der gläubig war, aber westliche Kleidung trug, oder jemand, der sich den Bart stutzte und wählen ging. Schiiten bezichtigte er der „Erneuerung" und somit der Verfälschung des „wahren Glaubens". Dies sind immerhin 200 Millionen Menschen weltweit, zwei Drittel der Bevölkerung des Irak sowie die Alawiten Syriens, zu denen auch der Assad-Clan gehört.

DIE DRITTE GENERATION DER DSCHIHADISTEN

2006 wurde Zarqawi bei einem Raketenangriff der USA getötet. Doch es war ihm gelungen, mit seiner „al-Kaida im Irak" den Grundstein für eine völlig neue Terrorbewegung zu legen. Nicht einmal die Änderung der Bezeichnung in „Islamischer

Staat Irak" ließ die Alarmglocken im Irak und auch in den USA schrillen. „Dieses Mysterium um die plötzliche Entstehung des IS kommt nur davon, weil niemand genau darauf achtgab, was in den Jahren zuvor geschehen ist", so Cole Bunzel, der für das „Brookings Project on U.S. Relations with the Islamic World" forscht: „Alle sagten: ‚Na die ‚al-Kaida im Irak' hat halt ihren Namen geändert.' In Wahrheit wurde das Proto-Kalifat gegründet."[94] Ganz anders als Osama bin Laden und dessen Nachfolger Aiman az-Zawahiri hielt Zarqawi es für nötig, einen Staat zu gründen, dessen letzte Ausbaustufe ein Reich aller Muslime sein sollte. Damit begründete er quasi eine neue Schule des „Dschihadismus".

Wie groß der Unterschied zur al-Kaida-Führung war, zeigte sich, als im Mai 2015 ein Wust an Dokumenten veröffentlicht wurde, der in Osama bin Ladens Versteck in Pakistan entdeckt worden war. Nichts fürchtete dieser demnach mehr, als durch zu sichtbare Präsenz abermals eine große internationale Militäroffensive wie nach den Anschlägen vom 11. September 2001 zu provozieren. So heißt es in einem Brief, den er an den engsten Führungszirkel schickte: „Hört sofort auf mit dem Gerede von einem Staat, konzentriert euch lieber auf die Planung von großen Anschlägen gegen US-Botschaften in fragilen Ländern, in Sierra Leone oder Togo zum Beispiel. Oder gegen US-Ölfirmen. Wir müssen sie zermürben, bis sie schwach werden. Dann können wir unser Reich gründen. Nicht jetzt schon."[95]

Doch der Geist war da schon längst aus der Flasche. „Die Struktur des alten Netzwerks ist förmlich zusammengebrochen", so die Bilanz des Jordaniers Abu Muhammad al-Maqdisi im Frühling 2015. Er gilt als einer der zentralen Ideologen des Terrornetzwerks, verfasste zahlreiche Pamphlete, auf die bin Ladens al-Kaida aufgebaut war. Gleichzeitig war er enger Vertrauter und Verbündeter Zarqawis. Doch davon will der Sechzigjährige heute nichts mehr wissen: „Diese IS-Führung hat uns zerstört", schreibt er in einem Dokument, das er kurz nach der Ausrufung des Kalifats veröffentlichte: „Sie sind wie eine Mafiagang, die all unsere Theorie eiskalt an sich gerissen hat und nun wie eine Horde wild gewordener Wahnsinniger die ganze Welt gegen uns aufbringt. Sie verraten, beschimpfen und verachten ihre alten Führer."[96]

Was ihn so aufregt: Während die elitär denkenden al-Kaida-Bosse sich im afghanisch-pakistanischen Grenzgebiet verbarrikadieren und nur Ausgewählte in den Kreis lassen, tut die IS-Führung exakt das Gegenteil. Offen, omnipräsent, ohne jegliche Scheu ruft sie über soziale Medien zu Attentaten auf. Nicht, weil ihre Terrorpläne so geheim sind, sondern weil die schiere Menge an Anschlagsideen wie auch an Sympathisanten nicht mehr überblickt werden kann, gelingt es kaum, sie zu stoppen. Damit nahm sie den westlichen Antiterroreinheiten und der alten Terrorgarde gleichermaßen den Wind aus den Segeln.

Die Idee dazu stammt ebenfalls von einem al-Kaida-Mastermind: Abu Musab al-Suri, der (eigentlich Mustafa Setmariam Nasar) hatte bereits 2005 das Gefühl, dass seine Terrororganisation dringend reformiert werden müsste: „Wir brauchen nach den Gründervätern des globalen Gotteskrieges und nach den Afghanistan-Veteranen jetzt eine dritte Generation von Dschihadisten", schrieb er in seinem 1600 Seiten dicken Buch mit dem Titel „Der Aufruf zum globalen islamischen Widerstand". Es ist eine Blaupause dessen, was der IS jetzt umsetzt. Der Leitfaden zur Rekrutierung von Dschihadisten in Europa, der im Kapitel zuvor vorgestellt wurde etwa, ist eins zu eins eine Umsetzung dieses Buches.

Unter dem Kriegsnamen, „al-Suri", „der Syrer", trat er in der Riege Osama bin Ladens bereits ab den späten 1980er-Jahren in Afghanistan auf. Zuvor hatte er sich einer radikalen Splittergruppe der syrischen Muslimbruderschaft angeschlossen, am ersten Aufstand gegen das Regime in den frühen 1980er-Jahren teilgenommen. Danach ging er ins Exil: in den Irak, nach Algerien, Spanien und Afghanistan. Vier Sprachen erlernte der Elektronikingenieur, baute in Europa die ersten al-Kaida-Zellen auf, fungierte gleichzeitig als Pressesprecher des mittlerweile getöteten Taliban-Führers Mullah Omar, bis er sich immer mehr von der Führung distanzierte. „Wir sitzen in einem Schiff, das abbrennt, weil wir auf einem völlig falschen Kurs sind", appellierte er bereits 2001 in einem Brief an bin Laden.[97] Man sei leichte Beute für Geheimdienste und Militärschläge, wenn man weiter so agieren würde. Statt einer starren Kommandostruktur brauche man eine „individualisierte Dschihad-Bewegung", die führerlos agiere, eigeninitiativ, von einer gemeinsamen Ideologie getragen.[98] Dazu müsse man weltweit die Werbetrommel rühren. Vor allem die muslimische Jugend in Europa könne man so gewinnen, „die Post-9/11-Generation", die nach den vielen Kriegen gegen Muslime reif sei, um sie für eine globale Bewegung als Kämpfer zu gewinnen. Dazu sollte man auf die Kraft der sozialen Medien setzen, heißt es in al-Suris Buch. Als „Architekt des globalen Dschihad" bezeichnet ihn deshalb der norwegische Extremismusexperte Brynjar Lia.[99]

Mutmaßlich setzt al-Suri nun seine Theorie in die Tat um. Im Dezember 2011 wurde auch er aus einem Gefängnis in Damaskus entlassen. Sechs Jahre zuvor war er von Agenten des US-Auslandsgeheimdienstes CIA in der pakistanischen Stadt Quetta verhaftet und danach – wie sich erst zum Zeitpunkt seiner Enthaftung herausstellte – an das syrische Regime ausgeliefert worden. Die Vermutung liegt nahe, dass er sich sofort um die „Nusra-Front" sowie den Aufbau des globalen Netzwerks gekümmert hat: vor allem um dessen Propagandaapparat. Dies bestätigen mehrere Personen, die dem IS nahestehen und anonym für dieses Buch interviewt wurden, deren Identität und Aussagen somit nicht einer journalistischen Prüfung unterzogen werden konnten. Ihre Thesen sind aber einleuchtend: Sie sagen, es wurden auf seine Initiative schon in der Frühphase des IS gezielt Hightechprofis, IT-Absolventen, wie zum Beispiel auch ein gewisser „Jihadi John", im Westen rekrutiert, um diesen globalen führerlosen Dschihad via Internet höchst professionell zu starten. „Einsame Wölfe“ sollten dadurch inspiriert werden, so die Theorie al-Suris, weltweit westliche Ziele anzugreifen. Die Motivation dazu würde von einer „neuen Heimat“ ausgehen: dem Islamischen Staat, in dem der real existierende Dschihadismus praktiziert wird, als *das* Gegenmodell zum Westen.

4.

ALLTAG IM ALBTRAUM

REALVERFASSUNG DES KALIFATS: DIE BÜROKRATIE DES TERRORS UND DER KRIEG DER KÄMPFER

Unser Gesetz ist das Minarett und das Modell für alle.
Ein Leuchtturm der Perfektion.
Es unsere Heimat, wo der überlegene Glaube herrscht,
wo die von Gott gegebenen Körperstrafen verhängt werden.
So haben wir Gerechtigkeit erlangt.
Hier ist die Heimat des Kalifats,
und der Platz, wo der Dschihad seine Exzellenz erfährt.[100]

„Unser Gesetz" heißt dieser Sprechgesang: Er zählt zu den sogenannten „Kampf-Naschids"; aufgemotzt mit Einschlägen von Hiphop und Rap spannen sie eine Brücke zwischen Dschihadmania und archaischem Lifestyle. Solche Aufnahmen bilden den Klangteppich des Islamischen Staates, dröhnen am Markt, aus Lokalen und Autoradios. Musik ist im Kalifat zwar „haram", eine Sünde. Aber diese hypnotisierenden Dschihadisten-Chöre, die das „Kalifat" glorifizieren, sind mehr als erwünscht.

Schöngeredet zu werden hat die Realität dort auch bitter nötig. „Ich möchte, dass mein Leben einfach aufhört. Nur noch sterben. Alles um mich scheint mich erdrücken zu wollen." Das schrieb mir ein 25-jähriger Mann aus Raqqa, der Hauptstadt des IS. „Abu Mahmoud“ solle ich ihn nennen, so der Sprachstudent. Ich stehe mit ihm seit Juli 2014 in Kontakt. Während meiner Reisen in die von Rebellen gehaltenen Gebiete lernte ich seine Familie kennen. Wenn auch nur knapp und unregelmäßig, um seine Sicherheit nicht zu gefährden, schildert er mir seither den unfassbaren Alltag in der Region, die von der Terrormiliz besetzt und zum „Kalifat“ erklärt wurde. Oft erwähnt er seine panische Angst, auch wegen der E-Mails an mich. Wer dabei erwischt wird, über die unverfälschte Realität zu berichten, wird exekutiert, wie mehrere brutale Hinrichtungen von „Informanten“ beweisen.[101]

Wenig von dem, was wirklich vorgeht, passt ins prahlerische PR-Konzept der IS-Führung. „Die Angriffe aus der Luft haben wieder angefangen“, schreibt mir Abu Mahmoud an einem Septembertag 2014: „Eine Rakete ist heute in der al-Andalous-Bäckerei explodiert, mitten im Zentrum. Allein dabei sind 25 Frauen und Kinder gestorben. Wir geraten zwischen alle Fronten. Je dichter Raketen und Bomben einschlagen, desto brutaler gehen die Kämpfer mit uns um. Wir bleiben, so gut es geht, zu Hause. Draußen trifft man an allen Ecken und Enden die Milizen in ihren Allradwägen, mit automatischen Waffen am Anschlag. Sie filzen und schikanieren uns. Manche wollen Steuerbescheide sehen, die wir immer mitführen müssen, die Religionspolizei, die ‚Hisbah‘ kontrolliert unsere Bekleidung: Hosen dürfen nicht den Boden berühren, nicht anliegen. Frauen müssen sich komplett verhüllen.“ Die ausländischen Kämpfer agieren oft sadistisch: „Sie sind besonders brutal, herrschen uns an, dabei können sie oft nicht Arabisch.“ Sie würden mit Frauen und Kindern kommen, alles Wertvolle in Beschlag nehmen, etwa die besten Häuser, und dann auch noch einen Großteil der Grausamkeiten verüben. Etwa die barbarischen Exekutionen: „Wohin, frage ich mich ständig, um alles in der Welt soll das führen?“

„Abu Mahmoud“ hat keine Chance, zu entkommen: Männer, die nach 1992 geboren wurden, dürfen den IS nicht verlassen.

Aber zu gehen ist auch für den Rest schwierig. Wer länger als fünfzehn Tage verreist, dessen Eigentum wird sofort konfisziert. Trotzdem floh allein aus der irakischen Provinz Anbar, einer IS-Hochburg, eine halbe Million Menschen. Auch die Flüchtlingswelle aus Syriens Rebellengebieten wird durch die Terrormiliz zusätzlich verstärkt. Acht Millionen Menschen harren trotz allem in dem Gebiet aus. Sie sind wehrlose Statisten in einem bizarren Schauspiel, das den Alltag nach 1400 Jahre alten Regeln inszeniert, die wörtlich den damals entstandenen islamischen Rechtsquellen entnommen wurden. Kein Spielraum für Interpretationen der Texte, keine Anpassung an das 21. Jahrhundert ist erlaubt. Ganz anders ist die Politik, wenn es um die Hightechmethoden geht, mit denen dieses System implementiert wird: Ein automatisiertes Meldewesen kontrolliert Steuerleistung, Aufenthaltsort, Autoanmeldungen und Spitalsaufenthalte.

In einem neurotischen Ordnungswahn wird alles in Verordnungen mit endlosen Listen geregelt – von den exakten Gebetszeiten bis hin zu den Ein- und Ausstiegsstellen der Minibusse. Ein Beispiel: Der Umgang mit mobilen GPS-Empfangsgeräten ist in der Verordnung Nr. 17 mit Datum 21/2/1436 nach islamischer Zeitrechnung (was dem 14. Dezember 2014 entspricht) geregelt. Diese ging an alle „Wilayate" („Provinzen"), „Diwane" („Ministerien") und politischen Räte des IS: „Im Einklang mit dem nötigen Schutz der Seelen der Soldaten des Islamischen Staates sowie der Verteidigung gegen die bösartigen Kampagnen der Kreuzritter, die exakte Koordinaten für ihre Raketen und Bomben brauchen, muss bei allen elektronischen Geräten mit der Fähigkeit, eine genau Ortung zu bestimmen, diese Funktion lahmgelegt werden. Es sei hinzugefügt, dass dies nicht für Produkte der Marke ‚Apple' gilt. Diese Geräte sind zur Gänze aus dem Kalifat verbannt, auch ohne GPS-Funktion, weil sie ein dermaßen großes Risiko für uns darstellen."[102]

Selbst bei minimalen „Vergehen" gegen solche Erlässe drohen abscheuliche Strafen. In der Millionenstadt Mossul wurden im Mai 2015 Flugblätter verteilt, denen zu entnehmen war, dass ab dem 1. Juni 2015 alle Männer ausnahmslos einen Vollbart zu tragen hätten. „Das Rasieren und das Trimmen eines Bartes führt zur Sünde, deshalb ist es zu unterlassen." Laith Ahmad, ein Bäcker, tut seither jeden Schritt in Panik: „Ich bin erst achtzehn und mein Bart wächst einfach nicht. Ich habe gesehen, wie sie einen Mann in einem Käfig 300 Mal ausgepeitscht haben, weil er nur einen Flaum am Kinn hatte", erzählt er in einem Interview mit der Nachrichtenagentur AFP.[103]

BRUTALITÄT MIT SYSTEM

Die Herrschaft der Terrormiliz beruht auf Wahnsinn mit System. Je länger sich der IS hält, desto tiefer kann sich die Ideologie einzementieren. Die Führung weiß: Die Zeit arbeitet für sie. Sobald das Kalifat ausgerufen worden war, überzogen Transparente die Städte und Dörfer, auf denen zu lesen stand: „khilafa 'ala minhaj al-nubuwwa". Frei übersetzt: „Hier entsteht das Kalifat, basierend auf den Gesetzen des Propheten." Alle makabren Regeln und Strafen versuchen den Anschein zu erwecken, dass hier keine Übergangsherrschaft eingezogen ist, sondern das Fundament eines völlig neuen Staates entsteht.[104]

Um diese irrwitzige Ordnung im Bewusstsein zu verankern, werden Strafen meist öffentlich vollstreckt: Es soll den Anschein von „Normalität" erwecken, wenn selbst noch so kleine Verstöße gegen die IS-Ordnung gnadenlos geahndet werden. Wer Musik hört, raucht oder eben keinen Bart trägt, wird mit Stöcken geschlagen. Manche müssen danach Tage an öffentlichen Plätzen ausharren: angebunden an Pfeiler mit einem Schild, das ihr „Verbrechen" ausweist.[105] Die Grausamkeit ist grenzenlos: So wurden in der syrischen Stadt al-Mayadeen fünf Männer im Fastenmonat Ramadan 2015 gleich für mehrere Tage an Kreuze gebunden, da sie bei Temperaturen von über 40 Grad gewagt hatten, tagsüber zu essen und zu trinken.[106]

Die Aktivistengruppe „Raqqa is Being Slaughtered Silently", die heimlich Informationen aus dem IS schmuggelt, veröffentlichte die Fotos der gekreuzigten Männer, so wie Tausende weitere Dokumente. Es ist ein lebensgefährlicher, aber enorm wichtiger Akt der Zivilcourage. Nicht weichgezeichnet, in Verräterlegenden eingebettet wie die IS-Videos, sondern schonungslos ehrlich sind die Beweise der Brutalität, die uns diese mutigen Männer überliefern. Dazu zählen auch vier Fotos vom 25. Mai 2015: Ein Jugendlicher, 17, vielleicht 18 Jahre alt, wird bestraft. Über sein Vergehen erfährt man nichts. Aber er dürfte etwas gestohlen haben, oder wenigstens dessen beschuldigt worden sein, denn auf dieses Vergehen steht „Amputation". Ein weißhaariger bärtiger Prediger wacht über die Tortur. Zwei Henker sind im Einsatz: vermummt und schwarz gekleidet. Einer der Männer hält den jungen Mann, der zweite holt mit einem Beil aus: Es trennt die Hand und einen Teil des Unterarms ab. Der Prediger legt sie dann in eine Plastikschale. Die Szene soll in einer irakischen Kleinstadt stattgefunden haben, auf einer für diesen Anlass gesperrten Durchzugsstraße. Unter einem Blechdach und einer Plastikplane sind mehr als hundert Zuschauer zu sehen. Vor allem junge Burschen, selbst Kinder sind dabei. Sie starren im Schock auf die Szene.
Auch Aufnahmen von Hinrichtungen beweisen, dass es immer zahlreiche Zuschauer gibt, von denen einige, aber bei Weitem nicht alle, begeistert applaudieren. Wer vom IS zum Tode verurteilt wird, stirbt durch Enthauptung, Kreuzigung, Steinigung oder durch das Herabstoßen von Mauervorsprüngen. Zu den Delikten, auf denen diese Strafe steht, zählen Ehebruch, Homosexualität und Gotteslästerung. Besonders Frauen geraten häufig ins Visier der gnadenlosen Richter; dies wird im nächsten Kapitel ausführlich gezeigt. Getötet werden vor allem jene, die versuchen, den Machtanspruch der Gruppe zu unterwandern. Taha Ali, ein Ölingenieur, wurde im Mai 2015 enthauptet. Sein Vergehen: Er soll über den Islam gespottet haben. Selten sind die Namen der Opfer bekannt, denn der IS ist vor allem eine Black Box, aus der nur Fragmente an unverfälschten

Informationen dringen. Doch eines ist auch aufgrund dieser spärlichen Berichte klar: Es werden tagtäglich Verbrechen gegen die Menschlichkeit verübt.
Auch Massenexekutionen von gegnerischen Soldaten zählen zum „legitimen Verhalten" im IS. Die Kämpfer erhalten in den Trainingscamps die Anweisung, „am Schlachtfeld mit größter Brutalität vorzugehen und keine Gefangenen zu machen". „In unseren Ausbildungscamps wurden wir dazu gedrillt, alle Ungläubigen abzuschlachten", gaben die beiden Deutschen Ebrahim B. und Ayoub B. zu Protokoll, die nach einigen Monaten Kampf für den IS flüchteten.[107] Ihre Aussagen im Polizeiverhör sind ein Indiz für die psychologische Kriegsführung des IS, die darauf abzielt, Mitglieder anderer Truppen in die Flucht zu schlagen. Um die Wirkung zu erhöhen, werden Morde gefilmt und in sozialen Netzwerken verbreitet. Am 12. Juni 2014 etwa verkündete die Führung des IS, 1700 schiitische Mitglieder der irakischen Armee getötet zu haben, und belegte dies mit grauenhaften Aufnahmen.[108] So auch das 22 Minuten lange, in Studioqualität hergestellte Video, das den Tod des jordanischen Piloten Moaz al-Kasasbeh im Februar 2015 zeigt. Er wird in einem Stahlkäfig in Flammen gesetzt. Auch er trägt, wie alle zum Tode Verurteilten, einen orangen Overall.

Diese Schreckensherrschaft soll Stärke und Macht demonstrieren. Der IS hat eine eigene Welt geschaffen, unter umgekehrten Vorzeichen: Was der Rest der globalen Zivilisation ein „Verbrechen" nennt, ist im IS eine Heldentat. Diese Ordnung geht ausländischen Kämpfern in Fleisch und Blut über, wie es einem etwa die Facebookseite des deutschen Kämpfers Muhammad K. deutlich vor Augen führt. Hier postete er ein Foto von leblosen Männern in einem Graben, die Hände auf den Rücken gebunden, in Blutlachen liegend. „Genießt einfach den Zustand dieser Rafida-Ratten! Nun ist die Zeit für Rache und Vergeltung gekommen", kommentiert er die Fotos. „Rafida" ist ein schmähender Begriff für Schiiten, die im Irak die Bevölkerungsmehrheit und die Regierung stellen. Die Bilder dürften

erschossene irakische Soldaten zeigen.[109] Firas Houdini, ein österreichischer Dschihadist, der im März 2015 in Syrien starb, verkündete im September 2014: „Wie schön ist das Gefühl beim Einschlafen, wenn du weißt, dass unter dir 45 gefangene Soldaten des Assad-Regimes sind, die nur darauf warten, dass ihnen ein Messer an den Hals gedrückt wird. Inschallah. Nach dem Verhör wird geschlachtet."[110]
Die europäischen Kämpfer sind willfährige Instrumente dieses Wahnsinns. Sie sind aber nur ein Teil der Strategie, die Terrormiliz geht kalkuliert vor. Guerillakrieg und militärische Offensiven verschmelzen, um Gebiete für sich einzunehmen. Die Vorhut bilden einzelne „Missionare", die eine Stadt oder eine Region infiltrieren, Anhänger rekrutieren und ein Netzwerk aufbauen, das mit Terroranschlägen Chaos sät. Wenn der Widerstand zu bröckeln beginnt, greifen meist sehr überraschend klassische Armeeeinheiten ein. Nach der Eroberung schlägt das Vorgehen um: Elektroleitungen, Straßen und Wasserversorgung werden in Schuss gebracht. Die Beamten bekommen Formulare vorgelegt, in denen sie bestätigen müssen, wie sehr sie es bereuten, sich zuvor gegen den „wahren Islam" gerichtet zu haben. Per Lautsprecher und bei Predigten in den Moscheen wird die „neue Ordnung" verkündet. Schaufensterpuppen werden aus den Geschäften geräumt, die Frauen von ihren Arbeitsplätzen entfernt. In jedem neuen Distrikt wird ein „Emir" installiert, der darüber wacht, dass die Ordnung des IS möglichst rasch Wurzeln schlägt.
Auch diese Seite des IS hat der Syrer „Abu Mohammed" in Raqqa im Frühsommer 2013, wie er mir erzählt, zu spüren bekommen: Die 300.000-Einwohner-Stadt war die erste Bastion des IS. „Es klingt verrückt. Aber manche waren froh, als diese Islamisten gekommen sind", sagt er. „Wir hatten ja keine Chance gegen die Armee von Baschar al-Assad. Die Rebellen waren zerstritten, sie standen ohne Waffen da, ohne Geld. Auf einmal waren die ‚Da'esch' da. (Anm.: Er verwendet das arabische Akronym für die Gruppe.) Plötzlich gab es im Bürgerkrieg Sicherheit. Ausländische Fachleute kamen. Sie reparierten alles,

was in den Jahren zuvor kaputtgegangen war. Sogar ein Amt für Konsumentenschutz wurde eingerichtet." Sehr bald habe sich die Lage aber dramatisch verändert: „Die Lebensmittel wurden knapp, sehr teuer. Heute gibt es Ausspeisungen für die Ärmsten, weil die Menschen hungern. Es ist ein Elend." Doch nun sei es zu spät, sie zu stoppen. „Sie haben alles im Griff. Das ist kein unkoordinierter Haufen, die lassen sich nicht mit ein paar Luftangriffen vertreiben."

Der Kampf gegen die Terrormiliz ist somit auch ein Wettlauf gegen die Zeit: Mit jedem Monat, in dem europäische Jugendliche als Dschihadisten kämpfen, verankert sich ihre Verrohung. Besonders problematisch ist auch die sukzessive Veränderung der Menschen, die auf ihrem Territorium leben, wie der Soziologe Saeed Muhsen aus Mossul betont. Er hat an einer Bestandsaufnahme der Lage in der Stadt für eine irakische NGO mitgearbeitet: „Hinter dem großen Wert, der auf Bekleidung und Alltagsnormen gelegt wird, steckt Kalkül", meint er. „Das System des Kalifats soll die Menschen durchdringen. Und es gelingt. Mir fällt auf, dass sich bereits die Sprache in meiner Stadt verändert, mehr sie übernehmen das Vokabular der Extremisten."[111] Zum Erlöschen gebracht wurde die kulturelle Vielfalt. Wie in vielen anderen Teilen des Kalifats wurden nicht nur antike Bauwerke zerstört, sondern auch die ethnische und kulturelle Vielfalt der Gesellschaft. Vor der Einnahme durch den IS zählte Mossul zwei Millionen Einwohner; viele davon waren Schiiten, aber auch Mitglieder von Minderheiten, etwa Christen oder Turkmenen. Nun ist die Stadt faktisch ethnisch gesäubert: Nur sunnitische Araber sind verblieben.
Manche freunden sich mit den scheinbar „positiven" Seiten des neuen Regimes an. „Seit dreißig Jahren habe ich Mossul noch nie so sauber erlebt. Die Parks und die Grünstreifen an den Straßen sind in einem Zustand, den ich nie kannte", berichtet jemand, der sich „Omar" nennt. „Ihre Versuche, die Unterstützung der Bevölkerung zu gewinnen, sind uner-

müdlich."[112] Für die Verbesserung der Infrastruktur wurde ein Ministerium namens „Diwan al-Khidamat" geschaffen. Müll auf die Straße zu werfen ist zum Tabu geworden. Vergnügungsparks für Kinder sind eingerichtet worden und ein Freibad mit Sprungturm wurde eröffnet. So wie in Mossul agiert die Gruppe in ihrem gesamten Territorium: „Mit Zuckerbrot und Peitsche", möchte man sagen, nur klingen solche Floskeln angesichts der unfassbaren Brutalität schal. „Es ähnelt mittlerweile einer Mischung aus Disneyland und Dantes Höllenkreisen", formuliert es NZZ-Autorin Mona Sarkis. „Einerseits verwöhnt der IS Kinderscharen an Spaßtagen mit Eiscreme. Andererseits werden öffentliche Auspeitschungen von Ladenbesitzern inszeniert, die ihre Geschäfte während der Gebetszeiten geöffnet lassen."[113]

NOTWENDIGE WAHRHEITEN

Um den IS für Europas Jugendliche zu entzaubern, muss erzählt werden, was im „Kalifat" passiert. So wie ich fanden viele andere Journalisten Augenzeugen, die bereit sind, über ihren Alltag zu berichten. Es gibt Gruppen wie die bereits erwähnte „Raqqa is Being Slaughtered Silently" oder „Mosul Eye", die sich ganz dieser Aufgabe verschrieben haben. Auch sie sind meine Informationsquellen, ebenso wie Gespräche, die ich mit Flüchtlingen und Kämpfern führte und führe: in der Türkei und während meiner Reisen in jene Gebiete, die von syrischen Rebellengruppen gehalten werden. Solche Reisen bergen enorme Risiken, da Entführungen von Journalisten meist nicht vom IS selbst unternommen werden, sondern von kriminellen Banden, die ihre „Beute" dann an die Meistbietenden verkaufen.

Wir Reporter verfügen über Mosaikstücke, die wir zusammensetzen, aber wir können uns kein unabhängig recherchiertes Bild machen. Der IS ist für uns eine Todeszone, genauso wie für alle anderen, die ohne „Geleitschutz" einreisen. Der Gegen-

check von Informationen ist selten möglich. Trotzdem gilt es, die höchstmöglichen Qualitätsstandards anzulegen. In der Auseinandersetzung mit der Terrormiliz geht es auch darum, *die* Wahrheit für sich in Anspruch nehmen zu können. Erst wenn es gelingt, die Propagandabehauptungen des IS ins Zwielicht zu rücken, wird man gegenüber der Truppe Boden gewinnen.
„Alles, was ihr in den Medien schreibt, sind Lügengeschichten mit System", ließ mich etwa ein 21-jähriger Mann wissen, den ich nur unter seinem Kampfnamen „Abu Usama al Qauqazy" kenne. Er sagt, er komme aus Wien und parliert in einem österreichisch gefärbten Deutsch mit mir, was an seiner Aussage wenig Zweifel aufkommen lässt. Ob er tatsächlich in Raqqa ist und für den IS kämpft, kann ich nicht überprüfen. Er behauptet es. Wie er es aushalte, in diesem System aus Gewalt zu leben? Auf diese Frage weiß er wenig zu sagen: „Alles, was an Strafen verübt wird, geschieht im Einklang mit dem Islam und seinen Schriften." Was solle er groß dabei finden, wenn Gerechtigkeit geübt werde nach Gesetzen, die Gott vorgibt? Und außerdem: Er habe keine Erlaubnis für ein Interview. „Dazu muss ich meinen Kommandanten fragen." Aber schön sei es im Kalifat, ergänzt er dann. „Viel schöner, als ihr es wahrhaben wollt."
Mit ebenso viel Nachdruck, wie der IS versucht, Angst und Terror zu erzeugen, sorgt seine Gefolgschaft für die Behübschung der Realität. Auch dafür gibt es Videos. Sie zeigen einen Sonnenuntergang am Fluss Tigris. Lachende, herausgeputzte Kinder auf Schaukeln, ein Festmahl. Es gibt sogar einen Reiseführer für das Land, „wo Caffè Latte, Nutella und kleine Kätzchen das Herz erfreuen", wie es darin heißt. 46 Seiten umfasst das vom britischen Dschihadisten „Abu Rumaysah al Britani" verfasste surreale Dokument, das mit den Worten beginnt: „Wenn du gedacht hast, dass London oder New York kosmopolitische Städte sind, dann warte, bis du das Kalifat kennenlernst. Es schreit förmlich vor Diversität und es ist nichts als ein traumhaftes Urlaubsland für dich."[114] Hier schimmert mehr durch als bis zur Obszönität gesteigerte Verblendung.

Es wird deutlich, dass man einen internationalen Staat aufbauen will, nicht bloß einen Unterschlupf für Dschihadisten. Deshalb wird in Stellenanzeigen im Internet intensiv um Fachleute geworben: Ingenieure mit Erfahrung in der Erdölförderung oder Ärzte und Ärztinnen, die in Hochglanzartikeln im PR-Magazin *Dabiq* blank polierte Behandlungsräume begutachten können.
Die Migrationswelle hat in der Region eine neue „Klasse" geschaffen. Für die Kinder dieser Ausländer wurden eigene Schulen eröffnet, bezahlt werden alle Einwanderer in Dollar. Sie können sich so, anders als die Einheimischen, ausreichend Lebensmittel leisten. Meist leben sie in Gettos und bis auf die Begegnungen an den Checkpoints und bei Patrouillen gibt es kaum Kontakt zur übrigen Bevölkerung. Sie leben in Wohnhäusern getrennt nach Nationalität und Sprache und kämpfen meist auch gemeinsam in sprachlich homogenen Truppen. Dies allerdings nur, sofern sie überhaupt kämpfen oder arbeiten wollen. Übereinstimmend berichteten geflüchtete IS-Dschihadisten, dass zu den ersten Fragen im Trainingscamp für Anfänger jene gehört: „Wollt ihr Kämpfer, Ärzte, Sanitäter oder einfach nur Selbstmordattentäter werden?" Viele Berichte deuten auf eine Villa in der irakischen Stadt Falluja hin, die als Bastion für Letztere genutzt wird. Hier würden sie sofort nach der Ankunft hingebracht, weiter indoktriniert und gänzlich von der Außenwelt abgeschottet.

OHNE GLANZ & GLORIA: KÄMPFER ÜBER DEN WAHNSINN IS

300 Kämpfer waren im Augst 2014 gemeinsam mit dem Wiener Teenager Oliver in Syrien angekommen und danach gefragt worden, was sie als glorifizierte „Löwen des Islam" zum Gelingen des Kalifats betragen möchten. „Etwa siebzig davon haben sich dazu entschlossen, Selbstmordattentäter zu werden", berichtete Oliver. Er wollte nicht. Eine Frau zu bekommen, möglichst im Diesseits, dürfte zu seinen Prioritäten ge-

zählt haben. Dabei hatte er damals sehr wohl Vertrauen in die paradiesischen Versprechungen für Märtyrer. „Das glaubten Sie wirklich, dass im Himmel siebzig Jungfrauen auf getötete Kämpfer warten?“, will der beisitzende Richter bei seinem Terrorprozess in Wien dann von ihm wissen. „Es sind 72“, berichtigt ihn der Teenager. Und ergänzt: „Heute glaube ich es nicht mehr. Damals schon.“ Von Anfang an sei das Leben im Kalifat desillusionierend gewesen, er habe über längere Zeiträume „einfach nichts zu tun gehabt“.[115]

Zweifel an Olivers Darstellung sind angebracht, denn das Leben der ausländischen Kämpfer ist ebenso strikt reglementiert wie das der restlichen Bevölkerung im Kalifat. Pass, Mobiltelefon, Geld: Gleich bei der Ankunft in Syrien wird den neu Ankommenden alles abgenommen, was sie in die Lage versetzen könnte, selbstständig zu kommunizieren. Ihr Freiheitsgrad ist gleich null. Innerhalb des IS dürfen sich die Kämpfer nur bewegen, wenn sie Formulare mit sich führen, in denen der Grund und die Route der Reise festgehalten wurden und die von ihren jeweiligen Kommandanten unterschrieben sind. „Es gibt eine Einheit in beigen Uniformen, die anscheinend nur dazu da ist, etwaige faule Kämpfer aufzuspüren, die sich von ihren Einheiten entfernen“, hat Abu Ibrahim al-Raqqawi in seiner Heimatstadt Raqqa beobachtet.[116]

Dschihadisten, die sich der Gruppe angeschlossen haben, sind ihr ausgeliefert. Um mögliche Deserteure zu stoppen, wurden ab dem Februar 2015 nächtliche Ausgangssperren verhängt. Wer bei der Flucht erwischt wird, riskiert, sofort exekutiert zu werden. Dazu nahmen in diesem Moment angesichts der Niederlage gegen kurdische Kämpfer in der Stadt Kobane mit der Nervosität auch die Konflikte innerhalb der Gruppe zu. Wie die „Syrische Beobachtungsstelle für Menschenrechte“ (SOHR) berichtet, kam es zu mehreren bewaffneten Konflikten zwischen unterschiedlichen Einheiten. Allein zwischen Oktober und Dezember 2014 sollen mindestens 120 Deserteure hingerichtet worden sein. Im Jänner 2015 dürften 60 IS-Kämpfer von ihren eigenen Kameraden getötet worden sein, weil sie sich vor den kurdischen Truppen bei Kobane zurückziehen wollten. Im Februar 2015 wurden in der syrischen Provinz Raqqa 30 bis 40 Leichen entdeckt, bei denen es sich vermutlich um ehemalige asiatische IS-Kämpfer handelt, die fliehen wollten.[117]

Mit allen Mitteln sollen diese Morde an den eigenen Leuten verhindern, dass das Lügengebäude der Propaganda zusammenbricht. Deshalb schweigen auch die meisten, denen es glückte, zu entkommen; auch aus Angst vor Schläferzellen im Ausland. Ausnahmen sind selten. Dazu zählen die vorhin bereits zitierten Deutschen Ebrahim und Ajoub aus Wolfsburg, die vom Frühling 2014 an für einige Monate für den IS kämpften. Freilich: Ob sie die Wahrheit sagen, ob sie ehrlich bereuen, kann niemand feststellen. Ebrahim, ein 27-jähriger Masseur, berichtet von einem internen Sicherheitsapparat im IS, den er mit dem „Verfassungsschutz" vergleicht. Hier, sagt er, hätten auffallend viele Deutsche das Sagen gehabt. Sie hätten auch ihn gleich nach seiner Ankunft in eine Zelle gesperrt, weil sich herausgestellt habe, dass er einmal SPD-Mitglied war. Blutverschmierte Wände im Gefängnis, die Schreie von anderen IS-Rekruten, die gefoltert wurden und schlussendlich der Torso eines enthaupteten Verräters, den man zu ihm gelegt habe, hätten geholfen, seine Fantasien vom heroischen Leben als Gotteskrieger rasant zu entzaubern. Er wurde freigelassen, und im Nachhinein entpuppte sich dies als einer von vielen „Tests", denen Neuankömmlinge unterzogen werden, bevor sie zu anderen Kämpfern stoßen dürfen. So will man Spione identifizieren und herausfinden, ob es den neuen Rekruten wirklich ernst damit ist, für das Kalifat sterben zu wollen. Denn in Wahrheit geht es einzig darum.
Als man ihn gefragt habe, ob er Selbstmordattentäter werden wolle, sei er „total schockiert" gewesen. Er habe doch nur den Islam studieren wollen. Seine Zweifel seien immer größer geworden, seine Angst auch. Er habe fliehen wollen, aber nicht gewusst wie. Einige Tage später seien sie wieder gefragt worden, wer bereit sei, als Selbstmordattentäter zu sterben.

Diesmal habe sich auch sein Reisegefährte Ajoub gemeldet. Dieser geriet als Chauffeur eines Sanitätsfahrzeuges direkt an die Front, sah erstmals entstellte Leichen, übergab sich vor Abscheu und wurde bei einem Unfall verletzt. Danach seien die beiden unter einem Vorwand zurück ins syrisch-türkische Grenzgebiet geflüchtet. Von schnellen Autos und vielen Frauen, die man bekäme, habe ihm ein Prediger in Wolfsburg vor seiner Abreise erzählt. Ein Irrtum: „Wir waren alle nur Kanonenfutter", so Ebrahim.

Er schätzt das richtig ein. Kommandanten von kurdischen und irakischen Einheiten, die gegen Einheiten des IS kämpfen, verwenden den gleichen Ausdruck: „Ausländische Kämpfer werden vor allem in den ersten Reihen bei Angriffen und als Selbstmordattentäter eingesetzt", sagt etwa der irakische General Ali al-Wazir Shamary.[118] Doch die meisten Freiwilligen brauchen keinen Sprengstoffgürtel, um schnell zu sterben. Schon in den Krieg zu ziehen sei eigentlich ein Todeskommando, so ein türkischer IS-Kämpfer, der sich „Peri" nennt. Er erzählt, dass die meisten ausländischen Mitglieder seiner Truppe so gut wie überhaupt keine militärische Ausbildung besaßen. „Wir wurden nach zwei Wochen Ausbildung im Trainingslager in den Kampf geschickt: Niemand wusste, was man an einer Front so tut, und die meisten frisch rekrutierten Kämpfer waren binnen weniger Stunden tot."[119]
Was auf die ahnungslosen Dschihadisten in ihrem „heiligen Krieg" tatsächlich wartet, ist dem Tagebuch von Rasid Tugral, ein anderer türkischer Kämpfer, zu entnehmen. Der 26-Jährige studierte an einer Eliteuniversität Astrophysik, bevor er als einer von 1500 jungen Türken für den IS kämpfte. Drei Monate nach seinem Verschwinden im März 2015 postete er eine vierzehn Seiten umfassende Beschreibung seiner Erfahrung auf seiner Facebookseite:[120] „Die Kampfjets gelangen so nahe an unsere Stellungen, dass man die Bomben fallen sieht, dann kommen Kampfhubschrauber und greifen an. Jeder rennt irgendwohin, um sich zu schützen. Alles endet im Chaos. In

solchen Momenten haben die Leute reihenweise Nervenzusammenbrüche. Schlussendlich haben wir planlos die Stellung geräumt." Danach wären sie eingesammelt und in einen halb zerstörten Kuhstall verfrachtet worden. Und dies trotz eisiger Winterstürme. „Ich dachte, der junge Bub neben mir würde erfrieren, denn er hatte nicht einmal einen Mantel oder eine warme Jacke. Mit Algen verseuchtes Wasser gab es gegen den Durst, zu essen nichts. An einem Tag starben gleich zwei Kämpfer, völlig ausgelaugt waren sie."

WARUM DAS KALIFAT DIE „FOREIGN FIGHTERS" SO SEHR BRAUCHT

„Um zu verhindern, dass nach außen irgendwelche Informationen sickern, werden die Kämpfer in Spionageabwehr geschult", sagt Hassan Hassan, Koautor des Buches, „Inside the Army of Terror".[121] Darin schildert er präzise die unterschiedlichen Motive und Lebenswirklichkeiten der Dschihadisten: „Wann immer man den Eindruck gewinnt, dass ein Kämpfer an Enthusiasmus verliert, schickt ihn die Miliz zurück in die Trainingscamps für Anfänger, wo auf Hochtouren die religiöse, aber auch die politische Indoktrinierung betrieben wird." Dabei werden Prediger eingesetzt, die sich strikt an den Codex des IS halten. Zu den Unterrichtsmaterialien zählen einschlägige Schriften von Dschihadisten. Besonders beliebt sei, so Hassan, ein Werk namens „Management der Verwüstung" von Abu Bakr Naji, wahrscheinlich ein Pseudonym für mehrere Autoren. Seit 2004 kursiert es in al-Kaida-nahen Foren. Seine Hauptaussage lautet: Brutalität ist ein nützliches Instrument, um den Westen zu einer Überreaktion zu verleiten und so einen großen Konflikt zu provozieren.

Indoktrinierung dieser Art hinterlässt unauslöschliche Spuren im Denken der Dschihadisten, auch bei jenen, die nicht ihr religiöser Fanatismus in den IS getrieben hat. Sechs verschiedene „Kategorien" von IS-Kämpfen will Hassan identifiziert haben: Extremisten, übereifrige Konvertiten, „Opportunisten", die sich im IS bereichern und ihre Machtgelüste, Aggressionen und ihren Sexualtrieb ungezügelt ausleben wollen. Unter den einheimischen Kämpfern sind auch Pragmatiker, die den IS als Stabilitätsfaktor erleben, dann ausländische Kämpfer, die ziellos auf der Suche nach einem Sinn im Leben sind und von falschen Versprechungen gelockt wurden. Schlussendlich betont er, dass am häufigsten jene Gruppe übersehen werde, die sich aus politischen Gründen dem IS anschließe: Dies seien vor allem Syrer und Iraker, die gegen eine mögliche schiitische Dominanz in ihren Heimatländern kämpfen.

Einer von ihnen ist der 33-jährige „Hamza" aus Falluja im Irak.[122] Auch er verwendet ein Pseudonym, als er erzählt, wie es ihm ergangen ist, nachdem er einen Wettbewerb gewonnen hatte, bei dem es darum ging, möglichst viele Suren des Korans auswendig zu lernen. Umgerechnet knapp 300 Euro gewann er, sowie die Überzeug, dass es notwendig sei, für das Kalifat zu kämpfen. Die IS-Führung veranstaltet solche Wettbewerbe in dem von ihr kontrollierten Gebiet, um Anhänger zu ködern. Bei Hamza hat es geklappt, er wurde in die IS-Hauptstadt Raqqa versetzt. „Wir hätten auch in Falluja ein Schulungslager gehabt, aber wir wurden nach Syrien geschickt, damit wir begreifen, dass es im Kalifat keine Trennlinien mehr gibt. Ich war extrem erleichtert, als ich das spürte", so sein erster Eindruck. Doch dann folgte eine Ernüchterung nach der anderen. Als er Zeuge brutaler Vergewaltigungen von Frauen wurde, die zur Minderheit der Jesiden gehörten, geriet sein Weltbild ins Wanken. „Ich dachte am Anfang, dass wir im Namen Allahs kämpfen", sagte er nach seiner Flucht aus dem Terrorstaat: „Aber das alles hat nichts mit dem Islam zu tun. Diese Milizen sind sexbesessen, und ich habe mit eigenen Augen gesehen, welche Unmengen an Drogen sie konsumieren." Der Tiefpunkt war erreicht, als man ihn zwingen wollte, Menschen zu exekutieren, die er gut kannte. „Ich war schon vom Zuschauen völlig fertig." Sechs Monate dauert im IS die Ausbildung für Henker, nur die Besten der religiösen Kurse und des militärischen Trainings werden ausgewählt. Die Kommandanten nahmen es gelassen, als er sich weigerte. „Kein Problem, das übernehmen die Ausländer nur zu gerne", hieß es.

Dies ist einer der wichtigsten Gründe, warum der IS so viel investiert, um Kämpfer für sich zu gewinnen, die nicht aus der Region kommen. Ein Dschihadist aus Wien etwa hat weder eine eigene Agenda, noch kennt er Land und Leute. Die Terrormiliz braucht viele dieser Gotteskrieger aus dem Ausland. Denn man will nicht bloß das Territorium halten, wie etwa die Taliban in Afghanistan, sondern auch expandieren. Einer ihrer Slogans lautet: „Das Kalifat kennt keine Grenzen, sondern nur Fronten." Etwa ein Fünftel der Kämpfer des IS stammt mit Stand Mitte 2015 aus Europa und Nordamerika, besonders viele kommen aus Saudi-Arabien und Tunesien – aber auch aus Marokko, Algerien, China, Malaysia und von den Malediven. Sie lebten zuvor in Bürgerkriegsregionen, in den Hungerzonen der Erde genauso wie in den reichsten Ländern mit liberalen und stabilen Demokratien. Ihre Motive sind so vielfältig wie ihre Herkunft, doch das Resultat ist ähnlich: In jenen Ländern, aus denen besonders viele IS-Dschihadisten in den Krieg für die IS gezogen sind, in Saudi-Arabien, Tunesien und der Türkei, setzte eine regelrechte IS-Terrorwelle ein. Umso mehr wuchs die Besorgnis in Russland, wo im Juli 2015 der russische Inlandsgeheimdienst FSB Alarm schlug: Bereits 5000 Kämpfer mit russischen Pässen würden in Syrien kämpfen, hieß es.[123] Damit wäre dieses Kontingent das größte und auch das effizienteste. Sie stammen zum Großteil aus dem Kaukasus, vor allem aus Tschetschenien, wo islamistische Milizen den Widerstand gegen Russland tragen. Der gebürtige Georgier Omar al-Schischani befehligt das tschetschenische IS-Bataillon.[124] Er zählt zum engsten militärischen Führungskreis, und so gelang es ihm, zahlreiche Exiltschetschenen für den Krieg in Syrien zu gewinnen. Dies ist auch der Grund, dass aus Österreich ein besonders starker Zustrom nach Syrien zu beobachten ist: Hier lebt eine der größten tschetschenischen Exilgemeinden, und jeder zweite Dschihadist, der von Österreich aus in den Dschihad zieht, stammt aus diesem Umfeld.

Da die „Foreign Fighters" – so der englischer Terminus technicus, der sich zunehmend durchsetzt – überlebensnotwendig für das Kalifat sind, rückt der Stopp von Ausreisen ins Zentrum des Antiterrorkampfes. Im September 2014 nahm der UN-Sicherheitsrat eine Resolution an, in der alle Mitgliedsstaaten dazu aufgefordert werden, Maßnahmen zu setzen, „Rekrutierung, Organisation, Transport und Ausrüstung von Personen, die planen, nach Syrien zu reisen, um zu kämpfen, zu unterbinden."[125] Die bisherige Bilanz fällt im Mai 2015 eher durchwachsen aus. Wie schon erwähnt, ist es nahezu unmöglich, die exakte Zahl der ausländischen Kämpfer zu eruieren. Doch schon alleine die Tatsache, dass die Vereinten Nationen ihre ursprünglichen Schätzungen deutlich nach oben korrigierten – auf „bis zu 30.000" Kämpfer – zeigt, wie wenig an Boden gewonnen werden konnte.[126]

WIE DIE TERRORMILIZ SO REICH UND GUT BEWAFFNET WURDE

Circa 10 Prozent des Territoriums hat der IS im ersten Jahr seines Bestehens verloren, gleichzeitig gelang es trotz der Verluste, vor allem im Kampf mit kurdischen Einheiten, mehr Terrain zu erobern: etwa die Städte Ramadi im Irak und Palmyra in Syrien. Tausende Luftschläge der mächtigsten Armeen der Welt vermochten da wenig zu ändern. „Sie kämpfen an mehreren Fronten gleichzeitig, sind in der Lage, über ein Jahr in zwei Staaten ihr Territorium zu verankern und für den Zustrom von Zehntausenden Kämpfern zu sorgen: Dies alles zeigt, dass die IS-Terrormiliz innerhalb kürzester Zeit zu einer der mächtigsten nicht staatlichen bewaffneten Gruppen der Geschichte geworden ist", bilanziert Mohammad-Mahmoud Ould Mohamedou vom „Centre for Security Policy" in Genf.[127]

Ein Knackpunkt für den Erfolg des IS war die Unterstützung der Türkei. Die entscheidende Rolle des Landes als „Dschihadisten-Schnellbahn" für die Einreise ist so gut wie von jedem Rückkehrer bestätigt worden. „Uns wurde gesagt: An der Grenze spazieren türkische Soldaten, und die werden, wenn sie euch sehen, abfeuern. Aber ihr braucht keine Angst zu haben, weil die schießen nur nach oben, die wissen, wer ihr seid, und die sind dabei", berichtete der bereits zitierte deutsche IS-Aussteiger Ebrahim. Das Kalkül der türkischen Führung unter Präsident Recep Tayyid Erdogan war es ursprünglich, Syriens Assad-Regime zu schwächen. Der Schuss ging nach hinten los. IS-Aktivisten begannen gegen Ziele in der Türkei vorzugehen, gleichzeitig gewannen kurdische Gruppen an politischem Gewicht: Sie waren die Einzigen, die militärische Erfolge gegen den IS erzielen konnten. Die wachsende Gefahr durch den IS für das eigene Land führte dazu, dass die türkische Führung die Lebensader des IS zu kappen versuchte. Man schloss sich der Anti-IS-Allianz an und flog Luftangriffe. Doch auch Stellungen der Arbeiterpartei Kurdistans (PKK) im Nordirak gerieten ins Visier. Und so führte der Kurswechsel der Türkei nicht bloß zu immer größeren innenpolitischen Problemen, nachdem die PKK ihren Waffenstillstand aufkündigte. Längst war die wachsende IS-Fangemeinde nicht mehr unter Kontrolle zu halten.

Trotzdem war der Schritt der Türkei, die Schaffung einer „IS-freien" Sicherheitszone in Nordsyrien zu unterstützen, ein schwerer Schlag für das Kalifat. Mit einem Mal fehlte die Lebensader, über die Güter und Kämpfer geflossen waren. Über die im August 2015 noch verbliebenen siebzig Kilometer gemeinsamer Grenze konnte die Terrormiliz bis zu diesem Zeitpunkt trotz der Verluste von Gebieten an die Kurden ihre Existenz sichern und den Schwarzmarkt mit ihren „Gütern" beliefern. Zwischen eine und vier Millionen Dollar flossen in die Kassen des IS, weil es möglich war, über diese Strecke Erdöl zu verkaufen. Mitte 2015 hielt der IS 80 Prozent aller Ölquellen Syriens. Sehr viel Geld spülten dazu noch gestohlene Kunstschätze, die am Schwarzmarkt verhökert wurden, in die

Kriegskassen. Alleine der Verkauf einer 8000 Jahre alten Statue, die nördlich von Damaskus erbeutet worden war, erzielte die stolze Summe von 36 Millionen US-Dollar.[128]
Zusätzlich gab es Erlöse aus Geiselnahmen, die mindestens 20 Millionen Euro brachten, 500 Millionen Euro, die in der Nationalbank in Mossul erbeutet wurden, sowie aus Steuern auf Bevölkerung und den Schwertransport, der durch ihre Region rollt. Dies alles führte dazu, dass der IS zur reichsten Terrorgruppe der Geschichte wurde. So können Beamte überdurchschnittlich bezahlt und das luxuriöse Leben der ausländischen Dschihadisten finanziert werden. Kurz: Der IS hat die Metamorphose von der Terrorhochburg hin zum Terrorstaat geschafft, und je länger sich dieser Staat hält, desto aussichtsloser wird die Lage in Syrien, wo die IS-Gräuel jene des Assad-Regimes aus den Schlagzeilen verdrängt haben.

Auch der ohnehin fragile Irak geriet in Gefahr. „Wir wissen nicht mehr, was wir gegen diese Dschihadisten ausrichten sollen", so der irakische Premier Haider al-Abadi im Mai 2015. „Sie haben Tausende ausländische Kämpfer gebracht, die zum Teil bestens trainiert sind. Vor einem Jahr waren es zu 60 Prozent Syrer und Iraker, die sie im Sold hatten. Aber jetzt hat es sich verändert. Das ist eine internationale Armee und auch ein internationales Problem."[129] Damit hat er nur zum Teil recht. Denn in erster Linie ist die Entstehung des IS und auch sein „Erfolg" ein zutiefst irakisches Problem.
Wenn Omar al-Alwani[130] von den Tagen vor der Machtübernahme des IS in seiner Heimatstadt Ramadi im Mai 2015 erzählt, wird deutlich, wie sehr die Siege des IS die Niederlage der anderen waren: „Monatelang haben etwa 3000 Kämpfer unserer Clans gemeinsam mit Einheiten der irakischen Polizei gegen die Milizen des IS gekämpft. Nur haben die Polizisten sechs Monate lang kein Gehalt bekommen. Das führte dazu, dass der Großteil irgendwann einmal einfach aufgegeben hat."
Dazu stellte sich im Konflikt mit dem IS heraus, dass die irakische Armee zum Teil nur auf dem Papier existiert. Immer

deutlicher wurde, dass es Zehntausende Soldaten, die laut den offiziellen Angaben im Sold standen, gar nicht gibt.[131] Im Gegensatz zu den Truppen war das Kriegsgerät keine Fata Morgana. Alleine bei der Einnahme Mossuls konnte die IS-Miliz 2300 gepanzerte Humvees erbeuten: Sie waren der irakischen Armee von den USA zur Verfügung gestellt worden. Dazu gelangten im Laufe weiterer Schlachten zahlreiche Panzer, Anti-Panzer-Raketensysteme, schwere Artillerie zur Luftabwehr, ja sogar Kampfjets unter die Kontrolle des Kalifats. Zusätzlich zum Arsenal aus irakischen Beständen gelang es den Dschihadisten, auch das Know-how der Armee Saddam Husseins zu vereinnahmen.

DIE IRAKISCHE NATUR DES IS

Als sich der junge Syrer Abu Hamza dem IS anschloss, wollte er mehr erreichen, als bloß Baschar al-Assad zu stürzen. Vielmehr meinte er, nun Teil eines islamistischen Utopia zu werden. Er hatte zuvor einige Jahre lang auf verlorenem Posten mit der „Freien Syrischen Armee" gekämpft. Erst aufseiten des Kalifen glaubte er, etwas ausrichten zu können. Doch man hätte ihn auf die falsche Fährte gelockt, wie er sagt: „Plötzlich galt nur noch die Order von irgendwelchen Irakern. Die meisten trugen ständig Masken. Wer sie überhaupt waren, wusste ich nicht."[132] Dies erfuhr er erst nach seiner Desertion: Soldaten aus der Armee Saddam Husseins. Ein Maskierter, dessen massive Bedrohungen ihn in die Flucht schlugen, war ein ehemaliger Mitarbeiter seines berüchtigten Geheimdienstes.
Die Beobachtungen des Kämpfers sind korrekt. Nicht bloß „Kalif Ibrahim" und sein Stellvertreter Abu Ala al-Afri stammen aus dem Irak, sondern auch der überwiegende Teil der militärischen Speerspitze des Kalifats. Was vorgibt eine internationale Armee von Gotteskriegern zu sein, ist also in Wahrheit eine Bande von Terroristen, die sich von der al-Kaida abspalteten und danach mithilfe von Generälen aus Saddam Husseins

Armee einen Eroberungsfeldzug starteten. Dies gelang ihnen auch deshalb, weil sich die Führungsriege des Diktators aus den Stämmen der Region rekrutierte, die dort die eigentlichen politischen Machtfaktoren sind. Die sunnitisch-arabische Bevölkerung Syriens, die im Grenzgebiet zum Zentralirak lebt, hat mit dem Nachbarn deutlich mehr gemein als mit dem in Damaskus regierenden Alawiten-Clan.
Zwischen 100 und 160 hochrangige Veteranen der Armee und Sicherheitskräfte Saddam Husseins kämpfen heute für den IS. „Abu Ali al-Anbari", der militärische Oberbefehlshaber des IS in Syrien, war ein hochdekorierter General in Saddams Armee und Abu Muslim al-Turkmani, der Militärchef des Kalifats im Irak, war vor 2003 eine führende Figur des irakischen Geheimdienstes.[133] Selbst in der zivilen Verwaltung spielen sie eine maßgebliche Rolle: Mohammed al-Douri, der Stellvertreter Saddam Husseins, war unter seiner Führung dafür zuständig, den Schmuggel von Rohöl zu managen, um die internationalen Sanktionen zu umgehen. Dass der IS so rasch ein illegales Vertriebsnetz auf die Beine stellen konnte, hat viel damit zu tun, dass Al-Douri sich jetzt für den Kalifen um Schmuggelrouten aller Art kümmert.[134] Alle, die jetzt im IS eine Hauptrolle spielen, sind Sunniten, die im Nachkriegsirak marginalisiert worden waren; sie waren 2003 faktisch über Nacht „arbeitslos" geworden. Deshalb gilt der Irakkrieg 2003 als Hauptgrund für den eskalierenden Zerfallsprozess des Landes.
Falsch ist diese Sicht nicht. Doch Fakt ist, dass der Staat eigentlich nie stabil war. Wilfried Buchta, der von 2005 bis 2011 als politischer Analyst für die Vereinten Nationen in Bagdad arbeitete, formuliert es so: „Es ist auseinandergebrochen, was nie zusammengehört hat." Dazu zitiert er Iraks König Faisal I., der 1932 schrieb: „Ich glaube, es gibt gar kein irakisches Volk im Irak."[135] So wie viele Länder im Nahen Osten ist auch der Irak ein Kunstgebilde, entworfen am Reißbrett von der britischen Regierung. 1920 wurden drei Provinzen des ehemaligen Osmanischen Reiches, Bagdad, Basra und Mossul, zum „Irak" zusammengefügt. Erst war das Gebiet ein britisches Protek-

torat, dann Monarchie und schlussendlich, nach einer Serie massiver Konflikte, eine Diktatur unter Saddam Hussein und seiner Ba'ath-Partei. Er regierte von 1979 bis 2003 als Präsident, gestützt nicht auf Wahlen, sondern auf einen massiven Unterdrückungsapparat: Massenexekutionen, Folter und vor allem die Repressionswellen gegen Schiiten und Kurden charakterisierten sein Regime der Brutalität. Die historische Tiefe der Nation Irak ist also hauchdünn und zudem durchzogen von Bruchlinien, die unter Saddam Hussein massiv verstärkt worden sind.

Zwei Drittel der dreißig Millionen Iraker sind Schiiten. Nach der Invasion der USA und dem Sturz Saddam Husseins gelangten die Vertreter dieser Gruppe an die Macht. Premierminister Nuri al-Maliki wurde frei gewählt, von einer funktionierenden Demokratie ist das Land dennoch Lichtjahre entfernt. Vielmehr geriet ein fürchterlicher Kreislauf in Gang: Musab al-Zarqawis „al-Kaida im Irak" positionierte sich als „Retterin" der Sunniten, die unter al-Maliki ins Hintertreffen gerieten und zunehmend der Gewalt ausgesetzt waren. Die „al-Kaida im Irak" verübte einen Bombenanschlag nach dem anderen gegen schiitische Ziele und gegen jene der US-Armee. Gleichzeitig nahmen die Gräueltaten schiitischer Milizen massiv zu.[136] Fast 120.000 Iraker starben zwischen 2003 und 2011; besonders fürchterlich war das Jahr 2006 mit 38.000 Toten.[137]
In diesem Jahr starb Mus'ab al-Zarqawi bei einem Bombenangriff durch US-Kampfflugzeuge. Danach schien es so, als würde die Loyalität der Bevölkerung in der Hochburg der Terrorgruppe, der Provinz Anbar, erodieren. Unter dem Motto, „al-Sahwa" („das Erwachen") begann ein Aufstand sunnitischer Scheichs gegen das Terrorregime, ihre Kämpfer verweigerten den Nachfolgern Zarqawis die Gefolgschaft.[138] Doch es gelang dem irakischen Zentralstaat nur oberflächlich, das Vertrauen der Bevölkerung in der Region zu gewinnen. Dem Versprechen, die sunnitischen Teile des Irak aus den Klauen der Terroristen zu befreien und sie zu einem gleichberechtigten Teil des Gesamtstaates zu ma-

chen, folgten kaum Taten. Abermals gelang es nach dem Abzug der US-Truppen den Erben al-Zarqawis, diese Gebiete zu unterwandern. „Was wir 2014 erlebten, war nur der Tropfen, der das Fass in Lichtgeschwindigkeit zum Überlaufen brachte. Der Islamische Staat hat im Irak weite Teile, die im Zuge des Blitzkriegs einverleibt wurden, de facto längst kontrolliert," so Craig Whiteside, außerordentlicher Professor am „Naval War College Monterey". Er ist ein Veteran der US-Armee, tat Dienst im Irak und hat seine Dissertation über den „Islamischen Staat im Irak" in der Ära von 2003 bis 2013 verfasst.[139]

Spätestens 2010, als Abu Bakr al-Baghdadi die nun in „Islamischer Staat im Irak" umbenannte Bewegung anführte, wurde klar: Die Gruppe gewinnt rasant an Boden – im wahrsten Sinn des Wortes. Al-Baghdadi verlegte sein Hauptquartier nach Mossul.[140] „Bleiben und expandieren", lautete nun seine Losung, und er warb bereits jetzt für die Etablierung eines neuen Kalifats. Al-Baghdadi verfügt über einen Doktortitel in islamischer Jurisprudenz, und seine Wurzeln lassen sich zu dem Stamm zurückverfolgen, aus dem der Prophet Mohammed und der erste Kalif Abu Bakr stammten. Und auch dazu gibt es Überlieferungen in den islamischen Quellen, die besagen, dass jemand aus diesem Clan das Kalifat wiedererrichten würde. Wie schon sein Vater und sein Großvater begann seine spirituelle Karriere als salafistischer Prediger. Nach dem Sturz Saddam Husseins schloss er sich allerdings der irakischen Muslimbruderschaft an und war in deren politischem Flügel, der „Islamischen Partei", engagiert. Enttäuscht davon, wie wenig sie dem Anliegen der sunnitischen Iraker brachte, entschloss er sich, auf Gewalt zu setzen. 2004 gründete die militante Gruppe namens „Jeish Ahl al-Sunnah al-Jamaah".
Es dauerte nicht lange, bis er von den US-Truppen wegen seiner Terroraktivitäten verhaftet und in „Camp Bucca" inhaftiert wurde. 24.000 Insassen zählte das Gefängnis damals; fast alle waren hier, weil sie gegen die US-Besatzung mit Gewalt aktiv vorgegangen waren. Dazu zählten rebellierende ehemalige

Gefolgsmänner Saddam Husseins und al-Kaida-Terroristen genauso wie Abu Bakr al-Baghdadi. Zwei Jahre recherchierte der britische *Guardian*-Journalist Martin Chulov, bis er im Dezember 2014 beweisen konnte, wie sich in dieser Haftanstalt unter den Augen der US-Truppen ein Netzwerk formierte, das 2014 den Terrorstaat IS gründete, mit einem Ex-Häftling als Boss.[141] 19 von 20 Personen der Führungsriege des IS waren zuvor im „Camp Bucca“ inhaftiert gewesen. Und nicht nur al-Baghdadi hatte schon Jahre vor Ausrufung des Kalifats an einem Masterplan für einen „Islamischen Staat“ gefeilt, der sich über die arabisch-sunnitischen Hochburgen des Irak und die angrenzenden syrischen Provinzen erstrecken sollte.

Christoph Reuter,[142] Autor des deutschen Nachrichtenmagazins *Der Spiegel*, stieß auf ein Dokument, das zeigt, dass auch Saddams Exgetreue nicht bloß Mitläufer sind, sondern selbst emsig an dem Projekt arbeiteten. Unter dem Pseudonym „Haji Bakr“ entwarf ein Iraker (mit richtigem Namen Samir Abd Muhammad al-Khlifawi) bereits 2012 eine grobe Skizze für einen künftigen „Islamischen Staat“. Auch er war in seinem „ersten Leben“ ein Spitzenfunktionär im irakischen Geheimdienst gewesen. 31 Seiten umfasst ein Dokument, in dem er eine Blaupause für den „Islamischen Staat“ anlegte. Handgeschrieben, mit Tabellen und Organigrammen, anhand derer man verstehen kann, wie aus einem Ableger der al-Kaida nicht bloß eine der mächtigsten Terrorarmeen der Geschichte werden konnten sondern auch ein Staat. Zentraler Punkt in „Haji Bakrs“ Aufzeichnungen ist die Unterwanderung der Dörfer und Städte, die man später einnehmen wollte und auch die Notwendigkeit, ausländische Dschihadisten zu rekrutieren. Da sie keine Familie und Bekannten in der Region hätten, würde es gelingen, sie völlig von der Terrorarmee abhängig zu machen. Gleichzeitig würden sie möglichst skrupellos vorgehen.

In seinen Aufzeichnungen schimmert aber auch durch, dass die Errichtung des Kalifats mehr als ein Mittel zum Zweck war. Viele Exgetreue des irakischen Diktators waren schon lange vor der „Camp-Bucca-Ära“ in salafistische Kreise abgedriftet und hatten diese Ideologie längst internalisiert.[143] Basis dafür war ein Islamisierungsprojekt, das Saddam Hussein zur Stärkung seiner Nation selbst in die Wege geleitet hatte. Er hatte darauf gesetzt, dass er, basierend auf den Vorzeichen des Islam, den Zusammenhalt seines Landes und dessen Widerstandskraft stärken könnte. Als ich im Februar 2003, zwei Wochen vor Beginn der US-Militärallianz, die Lage in Bagdad recherchierte, bestand die Pressestelle des Regimes darauf, dass ich ihre Elitetrupps traf, die sich auf den Kampf gegen die „Kreuzritter" der USA vorbereiteten. Schwarz vermummte Brigaden wurden mir vorgeführt, deren Stirnbänder in weißer Schrift das islamische Glaubensbekenntnis zeigten. Sie sahen jenen Kämpfern täuschend ähnlich, die ich mehr als ein Jahrzehnt später in der Region wiedergetroffen habe: als Dschihadisten des IS.

5.

FRAUEN DER TAT

DIE IS-DSCHIHADISTINNEN: WELCHE ROLLE SIE IM KALIFAT SPIELEN UND WARUM EUROPÄERINNEN SO FASZINIERT SIND

Dass sie alte Frauen geschlagen habe, täte ihr besonders leid, sagt die Zwanzigjährige. Sie benutzt das Pseudonym „Doaa", weil sie nach der Flucht aus dem Kalifat in die Türkei Angst hat: Sie vermeint sich im Visier von Schläferzellen der IS-Terrormiliz. Aus deren Sicht ist sie eine Verräterin, die in Interviews Interna ausplaudert.[144] Dabei spricht „Doaa" vor allem über sich selbst, über ihr schlechtes Gewissen wegen ihres Jobs als Religionspolizistin: „Diese Frauen, die ich misshandelte, hätten meine Mütter sein können." Die Syrerin war mit einem mittlerweile getöteten saudischen Kämpfer verheiratet. Doch sie war mehr als bloß eine Mitläuferin der Liebe wegen, sie war Teil des Unterdrückungsapparats. Sie zog durch die Straßen, eine automatische Waffe geschultert, und exekutierte die drakonischen Strafen im Auftrag des Kalifen. Gnadenlos.

Im Februar 2014 formierte sich die „Al-Khansa"-Brigade, jene Einheit, zu der „Doaa" gehörte, als rein weibliche Sittenpolizei. Benannt wurde die Truppe nach einer Poetin, die zur Zeit des Propheten Mohammed lebte. Die Brigade konterkariert das gängige Image von Frauen im IS, die meist im Schatten ihrer angetrauten Gotteskrieger stehen, als passiv und ohne politische Ambitionen dargestellt werden. Circa 150 Euro verdienen die Polizistinnen pro Monat. Dazu werden sie ein Monat lang im Gebrauch von Waffen ausgebildet.

Der Alltag der „Al-Khansa"-Frauen ist allerdings – vorsichtig formuliert – prosaischer: Sie zwängen den weiblichen Teil der Bevölkerung in den vom IS kontrollierten Regionen Syriens und des Irak in das enge Korsett der Alltagsregeln des Kalifats. Frauen dürfen hier nur außer Haus, wenn sie dafür einen sehr guten Grund haben: wenn sie krank sind, etwas besorgen müssen. Dies ist nur in männlicher Begleitung oder in Gruppen erlaubt. Bereits Mädchen, die älter als acht sind, müssen in der Öffentlichkeit gänzlich verschleiert sein: in schwarze oder blaue Stoffgewänder gehüllt. Der irrwitzige Codex im Kalifat sieht vor, dass auch Hände und Gesicht zu bedecken sind. Ein Gramm reines Gold beträgt die Pönale, wenn eine Frau in der Öffentlichkeit auch nur kurz ihre Augen zeigt. Vierzig Peitschenhiebe drohen, wenn sie unverschleiert ist oder Stöckelschuhe trägt. Brutale Hiebe wegen Verstößen gegen die Kleidervorschriften sind aber nur ein Punkt auf einer endlosen Liste von unfassbarer Gewalt. Dutzende Frauen wurden alleine im Jahr eins des Kalifats wegen „Ehebruch" oder „Hexerei" kaltblütig hingerichtet. So berichtet die Aktivistengruppe „Raqqa is Being Slaughtered Silently" Ende Mai 2015, dass eine junge Ärztin zu Tode gesteinigt wurde, weil sie angeblich einen Mann behandelt hatte.

Angesichts solcher Details des barbarischen Umganges ist es kaum zu begreifen, dass Frauen freiwillig mitmachen: besonders auch die Tatsache, dass ein Großteil der Brigade von Ausländerinnen gestellt wird. Meist handelt es sich um Tschetscheninnen, Tunesierinnen, Afghaninnen, doch auch Europäerinnen sind Teil des Unterdrückungsapparats. So sammelten die Experten des Sicherheits-Beratungsunternehmens „Terrorism Research and Analysis Consortium" Hinweise, denen zufolge sechzig Britinnen in der „Al-Khansa"-Brigade aktiv sind.[145]

Frauen aus dem Westen spielen eine zentrale und aktive Rolle im IS. Mit Stand Februar 2015 gab es gesicherte Informationen über die Identität von 550 Europäerinnen, die seit 2013 in den IS gereist sind.[146] Meist gehen Experten davon aus, dass etwa ein Fünftel nicht dokumentierter Fälle dazugerechnet werden muss: Somit kann man von mindestens 700 Dschihadistinnen ausgehen. Die Größenordnung ist auch deshalb unklar, weil seit Jahresbeginn 2015 die Ausreise vor allem junger Mädchen Richtung Syrien massiv zunahm. Der Frauenanteil unter den Dschihadisten habe sich zuletzt mehr als verdoppelt, warnte etwa das deutsche „Bundesamt für Verfassungsschutz" Ende Juni 2015. Offiziell wurden zu diesem Zeitpunkt hundert Frauen aus Deutschland in Syrien vermutet, mit jeder Woche tauchen neue Fälle auf. Dies sei aber nur das „Hellfeld", sagen die Behörden und geben zu, dass sie hinsichtlich der Vorgänge im Kalifat „weitgehend im Dunkeln tappen".[147] Ähnlich vage sind die Zahlen aus Österreich: Unter den 230 bekannten Fällen von Ausreisenden in Richtung Kalifat dürften laut dem Innenministerium mehr als zwei Dutzend Frauen sein.

DAS KLISCHEE DER „DSCHIHADISTENBRAUT"

Genauso diffus sind die Motive der Frauen. Mehr noch als bei den jungen Männern stellt sich die Frage, was um alles in der Welt sie sich von einem Leben unter der Kontrolle der IS-Miliz erwarten. Sie waren Muslima, Atheistin, Christin, sind gut oder schlecht gebildet. Sie heißen Elif, Fatma oder Andrea – eine mehrfache Mutter, die mit ihren damals drei und sieben Jahre alten Töchtern ihr Dorf im Oberallgäu verließ und nach Syrien gezogen ist. So wie Ende Juni 2015 gleich drei Britinnen mit ihren neun Kindern, das jüngste davon ein Jahr alt. Ihre Biografien sind meist völlig unterschiedlich, ein roter Faden, der die Entwicklung hin zur IS-Fanatikerin aufzeigen könnte, ist kaum auszumachen. Einzig, dass sie meist noch sehr jung sind und zu einem deutlich höheren Anteil, als es bei ausreisenden Männern der Fall ist, Konvertitinnen sind, ist auffallend.

Dass Frauen in islamistischen Terrorgruppen aktiv sind, ist nicht neu. Doch hinter einer Ausreise ins Kalifat steckt mehr als Fanatismus für einen Gotteskrieg, es ist eindeutig eine Lifestyle-Entscheidung, die oft auch für die minderjährigen Kinder mitgetroffen wird. Auf die Frage nach dem „Warum" verheddern sich Fachleute oft in Klischees, kreisen eindimensional um sozialromantische Ansätze, die nicht immer etwas mit der Lebensrealität der Frauen zu tun haben. „Dschihadbraut" zu werden, heißt es häufig, sei der Plan der Auswanderinnen. Spätestens mit diesem Begriff beginnt die Geschichte aber kompliziert zu werden. „Natürlich spielen fehlgeleitete romantische Vorstellungen eine Rolle", betont Edith Schlaffer, eine der weltweit renommiertesten Fachfrauen im Bereich der Radikalismusprävention: „Wir dürfen aber nicht vergessen, dass junge Frauen genauso wie Männer ein politisches Bewusstsein haben. Sie ziehen wie sie auch aus diesen Gründen in den Islamischen Staat. Sie wollen Teil eines historischen Projekts werden. Sie glauben, an etwas Großem teilhaben zu können."[148] Schlaffer hat die NGO „Schwestern gegen gewaltsamen Extremismus" (SAVE) gegründet, weil sie davon überzeugt ist, dass Frauen eine bedeutende Rolle im Kampf gegen Extremismus spielen können. Sie sind die Zugpferde – in beide Richtungen.

„Die Motive der Auswanderinnen sind denen der Männer sehr ähnlich", sagt auch Ross Frenett, Direktor der Initiative „Against Violent Extremism Network". „Sie möchten ein Kalifat errichten, sie äußern sich hasserfüllt gegenüber westlichen Werten, suchen Zusammengehörigkeitsgefühl: Sie haben dort eine ganz klare Rolle. Das unterscheidet den IS von vergleichbaren Dschihadistengruppen." Ein Staat soll entstehen und dazu sind Frauen nötig.[149] Bereits 2012 veröffentlichte die Vorgängerbewegung des IS eine „Fatwa" (ein Rechtsgutachten), die Frauen explizit dazu aufrief, sich den Dschihadistengruppen in Syrien anzuschließen. So sollte der IS in der Gesellschaft

verwurzelt werden. Ab diesem Zeitpunkt startete eine gezielte Kampagne, um Frauen als Einwanderinnen, als „Muhaschirat", zu gewinnen.[150]
Ihre Position ist mittlerweile in vielen Dokumenten klar definiert worden, wie etwa in dem fünfzig Seiten umfassenden Leitfaden „Frauen und der Islamische Staat. Ein Manifest und Fallstudien".[151] Hier geht es vorrangig um Fragen der spezifisch „weiblichen" Erziehung. Mit dem Studium der Naturwissenschaften dürfe man die jungen Mädchen keinesfalls belasten, heißt es darin. „Es ist unnötig, zu wissen, welche Knochen ein Tier hat, viel wichtiger ist es, die Einheit mit Gott zu leben." Lesen und Schreiben sollte eine Frau schon können, deshalb wird ein Curriculum vorgeschlagen, in dem neben der Alphabetisierung religiöses Wissen, Erbrecht und natürlich Haushaltsführung vorgesehen sind. So weit wenig überraschend. Im Dokument wird zwar betont, dass Frauen im Idealfall das Haus gar nicht verlassen sollten, aber auch erklärt, wann und unter welchen Bedingungen weibliche Mitarbeit im Kalifat gefragt sei: vor allem bei der „al-Khansa-Brigade", um darin für Frauen relevante Sicherheitsaufgaben zu übernehmen.
„Meine geehrte Schwester, wahrlich, du hast eine wichtige und große Rolle", heißt es in einer weiteren Richtlinie für die IS-Frauen – „Die Rolle der Frau beim Bekämpfen der Feinde".[152] „Du musst dich erheben und deine Pflicht erfüllen im Islam in der Konfrontation des neuen Kreuzzuges, der von allen Ländern der Welt gegen den Islam und die Muslime geführt wird."

Auch eine der zentralen Expertinnen in dem Metier, Melanie Smith, betont, es sei eine Themenverfehlung, Frauen auf die Rolle der Braut zu reduzieren: „Das ist mittlerweile eine längst überholte Darstellung". Smith erforscht am Zentrum für Deradikalisierung des „King's College" in London die Hintergründe der weiblichen Auswanderinnen. Dazu hat sie die erste Datenbank weiblicher Dschihadistinnen mit Details zu siebzig IS-Auswanderinnen aufgebaut. „Was wir etwa von den Britinnen wissen, die im Kalifat leben, zeigt, dass sie signifikant dazu beitragen, über Sympathisanten in Europa zu radikalisieren. Es kommt immer wieder vor, dass sie Nachrichten verfassen, die in etwa lauten: ‚Wenn ihr nicht hierher ins Kalifat kommen könnt, dann tut doch zu Hause irgendetwas.'"[153]

GEHILFINNEN UND OPFER DES „SEXUELLEN TERRORISMUS"

Natürlich gibt es Teenager, wie Edith Schlaffer zu Recht betont, die sich in Internetchats oder bei Videotelefonaten rettungslos in „Gotteskrieger" verknallen und sich nur deshalb bei Nacht und Nebel aus dem Staub machen. Und es gibt Frauen, die ihren Ehemännern in den IS folgen. Pauschalisierte Euphemismen wie „Dschihadbräute" sind aber nicht bloß unkorrekt, sondern auch brisant, denn sie verstellen die Sicht darauf, dass Auswanderinnen in ihrer neuen Heimat nicht bloß Tarnanzüge flicken und eine neue Generation von Gotteskriegern gebären. Sie begehen auch massives Unrecht – aktiv und freiwillig. Sie wirken auch bei einem der grausamsten Verbrechen des IS an vorderster Front tatkräftig mit: der Versklavung anderer Frauen. Das zeigt, wie tief verankert es auch im Selbstverständnis der Dschihadistinnen ist, dass jene, die ihren Fanatismus nicht teilen oder einer anderen Religion angehören, Menschen zweiter Klasse sind, die als Objekte behandelt werden und Ziel unvorstellbarer Gewaltorgien sein dürfen. Es sei ja kein Verbrechen, schreibt die Autorin „Umm Sumayyah" in der neunten Ausgabe des Kalifatmagazins *Dabiq*: „Sklaverei", heißt es in ihrem Artikel, „ist eine göttliche Strafe. Wenn einem Volk so etwas passiert, dann ist es ein Zeichen, dass Allahs Gnade es verlassen hat." Auch wenn manche dieser Frauen bösartige Gerüchte verbreiten würden, so habe ihre Versklavung doch nur gute Seiten. „Wenn solche Frauen zu uns kommen, würden sie den Islam kennenlernen und konvertieren können." Dann würden sie das Paradies finden.[154]

Beim Schönreden belassen es die Damen nicht. Basierend auf den Strukturen der „Al-Khansa"-Brigade hat sich ein Frauennetzwerk etabliert, das sich um die Sklavinnenmärkte des IS kümmert. Wie tief die Religionspolizistinnen darin verstrickt sind, wurde deutlich, nachdem eine Sondereinheit der US-Armee im Mai 2015 in der syrischen Stadt Deir Ezzor eine der Schlüsselfiguren festnahm.[155] Es handelte sich um eine Frau, die nur unter ihrem Nom-de-Guerre „Umm Sayyaf" bekannt ist. Ihr Mann war quasi der Finanzminister des Kalifats gewesen, er starb bei der Aktion. Die 23-jährige Irakerin wurde in Bagdad über Wochen verhört. Angeblich hätte sie freiwillig ihre Insiderinformationen ausgeplaudert, heißt es aus US-Militärkreisen. Ihre Aussagen vermitteln einen spektakulären Eindruck davon, wie wichtig die Rolle von Frauen ist, um das System hinter dem IS am Laufen zu halten; dazu zählt vor allem der Nachschub von Frauen.
Die mutmaßlich grenzenlose Verfügbarkeit von Sex zählt zu den zentralen Faktoren, die junge Männer aus aller Welt ins Kalifat locken. Es ist eine Obsession der Miliz, über Frauen wie über Objekte zu verfügen. Dies illustriert eine Anweisung der IS-Führung, die Anfang 2015 ausgegeben wurde. Sie nennt sich „Order für Zeitehen" und erlaubt es den Kämpfern, je nach Gutdünken, sich eine Frau ihrer Wahl auch für wenige Stunden als „Gattin" zu nehmen.[156] Das ist nichts anderes als die Legitimierung von Vergewaltigungen. Diese Sexsucht der Gotteskrieger hat ein System unfassbarer Gewalt entstehen lassen: So wurden im August 2014 mindesten 5000 Frauen und Mädchen aus der Volksgruppe der Jesiden, die im Nordirak lebt, verschleppt und verkauft.[157] Insgesamt dürften sich 2015 Zehntausende Frauen in der Gewalt der IS-Milizen befinden: Sklavinnen eines „Staates", dessen Führung behauptet, als einziger die wahren Gesetze des Islam zu erfüllen. Die tonangebenden Dschihadistinnen im Führungskreis kümmern sich aktiv um die Verwaltung der „Ware Frau".
„Um den Preis einer Packung Zigaretten werden sie verhökert. Wir kämpfen damit, diese Mentalität zu begreifen", sagt Zai-

nab Bangura, Sondergesandte des UN-Generalsekretärs für sexuelle Gewalt in Konfliktgebieten. Im Frühling 2015 hat sie in Syrien, im Irak, in der Türkei und im Libanon Augenzeugenberichte von geflohenen Sklavinnen gesammelt.[158] „Wenn die IS-Milizen ein Dorf erobern, werden Frauen und Mädchen sofort von den Männern getrennt. Sie ziehen sie nackt aus, testen ihre Jungfräulichkeit, messen die Größe ihrer Brüste. Die Jüngsten und jene, die am besten aussehen, erzielen auf den Sklavenmärkten die höchsten Preise. Sie werden sofort in die Hauptstadt Raqqa gebracht, wo die höherrangigen Mitglieder der Terrormiliz dann die erste Wahl haben." Viele Frauen würden richtiggehend benutzt und weitergegeben: „Wir trafen ein Mädchen, das zwanzig Mal verkauft worden war, und jeder ihrer Besitzer verlangte, dass ihre Jungfräulichkeit chirurgisch wiederhergestellt wird, bevor er sie nimmt", berichtet Bangura weiter. „Ein 20-jähriges Mädchen wurde verbrannt, weil sie einen perversen Sexakt verweigerte." Es gehe sogar so weit, dass die Männer ihren Sklavinnen verbieten, ein Kopftuch zu tragen, denn es sei vorgekommen, dass Mädchen diese dazu benutzten, sich zu erhängen. Augenzeuginnen berichten auch, dass Dschihadisten beten, bevor und nachdem sie ihre Sklavinnen vergewaltigen. Die Übergriffe finden unter brutalsten Umständen statt. So schildert eine geflohene Jesidin, dass ein saudischer Kämpfer ein Mädchen, „das noch ein Kind war", trotz schwerer Blutungen und Infektionen des Unterleibs wieder und wieder missbrauchte.[159]

Im Universum des IS ist diese Barbarei legitim; dies wird mit Brief und Siegel in einem Pamphlet des „IS-Ministeriums für Forschung und Rechtsprechung" bestätigt.[160] „Fragen und Antworten zum Thema Gefangene und Sklavinnen" nennt sich das Dokument. Es wurde in großer Stückzahl gedruckt und im Kalifat verteilt, deshalb liegt die Vermutung nahe, dass es sich dabei um die Reaktion auf das weltweite Entsetzen handelt. Neunzehn Punkte handeln ab, was mit den „erbeuteten" Frauen zu geschehen habe. „Eine Sklavin gehört zu dem Volk, das gegen uns Krieg führt, und sie wurde von wahren Muslimen gefangengenommen." Deshalb sei es rechtens, sie zu besitzen und mit ihr auch unverheiratet Sex zu haben. Und unter Punkt 13 heißt es, „dass es ebenso erlaubt sei, mit Sklavinnen zu schlafen, die noch nicht die Pubertät erreicht haben. Körperlich sollten sie dem Geschlechtsverkehr gewachsen sein; ansonsten müsste man andere Wege finden, um sich zu vergnügen." Und abschließend wird betont: „Man darf eine Sklavin schlagen." Aber immerhin nur um sie zu züchtigen, nicht bloß weil es Spaß macht.

Ebenso gemartert wie Kriegsgefangene werden zahlreiche Bewohnerinnen der Regionen, wo sich das „Kalifat" kampflos installiert hat. Dies nicht nur in Teilen Syriens und des Irak, sondern auch in den Provinzen anderer Länder, wo loyale Gruppen die Macht an sich gerissen haben. In den IS-Hochburgen Libyens etwa werden Familien dazu gezwungen, ihre Töchter schon ab dem Alter von zwölf Jahren den Islamisten als Braut zu geben. Wie verheerend die Folgen sind, hat Asmaa Said, eine libysche Menschenrechtsaktivistin in der Stadt Derna, dokumentiert:[161] Die Krankenhäuser würden von einer wahren Welle schwerer Geburtskomplikationen berichten, sagt sie. „Es gibt pro Woche vier bis fünf Fälle von jungen Mädchen, Frauen von Dschihadisten, die Kinder zur Welt bringen, aber noch selbst Kinder sind. Neben Fehl- und Totgeburten häufen sich auch Fälle von sexuell übertragbaren Krankheiten." Dazu sind Ärzte mit Fällen schwerster Genitalverletzungen konfrontiert, die auf die rohe sexuelle Gewalt zurückzuführen sind. „Viele der Mädchen haben keine Ahnung, was mit ihnen geschieht. Sie kommen mit schweren Blutungen zu uns, halten dabei verängstigt ihre Puppe in den Armen."

Nichts von diesen grauenhaften Details der Gewalt gegen Frauen im IS ist geheim. Ganz im Gegenteil, ein Großteil der Berichte wurde von der Führung des Kalifats gezielt veröffentlicht. Die Botschaft ist eindeutig: Die Kämpfer und Kämpferinnen gehören zu einer überlegenen Form von Menschen, weil sie die wahre Religion ausüben; alle anderen sind schutzlos ihrer Gewalt ausgeliefert. Bei Tageslicht betrachtet sind die Parallelen zwischen Faschismus und Dschihadismus nach Art des IS frappierend. Von „kultähnlicher Anziehungskraft“ spricht William McCants vom „Brookings Institute“, der 2015 ein Buch über Aspekte des IS veröffentlichte, die Parallelen zu Sekten aufweisen: „Die Frauen, die sich dem IS anschließen, werden nicht getäuscht. Sie gehen mit offenen Augen nach Syrien. Und sie wollen, dass es genauso ist, wie es sich darstellt: Keine westliche Frau mit Internetzugang kann behaupten, sie wüsste nicht, was dort los ist.“[162]

POSTERGIRLS UND ANWERBERINNEN

Genau das muss sich auch die junge Wienerin Lisa-Marie fragen lassen: „Ob sie wirklich gar keine Ahnung hatte, welche Zustände im Kalifat herrschen? Ein Bürgerkrieg, brutale Unterdrückung von Frauen?“ Immer wieder bohrt der vorsitzende Richter am Wiener Landesgericht nach. „Ich wollte in einem Staat leben, wo ich mich so kleiden kann, wie es meine Religion mir vorschreibt. Wo ich nicht angefeindet werde, wenn ich mich bedecke“, entgegnet ihm die Sechzehnjährige während des Prozesses. „Hier in Österreich werde ich angespuckt.“
Dann aber wird die ohnehin bleiche junge Frau noch eine Nuance blasser: Es wird aus ihren Chats im Internet vorgelesen. Ob es wirklich so wunderschön in Syrien sei, wie alle behaupten, fragte sie demnach im Dezember 2014. „Dürfen Frauen in Syrien auch kämpfen?“, fragt sie in den WhatsApp-Nachrichten, die sie an Oliver, den damals sechzehnjährigen Wiener Dschihadisten nach Raqqa schickt. Sie will unbedingt in den IS ziehen: Auch das geht aus ihren Nachrichten hervor. Daraus macht sie auch vor Gericht kein Geheimnis, obwohl es ihr eine Anklage wegen Mitgliedschaft bei einer terroristischen Vereinigung eingebracht hat. „Ich wollte zu meinem Mann.“ Er, Youssef, ist zum Zeitpunkt des Prozesses im Mai 2015 bereits tot. Wenige Wochen zuvor war der Achtzehnjährige bei Kämpfen in Syrien getötet worden.

Seine Frau hat er nur drei, vier Mal in seinem Leben gesehen. Als er und Lisa-Marie sich im September 2014 in einem Jugendzentrum in Wien-Brigittenau kennenlernten, waren beide bereits in radikale Strömungen abgedriftet. Sie war erst seit wenigen Wochen Muslimin. Eine abgebrochene Lehre hatte ein Leben mit wenig Perspektiven hinterlassen. Diese Leere wollte sie füllen: „Ich habe mich sehr für Religionen interessiert. Den Islam fand ich am schönsten." Schon kurz nachdem sie zum Islam konvertiert war, reicht es ihr nicht, ein Kopftuch zu tragen. Sie schlüpft in eine „Niqab", wenn sie außer Haus geht – ein langes, meist schwarzes oder dunkelblaues Gewand, das den gesamten Körper verhüllt. Yussef hatte sich zu diesem Zeitpunkt einer salafistischen Gruppe angeschlossen, zog sich von seinem alten Freundeskreis zurück, betete mehrmals die Woche in einer Hinterhofmoschee. Die beiden sehen sich nur einmal von Weitem in diesem Jugendzentrum. Mehr Nähe vertrug sich nicht mit ihren rigiden Moralvorstellungen. „Wir haben uns danach aber laufend geschrieben", so Lisa-Marie. Und dann im Dezember sei auf einmal alles sehr schnell gegangen. „Youssef hat beschlossen, auszureisen, nach Syrien, und er sagte, wenn ich nicht mitgehe und ihn heirate, dann nimmt er sich eine andere." Überstürzt, wie sie zugibt, folgt am 8. Dezember die Trauung nach islamischem Ritus. 24 Stunden später bricht Youssef Richtung IS auf, sie will ihm ein paar Tage später folgen, aber die Mutter versteckt ihren Reisepass. Für den 26. Februar 2015 plant sie den nächsten Versuch. In der Zwischenzeit schickt sie ständig Nachrichten nach Syrien. Wie man genau ausreisen kann, will sie von Oliver wissen, der ihr Mittelsleute in der Türkei nennt. Zu ihrem Mann hat sie kaum Kontakt, aber sie ist überzeugt davon, „mit ihm in einem Land zu leben, wo das islamische Recht herrscht. Das wäre schön." So formuliert sie es auch im Mai 2015 vor Gericht. Ihr irrwitziger Traum ist damals schon längst zerplatzt. Ihr Mann stirbt im April, sie wird verhaftet, noch bevor sie per Autobus vom Wiener Südbahnhof Richtung Türkei und dann weiter zur Grenze nach Syrien aufbrechen kann.

Bemerkenswert an diesem Fall ist, wie rasch das Mädchen die Werte des IS internalisiert hat. Vor Gericht spricht sie so leise, dass man sie ständig ermahnt. Trotzdem ist eine Sturheit wahrzunehmen, eine ungebrochene Überzeugung, das „Richtige“ zu glauben und zu tun. Sie wirkt, als würde eine unsichtbare Wand sie von der Realität abschotten. Vieles von dem, was sie sagt, lässt durchblicken, dass sie sehr verliebt gewesen sein muss, doch die Werte des IS haben sie mindestens ebenso tief durchdrungen: vor allem der Mythos der heilen islamistischen Welt. Es gelingt ihr fast gänzlich, die negativen Seiten auszublenden; dies auch noch zu einem Zeitpunkt, als der IS samt seiner Gräueltaten nahezu omnipräsent in den Medien ist.
Wie in Hunderten anderer Fälle von europäischen Frauen, die dem Wahn verfallen, ins Kalifat ziehen zu müssen, gibt es bei Lisa-Marie Anhaltspunkte für den Prozess ihrer Radikalisierung. Der Besuch eines Jungendzentrums, in dem sie mit salafistischem Gedankengut in Kontakt gerät, die Bekanntschaft mit anderen Jugendlichen, die beeinflusst von ultrakonservativem Gedankengut Richtung Dschihadismus abdriften. Die Beziehung zu Youssef dürfte ihren Fanatismus vertieft haben, der finale Impuls zur Ausreise gewesen sein. Im Bann des Extremismus war sie da aber bereits: Die fixe Idee, dass ein Leben in einem Ganzkörperschleier in einem Bürgerkriegsland, wo Kreuzigungen und Steinigungen an der Tagesordnung sind, „schön wäre“, wie sie sagt, überlebt ihren Mann.

Bei zahlreichen ausgereisten Mädchen scheint eine wesentliche Rolle gespielt zu haben, dass sie im „echten Leben“ in den Sog von Salafisten gerieten. Im Fall von Lisa-Marie dürfte es sich um knallharte Rekrutierer gehandelt haben, die von einer Hinterhofmoschee in der Nähe des Handelskais aus agierten. Viele weitere Fälle belegen, dass jene Gruppen, die in Europa mit den Dschihadisten des Kalifats sympathisieren, gezielt junge Frauen ins Visier nahmen. Auch Samra und Sabina, jene Dschihadistinnen aus Wien, die zu Ikonen hochstilisiert wurden, trafen in der Wiener „Altun Alem Moschee“ auf den

Prediger Mirsad Omerovic (alias Ebu Tejma), ehe sie auf die Idee kamen, in Syrien mit einem Gotteskrieger eine Familie zu gründen.[163] Viele ehemalige Sympathisanten des Predigers erzählen, dass er nachdrücklich auf der Suche nach Frauen war, die ins Kalifat gehen sollten.

Diese Liste ließe sich noch lange fortsetzen, und man könnte meinen, bei amtsbekannten Extremisten einen Anhaltspunkt zu finden, um weitere Ausreisen von Mädchen zu stoppen. Nur ist diese Liste leider nicht mehr gültig. Viele amtsbekannte Treffpunkte von Salafisten sind 2015 längst geschlossen. Wie zahlreiche andere Extremisten wurde der Prediger Ebu Tejma im November 2014 verhaftet. Bei der Rekrutierung von Frauen hat dies nur leider wenig verändert. Wie erwähnt haben die Ausreisen junger Frauen zuletzt sogar massiv zugenommen. Immer deutlicher wird, dass direkte Abwerbungen zunehmend von einer virtuellen Rekrutierungsoffensive durch europäische Frauen, die im IS leben, abgelöst werden. Die Aussagen der von den US-Einheiten festgenommenen „Umm Sayyaf" bestätigen diese Vermutung von Sicherheitsexperten in zahlreichen europäischen Staaten: Der IS hat die Rekrutierung von Frauen institutionalisiert. Statt von Predigern in Moscheen werden sie gezielt im Internet angesprochen. Laut den Aussagen von „Umm Sayyaf" gibt es 500 Dschihadistinnen in Syrien, deren einzige Aufgabe es ist, sich um die Anwerbung von Frauen (und auch Männern) zu kümmern, die sich für eine Ausreise ins Kalifat interessieren.

Eine der wichtigsten Figuren im Netzwerk der europäischen IS-Frauen ist die 20-jährige Schottin Aqsa. Sie wanderte bereits im Winter 2013 aus. Unter ihrem neuen Namen „Umm Layth" hat sie mehr als zwei Jahre später 2000 Twitter-Anhänger und -Anhängerinnen und wurde zu einer der professionellsten Anwerberinnen. Im Jänner 2015 veröffentlichte sie ein Handbuch auf Englisch: „Diary of a Muhajirah" („Das Tagebuch einer Auswanderin").[164] Aqsa listet darin Punkt für Punkt auf, wie die Ausreise funktioniert: wie man verhindert, dass Mobiltelefone geortet werden, und welche Vorbereitungen sonst nötig sind. „Ich werde niemals dazu in der Lage sein, zu beschreiben, welches wunderbare Gefühl dieser Ort in mir erweckt", so der Inhalt eines ihrer PR-Tweets: „Die innige Freundschaft der Schwestern und Brüder im Islamischen Staat ist ein Quell der Freude", lautet ein anderer.

Ihre Eltern sind ratlos und warnen verzweifelt andere Frauen vor der Rhetorik der eigenen Tochter, die sie nur in die besten Schulen schickten, fern von jeglichem Radikalismus. „Wenn unsere Tochter, die alle Möglichkeiten und Freiheiten hatte, die man sich vorstellen kann, sich heimlich übers Internet in den Bann des IS ziehen ließ, dann kann das auch Ihrer Tochter passieren." Mit diesen Worten wandte sich die Familie der Britin an die Öffentlichkeit. „Wir hatten immer die größten Hoffnungen in sie gesetzt, glaubten, sie würde eine Ärztin, um Leben zu retten."[165]

Stattdessen wurde aus ihr jemand, der das Leben anderer massiv gefährdet. Etwa jenes der 16-jährigen Amira. Mit ihren gleichaltrigen Freudinnen Shamima und Kadiza riss sie im Frühling 2015 von zu Hause aus und zog ins Kalifat. Das Mädchen aus dem Osten Londons stand nachweislich mit Aqsa in Kontakt, wurde von ihr – wie mindestens ein Dutzend weitere Mädchen – in den Bann des IS gezogen. Dies geschah in einem verblüffenden Tempo: Noch im Winter 2014 war Amira eine völlig normale Schülerin an der „Bethnal Green Academy" im Osten Londons. Nur wenige Wochen brauchte sie, um ihr Leben in Großbritanniens Metropole angewidert von sich zu stoßen. In der Kalifats-Hauptstadt Raqqa angekommen wirkt sie, als wäre ihre alte Identität wie ausgelöscht. „LOOOOOL": So kommentierte sie Ende Juni die Nachricht, in der es hieß, dass in Großbritannien in einer Trauerminute den 38 Opfern des Terroranschlags in Sousse gedacht werde.[166] „Ich lache laut auf", bedeutet dieses Kürzel.

Ähnlich abgebrüht lesen sich die E-Mails der 21-jährigen Deutschen Sevada, die sie ihrer Freundin Annalena aus Syrien schickt: „Hahahaha, mein Mann ist tot", kann man da lesen.

Als die Freundin nachhakt, wiegelt die junge Witwe ab: „Ach geht schon, hehe, alles jut." Ihr Mann, der 21-jährige Munir, wurde in Pforzheim geboren und starb in der wochenlangen Schlacht um die kurdische Stadt Kobane. Er trat auf eine Mine. Auch Sevada ist eine Anwerberin des Islamischen Staats. In Chatgruppen wirbt sie für das Kalifat und beschäftigt inzwischen sogar das „Gemeinsame Terrorabwehrzentrum der Bundesregierung" (GTAZ). Doch es sind nicht nur vereinzelte Fanatikerinnen, die aktiv sind. Fast jede der bis zu 700 Frauen aus dem Westen, die im Kalifat ankommen, rührt die Werbetrommel. Auf Teufel komm raus wird ein Idyll propagiert, das immer mehr Frauen anlockt; vor allem jene, die sich in ihrer Welt isoliert fühlen und Sehnsucht nach dem Gefühl von Zusammengehörigkeit haben.

TERRORISTINNEN AUS DER „HEILEN WELT"

„Wir haben alle ein natürliches Schutzschild, das unser Denken vor bösen Ideen schützt", erklärt Nasser Weddaday, ein Nahostexperte, der sich zuletzt auf Strategien zum Kampf gegen Extremismus spezialisiert hat. Fast ein jeder Mensch habe aber Schwächen, eine Achillesferse der Seele, die mit den richtigen Worten und Gesten Drehmomente der Gehirnwäsche würden: „Hier setzen sie an."

Wie ein solcher Prozess ablaufen kann, wird in einer Reportage in der *New York Times*[167] mit bemerkenswerter Präzision geschildert. Nur wenige Fälle von Anwerbungen sind so genau dokumentiert. Sie handelt von einer 24-jährigen Frau, die „Alex" genannt wird. Zufällig sieht sie das Video mit der Enthauptung Jim Foleys. Sie ist entsetzt, will mehr erfahren und beginnt über soziale Medien Kontakt mit Anhängern des IS zu knüpfen. Ab Oktober 2014 gerät sie mehr und mehr in den Bann der ausgeklügelten Kommunikatoren der Terrormiliz. Alex lebt in einer amerikanischen Kleinstadt: vereinsamt und ohne Partner verdient sie sich ein paar Hundert Dollar pro Mo-

nat mit Babysitten und unterrichtet als überzeugte Christin in der Sonntagsschule.
Plötzlich ist alles anders: Sie findet übers Internet Dutzende Freunde, die stundenlang mit ihr kommunizieren. Sie reden über Religion und den Islam und die bibelfeste Christin beginnt an ihrem Weltbild zu zweifeln. Über eine Twitter-Nachricht konvertiert sie, ein Bekannter schickt ihr Kopftücher, die sie heimlich zu tragen beginnt. Er findet auch einen Verlobten für sie. Die Perspektive, auszureisen, im IS ein neues Leben zu beginnen, mit ihren „Schwestern" zu leben, nimmt Konturen an. Als ihre Großeltern sie im Frühling 2015 dabei ertappen als sie eine „Niqab" anprobiert, schreiten sie ein. Erst dann gerät Alex' Onlineuniversum ins Wanken, sukzessiv gelingt es ihr, sich aus dem Netz zu lösen. In letzter Minute. Faisal war schon dabei, die Tickets für ihre Ausreise zu besorgen.

Fast alle jungen Frauen, die ins Kalifat auswandern, schwärmen von der „Freiheit", sich verhüllen zu dürfen, ohne dafür gemobbt zu werden. Doch Verbundenheit, wie sie Alex fand, ein Gefühl, zu einer eng verschworenen „Schwesternschaft" zu gehören, scheint junge Frauen ebenso massiv in den Bann des Terrorkults zu ziehen wie solche ideologischen Kampfparolen. Sofort nach ihrer Ankunft werden sie in „Frauenhäuser" aufgenommen, wo sie darauf warten, geheiratet zu werden. Frei bewegen dürfen sie sich nur innerhalb dieser Häuser. Hier leben sie in einer bizarren WG und dorthin kehren sie auch zurück, wenn ihre Männer im Kampf sterben. Die Realität ihres Alltags im IS ist deshalb exakt jener dieser Schwesternschaft. Und sie hat viel mehr mit Gewalt zu tun, als häufig vermittelt wird. Freilich geht es auf ihren Twitter-Accounts auch um Kätzchen und Nutella. Doch es sind auch ihre Babys zu sehen, denen sie eine Kalaschnikow in den Kinderwagen legen, und Videos über brandneue Kindergärten.
Von der trostlosen Realität – den Bombardements, der kaum vorhandenen Infrastruktur – ist selten die Rede. Wenn sie in den Tausenden Onlinenachrichten erwähnt werden, dann nur

als Anekdötchen am Rande. „Bringt gute Büstenhalter ins Kalifat mit", heißt es da. Oder: „LOL – Kerzenlichtdinner mit den Schwestern", wenn einmal mehr der Strom ausgefallen ist.
Je länger man sich mit diesen Nachrichten befasst, desto klarer wird das Bild: In der virtuellen Welt wird aus dem Leben im Kalifat eine abstruse Klassenfahrt, im Zuge derer alles abgelehnt wird, was in der europäischen Welt Wert hatte, und sich die Frauen dafür einem rigiden System unterwerfen. So ließ die sechzehnjährige Lisa-Marie in einem Nebensatz durchblicken, dass Existenzangst sie in die Pseudosicherheit des IS gelockt hätte. Auf die Frage, ob sie denn mit einem Leben glücklich geworden wäre, in dem sie keinen Job haben könnte und nur zu Hause ist, antwortet das lange arbeitslose Mädchen: „Das wäre doch wunderschön, so ein Leben."
„Die Rekrutierungskampagne für Frauen arbeitet mit Klischees wie aus Walt-Disney-Filmen", meint Mia Bloom, Professorin für Sicherheitsstudien an der „Massachusetts University" und Autorin eines Buches über Frauen und Terror. „Und jene, die dort sind, entwerfen das Bild eines Utopia, das eine sehr starke Anziehungskraft ausübt."[168] Wie auch bei den Männern gilt es, zwei Gruppen zu unterscheiden: Jene, die aktiv kämpfen, mitwirken und ins Kalifat ziehen, und die weitaus größere Gruppe, die zu Hause bleibt und mehr oder weniger still mit der Bewegung sympathisiert. Von ihnen geht, so sind sich auch die US-Behörden sicher, ein beträchtliches Terrorrisiko aus. So waren 15 Prozent aller Personen, die in den USA im Laufe des Jahres 2015 aufgrund eines Terrorverdachts verhaftet wurden, weiblich: Tendenz rasant steigend.[169]
Und auch den deutschen Sicherheitsbehörden bereiten die Dschihadistinnen große Sorgen. Das gesellschaftliche Bild von Frauen mache aus ihnen die perfekten Terroristinnen, sagt ein Mitarbeiter des Bundesnachrichtendienstes. Sie würden weniger kontrolliert als Männer – und könnten sich so einfacher um die Logistik kümmern. Zur Vorbereitung von Anschlägen seien sie geradezu ideal, heißt es in Sicherheitskreisen. „Frauen tragen durch ihre weitgehend unbeachtete Basisarbeit zur

Umsetzung von Terrorakten bei."[170] Die im afrikanischen Nigeria aktive Extremistengruppe „Boko Haram" hat Anfang 2015 dem Kalifen des IS die Treue geschworen und sich in die Gruppe als Außenposten eingegliedert. Bei ihren verheerenden Attentaten setzt diese Terrorgruppe gezielt und in großer Zahl Frauen ein. Durch diese Allianz kann diese Taktik auf den IS als Ganzes überschwappen. Immerhin hat der eigentliche Gründervater des IS selbst auf Selbstmordattentäterinnen gesetzt: 10 Prozent der von Abu Musab Zarqawi befehligten Anschläge wurden von Frauen verübt.[171] Weil zum einen freiwillige männliche Attentäter fehlten, aber auch, weil er darauf setzte, dass die Medien über solche Fälle besonders ausführlich berichten und so den Schrecken verstärken würden. Eine der ersten Attentäterinnen, die sich im Namen der Bewegung 2005 in die Luft sprengte, war übrigens eine Dschihadistin aus Europa: Muriel de Gauque, eine Konvertitin aus Belgien.

6.

DIE PROPAGANDAKRIEGER

DAS INTERNET ALS TERROR-PR-HOCHBURG: EIN ÖSTERREICHER UND EIN DEUTSCHER ERFINDEN DEN POP-DSCHIHAD

Knapp 300 A4-Seiten hat das Dokument, das abwechselnd in Arabisch und gebrochenem Deutsch verfasst ist. Es hapert am Vokabular, an der Orthografie und Grammatik, dafür ist es per Hand in Schönschrift erstellt. Penibel gesetzte Fußnoten verweisen auf Koransuren, Hadithe und einschlägige Werke. Mit einem Lineal wurden feinsäuberlich die Trennlinien zwischen Text und Ergänzungen gezogen: Mohamed Mahmoud hat sich offensichtlich sehr viel Mühe gegeben, als er an seinem epischen Grundsatzpapier feilte. Der Papierstoß liegt heute unbeachtet in einer Schublade in einer Wiener Wohnung. Die mangelnde Aufmerksamkeit für das Dokument überrascht umso mehr, wenn man bedenkt, dass führende Experten Mahmoud zu den gefährlichsten IS-Dschihadisten aus Europa zählen. „Man darf sich von seinen wirr anmutenden Internetauftritten nicht täuschen lassen. Sein zentraler Einfluss trug maßgeblich dazu bei, dass diese Strömung bei uns Fuß fassen konnte", zeigt sich etwa Guido Steinberg, Mitarbeiter der Berliner „Stiftung Wissenschaft und Politik" in Berlin, überzeugt und warnte davor, diesen Dschihadisten zu unterschätzen.[172]

In frappierenden Details bilden die Notizen Mahmouds den Bauplan jenes „Islamischen Staates“ ab, der ab 2014 Gestalt annahm und in dessen internationalem Propagandaapparat er nun eine Schlüsselrolle spielt. Laut dem ehemaligen österreichischen Dschihadisten Oliver, der ihm dort begegnete, sei er „ein führender Prediger“. Der mittlerweile getötete Österreicher Firas Houdini – bekannt aufgrund zahlreicher abscheulicher Gewaltpostings im Internet – hat unter seiner Ägide in der Medienabteilung in der IS-Hauptstadt Raqqa gearbeitet. Auch das bestätigt der nach Wien zurückgekehrte Ex-IS-Kämpfer Oliver.

Entworfen hat Mahmoud das „Projektkonzept“ für seine Arbeit im Kalifat zwischen 2007 und 2011: Dies legt den Schluss nahe, dass dieser Hybrid aus Terror- und Territorialstaat nicht einzig von abtrünnigen al-Kaida-Kämpfern in Nahost erfunden wurde. Der IS wurde auch von radikalisierten Jugendlichen in Europa mitbegründet – direkt vor unseren Augen. Alle Gedanken, die Mohamed Mahmoud zu Papier brachte, kreisen um ein Ziel: „Wie wir das Kalifat errichten“. Immer wieder flossen auch Gedanken Abdullah Azzams ein, der als „Pate des Dschihadismus“ bezeichnet wird.[173]

Schon 1989 war der Palästinenser getötet worden, doch der promovierte islamische Rechtsgelehrte beeinflusste zu Lebzeiten massiv Osama bin Laden und Ayman al-Zawahiri. Seine Pamphlete übersetzen theoretische Überlegungen zum – aus seiner Sicht – „nötigen heiligen Krieg der wahren Muslime“ in Schritte zur praktischen Umsetzung. Azzam verfasste etwa eine Fatwa zur Legitimation des Dschihad in Afghanistan. Hier baute er ein „Servicebüro für Gotteskrieger“ auf, das als Vorläuferorganisation der al-Kaida gilt, und warb bin Laden als Kämpfer an. Aber es geht nicht bloß um handfeste Kriege: In Azzams Konzept spielt der Kult von der „Liebe zum Tod“ eine wesentliche Rolle. Mohamed Mahmoud nahm genau in diesen Punkten Anleihen bei Azzam, als er eine neue Interpretation des Dschihad entwarf, in dem Todeskult und Popkultur zu einer surrealen Ideologie verschmelzen: eine Medienstrategie,

die als zentrale Säule solch einem „Islamischen Staat“ zum Durchbruch verhelfen soll.
Die Einzigartigkeit der PR-Arbeit des IS im Vergleich zu jener anderer Terrorgruppen ist mittlerweile offensichtlich: eine ausgefeilte Technik, subtiles Storytelling und die lawinenartige Verbreitung der Botschaft über das Internet. Sie soll den Impuls einer globalen „Dschihadmania“ bilden, die Kämpfer in Richtung Kalifat lockt und eine Fangemeinschaft rekrutiert, die bereit ist, den „führerlosen Heiligen Krieg“ in jeden Winkel der Welt zu tragen. Schritt für Schritt erläutert Mohamed Mahmoud in seinem Konzept die politische Architektur und die Rahmenbedingungen: vom Aufbau eines ersten Territoriums bis hin zur Expansion im Word Wide Web. In vielen Passagen ist darin zu lesen, „dass man sich als wahrer Gläubiger von den Ungläubigen und ihren Götzen lösen muss“. Es sei nötig, sie den Hass und das Schwert spüren zu lassen. Ein Hinweis auf möglichst brutale PR als Mittel zum Zweck.
Mahmoud schrieb das Dokument, während er in der Justizvollzugsanstalt Wien-Simmering eine Gefängnisstrafe abbüßte. Gerade 22 Jahre war er alt, als ihn ein Geschworenengericht in Wien der Mitgliedschaft in einer terroristischen Vereinigung für schuldig befand. Angeklagt wurde er, weil er ab 2005 das deutschsprachige Segment der „Globalen Islamischen Medienfront“ (GIMF) betrieben haben soll. Diese Internetplattform übersetzte und verbreitete Propagandamaterial der al-Kaida. In diesem Rahmen versuchte sich der IT-affine Mahmoud nicht nur als williger Übersetzer, sondern höchstwahrscheinlich auch selbst als Terrorwerber. Sicher ist: Er hat das PR-Material der Terrorgruppe von seinem Computer aus hochgeladen; darunter ein im März 2007 veröffentlichtes Video, das Österreich und Deutschland mit Terroranschlägen, bedroht, „falls sie nicht ihre Truppen aus Afghanistan abziehen“.
Auffallend ist dabei ein Detail: Die Logos der GIMF-Videos aus der Manufaktur Mahmouds ähneln verblüffend jenen der „al-Kaida im Irak“. Dies ist ein Indiz dafür, dass er schon vor einem Jahrzehnt mit der Vorläuferorganisation des IS in Kon-

takt gewesen sein dürfte, als auch dort die Vision eines „Islamischen Staates“ entstand. Im Oktober 2002 riss er von zu Hause aus. Über Italien dürfte er in Richtung Irak gereist sein; verhaftet wurde er dann im Juni 2003 im Grenzgebiet zum Iran. In diesen acht Monaten kam er höchstwahrscheinlich mit der damals entstehenden Terrorgruppe in Kontakt und dürfte in ihren Camps trainiert worden sein.
Damals war er erst siebzehn Jahre alt und ging noch zur Schule. Ein heftiger Konflikt mit seinem Vater galt als Auslöser. Sami Mahmoud war Prediger in der „Shahaba“-Moschee in Wien-Neubau. Kurz vor Mohameds Geburt war er aus seinem Heimatland Ägypten nach Österreich geflüchtet. Laut dem deutschen Experten Behnam Said[174] war er dort Mitglied der militanten „ Gamaat Islamiyya“. Seine Moschee in Wien stand dann auch im Visier des österreichischen Verfassungsschutzes, weil er in seinen Predigten extremistisches Gedankengut verbreitete und das Gebetshaus zu einem Treffpunkt des salafistischen Milieus wurde. Hier dürfte sein Sohn die ersten Eindrücke eines Weltbildes aufgeschnappt haben, das kategorisch in Schwarz und Weiß geteilt ist. In Gut und Böse. Die Moschee ist längst geschlossen und Mohameds Vater bestreitet heute massiv, etwas mit radikalem Gedankengut zu tun zu haben. „Ich bin immer gegen Terror gewesen“, sagt er in einem Interview mit der Tageszeitung *Kurier*.[175] Vielmehr sei die Faszination seines Sohnes für Osama bin Laden immer wieder Gegenstand hitziger Debatten gewesen und heute würde er sich völlig von ihm distanzieren.

„ES REICHT, WENN IHR EIN GROSSES MESSER NEHMT!“

Aus dem Freizeit-Dschihadisten Mohamed, der sich über Wasser hielt, indem er Mobiltelefone aus zweiter Hand verscherbelte, ist mittlerweile ein abgebrühter Propagandist des Kalifats geworden. „Die Mischung aus radikaler Ideologie und sozialer Ausgrenzung wegen seines Migrationshintergrundes, gepaart mit schwachen Schulleistungen sowie seiner Persönlichkeit war hochexplosiv", so Behnam Said über Mohamed Mahmouds Entwicklung. „Kaum jemand drückt seine staats- und gesellschaftsverachtende Haltung so unverfroren aus wie er."[176] Tatsächlich braucht man gute Nerven, um die Abscheulichkeiten, die er mittlerweile von sich gibt, verdauen zu können. Seine Hassparolen, die er per Twitter verbreitet, kennen keine Grenzen. Wer ihm widerspricht, dem will er den Schädel einschlagen, und er ist überzeugt, „dass es einen von allem Sündigen reinigen wird, wenn man das Blut der Ungläubigen vergießt". Am Tag nach den „Charlie-Hebdo"-Morden von Paris im Jänner 2015 rief er die „Löwen des Islam" zum Handeln auf. Die „Brüder in Deutschland" sollten die Ungläubigen in „einer vollen Einkaufsstraße" überfahren oder sie „ abschlachten".[177]

Dazu posiert er in Propagandavideos vor Leichen und veröffentlichte im August 2015 den ersten IS-Drohfilm, der nur auf Deutsch gedreht wurde. Im pechschwarzen „Shalwar Kameez", einer weiten Hose, dazu ein knielanges Hemd, samt „Pakul", der traditionellen Wollmütze der Paschtunen, und einer Militärjacke mit Tarnmuster inszeniert er sich in der wüsten Rolle, die er sich auf den Leib geschrieben hat. „Abu Usama al-Gharib" („der Fremde") lautet sein Kampfname. „Worauf wartet ihr denn noch? Guten Morgen, es ist schon Mittag!", ruft er im Drohvideo in die Kamera. „Eilt, eilt, bevor der Zug abfährt!" Den Hintergrund der Aufnahmen bilden die antiken Ruinen der syrischen Stadt Palmyra. Im Vordergrund ist zu sehen, wie er zwei gefesselte Männer erschießt. Danach brüllt er: „Wer aus Deutschland und Österreich nicht zum IS reisen kann, rufe ich dazu auf, im eigenen Land Anschläge zu verüben. Ein großes Messer reicht schon."

Er ist offenbar so süchtig nach Aufmerksamkeit, dass er sich bei einem kaltblütigen Mord filmen lässt. Einschaltquoten und Schlagzeilen sind sein Rauschmittel. Er will lautstarke Empörung provozieren. „Er ist ein gemeingefährlicher Psychopath", warnt selbst der Deutsche Bernhard Falk, ein Islamist, der offen zugibt, mit der al-Kaida zu sympathisieren, aber das, was dieser „Abu Usama al-Gharib“ treibe, sei selbst ihm viel zu brutal.[178]

Mahmouds Geschwätzigkeit und sein peinliches Pathos verstellten lange die Sicht auf die enorme Gefahr, die von ihm ausgeht. Wie sonst ist es möglich, dass niemand sein Terrorpotenzial wahrnahm, als er tatendurstig aus der Wiener Haftanstalt spazierte? Zu diesem Zeitpunkt war er nach seinen Auftritten vor Gericht und als Häftling im Namen des „wahren Islam“ bereits legendär und entwickelte sich in den gerade rasant anschwellenden Dschihadisten-Kreisen mehr und mehr zu einer Leitfigur. Noch im Gefängnis nahm er Kontakt zu Denis Cuspert auf, einem ehemaligen Gangsta-Rapper aus Berlin, der sich nach seiner Konversion zum Islam rasch zu gewaltbereiten Splittergruppen gesellt hatte.

Sein erster Weg in Freiheit führt Mohamed Mahmoud dann auch zu Cuspert nach Deutschland. Zwei Fanatiker haben sich gefunden: Sie ergänzen sich und beginnen, ihre Version des Dschihadismus als massentaugliche Popkultur zu vermarkten. In Berlin versuchen sich die beiden an ersten Videos, die sich an junge Muslime richten: „Sagt euch los von den Kuffar (Anm.: „Ungläubige“), seid stolz auf eure Religion und schämt euch nicht, wenn ihr eine Waffe dabei habt“, ruft Mahmoud auf YouTube seinen Anhängern zu. Schon damals stufen ihn deutsche Experten, etwa die führende Islamismusexpertin Claudia Dantschke, „als den derzeit radikalsten Prediger im deutschsprachigen Raum ein“.[179]

Als Forum für ihre Hetzpropaganda gründen sie die Gruppe „Millatu Ibrahim“ („Gemeinschaft Abrahams“), die sich erst als Internetplattform materialisiert und deutschsprachige Dschihadisten organisieren und mit Gleichgesinnten im Rest Europas vernetzen sollte. Einmal mehr lässt der Name der Gruppe eine Parallele zur „al-Kaida im Irak“ erkennen. [180] „Millatu Ibrahim“ hieß eines der zentralen Pamphlete des jordanischen al-Kaida-Ideologen Abu Mohammed al-Maqdisi, dem Mentor von Mus’ab al-Zarqawi.

Von Berlin ziehen Cuspert und Mahmoud nach Nordrhein-Westfalen, wo sie in Solingen nahe Düsseldorf die „Ar-Rahmah-Moschee" übernehmen. Jeden Freitag predigt Mahmoud dort als Imam und unter seinen Fans sind die ersten deutschen Dschihadisten, die später in Syrien kämpfen. Im Mai 2012 wird die Gruppe verboten, nachdem es in Solingen bei Aufmärschen zum 1. Mai zu gewalttätigen Ausschreitungen zwischen rechtsextremen Demonstranten und Salafisten gekommen war. Mahmoud war da allerdings schon weiter nach Erbach in Hessen gezogen, wo er die Zeitschrift *Der Spiegel* zu einem ausführlichen Gespräch einlud.[181] „Unsere Waffe ist das Internet", meinte er damals, und zwischen den Textzeilen ist greifbar, wie sehr es ihm geschmeichelt haben muss, dass sich die Redakteure eines führenden Mediums in seine Einzimmerwohnung bemühten: „Ich wollte schon als Kind Dschihadist werden, als ich die Videos gesehen habe, die von den Kämpfen in Bosnien und Tschetschenien handelten."

Nur wenige Tage nach dem Interview verschwindet er, noch bevor ihn der hessische Innenminister aus Deutschland verweisen kann: nach Ägypten, später nach Libyen, von wo aus er 2013 ein Flugzeug in die Türkei nimmt. Da er zuvor seinen österreichischen Pass verbrannt hatte, muss er mit einem gefälschten libyschen Reisedokument reisen. Prompt wird er nach seiner Landung in der Türkei wegen „Visavergehen" festgenommen und inhaftiert. Ein Auslieferungsersuchen aus Wien schlagen die zuständigen Behörden in Ankara aus.[182] Der nun hochgradig radikalisierte Mahmoud wird am 19. August 2014 aus türkischem Polizeigewahrsam in Konya entlassen. Mutmaßlich wird er – wie weitere 180 Dschihadisten – im Austausch für 46 türkische Konsulatsangestellte freigelassen. Sie waren bei der Eroberung der Stadt Mossul durch den IS im Juni 2014 als Geiseln genommen worden. Die türkische Regierung hat den Austausch nie bestätigt, aber mehrere internationale Medien, etwa die britische *Times,* verfügen über Dokumente, die dies belegen.[183]

Über die durchlässige Grenze zwischen der Türkei und Syrien setzt er sich in den IS, in die Hauptstadt Raqqa ab. Dort heiratet er binnen weniger Wochen Ahlam al-Nasr, eine der weiblichen Führungsfiguren im IS. Sie gilt zu diesem Zeitpunkt als *die* PR-Fachfrau im Kalifat, hat mehrere Gedichte und ein Buch mit dem Titel „Der Islamische Staat und der Medienkrieg" veröffentlicht. In Windeseile gründet er dort aber nicht bloß eine Familie sondern auch seine PR-Maschinerie: Mahmouds Gruppe „Al-Ghuraba Media" gilt seither als Herzstück der Medienabteilung des IS, zu dem auch ein Netzwerk zählt, das wie Facebook funktioniert, eine Radiostation sowie ein täglich aktualisierter Nachrichtenkanal. „Al-Ghuraba" dürfte unter der Leitung Mahmouds die Propaganda für den Islamischen Staat im Westen managen und für die Videoproduktionen des Kalifats verantwortlich sein.

Seinen im Wiener Gefängnis konzipierten Plan setzt er aber nicht im Alleingang um. Im IS wartete bereits sein Kompagnon Denis Cuspert, mit dem er auch einen weiteren Medienarm namens „al-Hayat" gründet. Diese gibt unter anderem das Flaggschiff der Kalifats-PR heraus, das Magazin *Dabiq* – und veröffentlicht die Brandreden von IS-Sprecher Abu Mohammad al-Adnani auf Englisch, Türkisch, Holländisch, Französisch, Russisch und auch auf Deutsch.[184]

Nicht nur Cuspert sieht Mohammed Mahmoud in Raqqa wieder. Ermittlungen der deutschen Bundesanwaltschaft führten mittlerweile auf die Spur einer eigenen IS-Kampfeinheit mit dem Namen „Deutsche Brigade von Millatu Ibrahim".[185] Denis Cuspert dürfte bereits im August 2013 im IS aufgetaucht sein und schart rasch Anhänger aus der Salafistenszene in Deutschland um sich. Er widmet sich mit Feuereifer seinem neuen Spezialgebiet: Der Ex-Rapper wird zum Dschihadisten-Chorleiter und fabriziert viele der im Kalifat so prägenden Sprechgesänge, sogenannte Kampf-Naschids, die auch zur Untermalung der Videos dienen: „Brüder, steht auf", tönt er in einem im Ap-

ril 2014 veröffentlichten Internetvideo: „Zieht in die Schlacht." Zwölf maskierte Männer flankieren ihn, allesamt deutsche Dschihadisten. Immer wieder stimmt er seinen Sprechgesang zu brutalen Filmaufnahmen an, posiert neben entstellten Körpern und mordenden Brigaden. Wer qualvoll stirbt und brutal getötet wird, fungiert unter seiner Regie als zynisch eingesetztes Requisit der Selbstinszenierung. „Der Weg des Kampfes ist der Weg des Lebens." Mit solchen Phrasen untermalt er Aufnahmen, die eine Gruppe IS-Terroristen zeigen, die mit Maschinengewehren ein Auto durchlöchern. Das Fahrzeug ist voll besetzt mit Gefangenen. Ein anderer Vers lautet: „Das Kalifat hat uns gerufen, um das Schicksal der Welt zu erleuchten." Dazu werden junge irakische Soldaten gezeigt, die selbst ihre Gräber schaufeln müssen, bevor sie getötet werden.
Via Skype hielt Cuspert seinen Mitstreiter Mahmoud über sein neues Schaffen auf dem Laufenden, als dieser in der Türkei in Haft war. Sie dürften dabei auch eine richtungsweisende Entscheidung akkordiert haben, die sie danach simultan via Internet verkündeten: Als der Zwist zwischen dem al-Kaida-Ableger der „Nusra-Front" und dem ISIS eskaliert, ergreifen sie Partei für Letztere. Die Tatsache, dass zu diesem Zeitpunkt viele ausländische Dschihadisten die Partei der ISIS und später des IS ergriffen haben und sich so die Machtbalance verschob, dürfte auch an dem Treueschwur der beiden „Propagandakrieger des Kalifen" gelegen haben. Ein weiteres Indiz für ihre Macht im IS. Dabei haben weder Cuspert noch Mahmoud auch nur die geringsten militärischen Kenntnisse, ihre einzige Aufgabe ist es, andere dazu anzuspornen, zu kämpfen. Und darin haben sie ihr Ausnahmetalent unter Beweis gestellt.

„Abu Talha al-Almani" nennt sich der Dschihadist Cuspert nun. Es ist bereits sein zweites Alias. Während seiner mäßig erfolgreichen Rapperkarriere schlüpfte er in die Identität des „Deso Dogg". Mit diesem Künstlernamen stilisierte er sich zum Underdog, der es mit Musik geschafft hatte, nach einem holprigen Weg ins Leben in geregelte Bahnen zu finden.

Denis Cuspert wird 1975 in Berlin geboren, sein Vater, ein Ghanaer, wird abgeschoben, als Denis noch ein Kleinkind ist. Da es danach mit dem neuen Partner seiner Mutter zu heftigen Konflikten kommt, wächst er vor allem in Heimen auf. Auf der ständigen Suche nach einem Zuhause landet er als Teenager bei Straßengangs in Berlin, wird kriminell, trinkt bis zum Exzess, nimmt Drogen. Dann scheint ihn sein Talent als Rapper vor sich selbst zu retten. Seine noch fragile neue Existenz gerät aber ins Wanken, als er bei einem Autounfall 2008 schwer am Schädel verletzt wird. Freunde mutmaßen, dass er deshalb danach Schwierigkeiten hat, sich die Texte seiner Songs zu merken. Sicher ist, Denis Cuspert ist wie ausgewechselt. Er gibt die Musik auf, um, wie er sagt, „den Vorgaben des reinen Islam zu entsprechen, der dies als Sünde wertet.“[186] 2009 konvertiert er und driftet weiter ab. Statt Kleinkriminelle ziehen ihn nun gewaltbereite Islamisten an: etwa Reda Seyam, der als Pionier des „Dschihadismus 2.0“ gilt. Der gebürtige Ägypter hatte bereits im Bosnienkrieg zwischen 1992 und 1995 Videos produziert, in denen die dort kämpfenden „Mujaheddin“ (Gotteskrieger) mit Köpfen von getöteten serbischen Soldaten Fußball spielten.[187]

Auch Seyam wurde emsiges Mitglied des IS-Propagandaapparats in Syrien, er wurde mutmaßlich 2015 getötet. Noch in Berlin dürfte er Cuspert auf die Idee gebracht haben, sein Talent den „Kampf-Naschids“ zu widmen. Schon 2010 veröffentlichte er Aufnahmen solcher Gesänge, in denen Osama bin Laden in rhythmischen Reimen verherrlicht wird, Drohnenangriffe gegen Stellungen der al-Kaida in Pakistan besungen und die Toten als Märtyrer glorifiziert werden. Diese Gesänge entdeckte Mohamed Mahmoud und erkannte das PR-Potenzial des Ex-Rappers, weshalb er mit ihm in Kontakt trat. Mittlerweile sind Cusperts Chöre ein Markenzeichen des IS geworden. „Wir wissen ganz genau, wie wir diese Jugend ansprechen müssen“, sagt Cuspert, „wir sprechen die gleiche Sprache, wissen, wie sie sich fühlen, weil wir genauso wie sie auch in Europa groß geworden sind.“[188]

So wurde diese dritte Generation der Dschihadisten zum Magnet für eine revoltierende Jugend. Und dies, obwohl ihr Umgang mit barbarischer Gewalt die Führungsclique als Psychopathen ausweist. Asma Guénifi, klinische Psychologin und Psychoanalytikerin in Paris, sagt, dass die Selbstdarstellung der Terrormiliz die Züge einer Zwangsneurose trage. Brutalität, meint sie, werde eingesetzt, um „absolute Reinheit" zu erreichen. Etwa durch die Enthauptung der Opfer, wie Guénifi erklärt: „Dahinter steckt die Idee, dass der andere, der ‚Unreine', daran gehindert werden soll, ins Paradies zu kommen. Indem man ihn seines Blutes entleert und ihm den Kopf abtrennt, gelange seine Seele nicht ins Paradies. Der Dschihad, der seinen Ursprung ja im Salafismus hat, vertritt ein simples Weltbild: Ich selbst bin rein und fromm, der andere ist unrein und schlecht. Viele Jugendliche, die nie eine Koran-Sure lesen würden, aber auf der Suche nach Halt sind, können damit etwas anfangen. Deshalb verbreitet sich der Salafismus in Pariser Vorstädten, aber auch in Gefängnissen, immer mehr. Es ist die Suche nach dem Ideal, der Perfektion, auch dem Paradies", so die Expertin.[189]

Die von grinsenden Protagonisten inszenierte Blut- und Mordpropaganda greift quer durch alle Schichten und auf allen Kontinenten. Alles an verfügbarem Know-how wird eingesetzt, um den richtigen Ton zu treffen. „Die Experten des IS arbeiten systematisch daran, exakt jenen visuellen Standard in ihren Videos zu erreichen, den jemand aus dem Westen gewöhnt ist." Zu diesem Schluss kommen die Kommunikationswissenschaftler Cori Daubner und Mark Robinson, die an der University of North Carolina forschen. Sie haben die Filmbotschaften des Kalifats Einstellung für Einstellung analysiert und den häufig erwähnten „Hollywoodeffekt" unter die Lupe genommen.[190] Das US-Forscherteam fand in seiner Studie sehr greifbare Hinweise auf ihn sowie seine fatale Wirkung. „Unser Auge ist trainiert darauf, Amateuraufnahmen

von Profimaterial zu unterscheiden. Dieser Eindruck von Professionalität wird von der PR auf das Gesamtprojekt des Kalifats übertragen." Um diesen Effekt zu erzeugen, dürfte bestens geschultes Personal im Einsatz sein, meinen sie: „Die Videos sind exakt samt Drehbuch vorbereitet und werden gewieft nachbearbeitet. So sind sie kristallklar, haben starke Kontraste, eine hohe Farbsättigung, aber wenig Farbspektren. Dazu wird der in der digitalen Ära ebenso typische Fokus auf eine Person eingesetzt. Im Bild ist diese nach allen Regeln der Kunst ausgeleuchtet, der Hintergrund abgeschwächt. Dazu erwecken Kamerawinkel das Gefühl, man würde das selbst, in der ersten Person erleben."
Gleichzeitig sei es gelungen, so die Forscher, die Marke IS durch immer wiederkehrende Motive zu verankern: etwa durch die strenge und präzise Formation ihrer Truppen, die oft auf Pferden daherreiten und so archaische apokalyptische Visionen in passende Bilder übersetzen, aber auch durch Henker in Schwarz, die die Kameraleute des IS so filmen, dass sie größer als ihre in Orange gekleideten Opfer wirken. Besonders markant sind die Videos der Selbstmordattentäter, die vor ihrem Tod immer mit der gleichen Gestik ins Bild gesetzt werden. Hellauf lachend, frisch gekämmt und mit dem nach oben gestreckten Zeigefinger, dem Symbol für die Einheit mit Gott. Dies alles führt zu einem hohen Wiedererkennungswert, das Um und Auf beim Branding eine Marke.

„Jedes Mal, wenn du dir ein Video von denen anschaust, hast du sofort das Gefühl, du musst auf der Stelle in den Dschihad ziehen", sagt Mothanna Abdulsattar.[191] Er war so etwas wie ein Pressesprecher der „Freien Syrischen Armee", als er für ein paar Tage in die Gewalt der IS-Milizen geriet. Sie ließen ihn laufen: Danach war er hin- und hergerissen zwischen der Faszination, die diese Gruppe auf ihn ausübte, obwohl er genau wusste, wozu die Milizen des Terrorstaates fähig sind. Sein Satz spiegelt den Gedankengang von vielen Jugendlichen wider, die ich interviewt habe, und die, als ich ihnen garantierte, nicht namentlich zitiert zu werden, offen zugaben, dass „da schon eine unfassbare Faszination zu spüren ist, wenn man sich mal einen Abend Zeit nimmt und da ein wenig durch ihre Seiten surft". Dass der IS etwas sei, bei dem man als Muslim schon auch Stolz empfinde, und es schon so eine Sehnsucht gebe, die solche Bilder weckten.

„Das ‚Label Kalifat' hat mehr zur Rekrutierung neuer Kämpfer beigetragen als sonst ein Faktor", so Sasha Havlicek, Direktor des „Institute for Strategic Dialogue": „Es geht darum, eine utopische Vision zu schaffen, nicht bloß für den Kampf oder das Selbstmordattentat zu werben, sondern darum, den entstehenden Staat in Szene zu setzen. Deshalb werden auch Filme produziert, die Ärzte mit Stethoskopen zeigen oder Kinder mit nagelneuen Schultaschen, die das Emblem des IS – die schwarze Flagge mit weißer Schrift – affichiert haben."[192]

Es sind im Jahr eins des Kalifats besonders die Kinder, die dafür missbraucht werden, diese zentralen Botschaften zu verkörpern. Geht es um Kalifatswerbung für die angrenzenden Regionen, die meist auf Arabisch verbreitet wird, stehen frisch gestrichene Spielplätze im Kamerafokus und die Hauptrolle spielen besonders gut angezogene, fröhliche Kinder. Es ist eindeutig: Dies soll in den Nachbarstaaten die Vorteile eines Lifestyles à la Koran des 7. Jahrhunderts anpreisen.

Anders sind die Aufnahmen, die an das Publikum in Europa und den USA gerichtet sind. Diese englischsprachigen Videos sollen Abscheu erzeugen, wobei sich das Grauen sukzessive steigert. Im September 2014 bekam man Fotos von Kinderlagern zu sehen, in denen mit blonden Puppen in orangen Kleidchen mit Buttermessern das Köpfen geübt wird. Im Frühling des Folgejahres veröffentlichten die einschlägigen IS-Seiten bereits im Wochenrhythmus neue Aufnahmen von Trainingslagern der „Cubs of the Caliphate" („die Jungen des Kalifats"). Buben im Kindergartenalter werden dabei an Gewehren trainiert und stecken in Kampfmontur. Es tauchten auch Aufnahmen von Kindern auf, die zum Tode Verurteilte an die Hand nehmen und zum Schafott führen. Und im Juli 2015 wurde ein

Video von Kindern im Volksschulalter online gestellt, die in der Stadt Palmyra 25 Gefangene erschießen.[193]

Die Grenze des Wahnsinns scheint nach oben offen zu sein, und doch folgt alles dem rationalen Kalkül von Nachrichtenwert und Einschaltquoten. Charlie Winter, Forscher an der Londoner „Quiliam Foundation“, twitterte an jenem Tag, als das Video aus Palmyra sich wie ein Lauffeuer verbreitete: „Wann immer der IS ein Kind dabei filmt, wie es vor laufender Kamera jemand ermordet, dann ist die erwünschte Wirkung jene, dass möglichst viele Journalisten einen Screenshot machen und diesen möglichst schnell verbreiten. Ich sage euch eines: Verurteilt es, meldet es bei den Behörden: Aber teilt es nicht. Um keinen Preis.“

DAS CYBERHEER DES KALIFEN

Winter schrieb das einen Tag, nachdem er Anfang Juli 2015 eine umfassende Studie zum PR-Auftritt des Kalifats veröffentlichte. 1700 PR-Aussendungen des IS, darunter Videos, Magazine und Postings in sozialen Netzwerken, hat er dazu untersucht.[194] Die Kernaussage Winters lautet: „Die Marke ‚IS‘ gewinnt nicht bloß durch perfekte Mediengestaltung, sondern auch durch gezielt eingesetzte Narrative an Kontur: Brutalität, Gnade, Opfer, die Inszenierung der Kriegsmaschinerie, von Zugehörigkeitsgefühl – etwa durch Aufnahmen gemeinsamer Mahlzeiten –, von Spaziergängen in der Natur und einer gemeinsamen Utopie, der Wiedererrichtung des Kalifats.“ Brutalität spiele dabei die zentrale Rolle, stellt er dabei wenig überraschend fest: Sie soll ihren Anhängern ein überlegenes „Siegergefühl“ vermitteln. Und genau in dieser Rolle gefällt sich die IS-Führung, als Outcast, als *der* Gegenentwurf zum westlichen Lebensstil.

Ebenso zentral, so Winters Analyse, sei das Konzept der „Gnade“. Als Beweis verweist er auf die Dramaturgie eines Videos, das wenige Wochen vor Ausrufung des Kalifats verbreitet wurde. Der Titel, „Klingendes Schwert Teil 4", klingt wie eine Parodie; der Inhalt hingegen ist kaum zu ertragen: eine regelrechte Orgie der Gewalt mit schockierenden Details. Im Schlussteil allerdings wird gezeigt, wie sunnitische Muslime, die in der Provinz Anbar leben, Reue für „sündiges Verhalten" tätigen, sich zum Kalifen bekennen und zum Trost umarmt werden. Die Bildbotschaft wird gebetsmühlenartig in zig ähnlichen Aufnahmen wiederholt, die ganze Scharen reumütige Lehrer, Beamte, Polizisten beim Treueeid für den Kalifen zeigt: Wer bereut, wird verschont, wer sich widersetzt, getötet.

Was der IS mit dieser multidimensionalen Medienorgel schuf, war exakt das Gegenteil der Medienstrategie der al-Kaida. Bei dieser war über einschlägige Websites lediglich ein eintöniger Sermon von Dschihadisten-Predigern abrufbar. Solche Aufnahmen hatten nicht das Zeug, die Jugend auf YouTube & Co. zu Klicks zu verführen. Mit Foren wie der „Globalen islamischen Medienfront" versuchte die al-Kaida, den Anschluss an die digitale moderne Welt zu finden. Doch bald stellte sich heraus, dass die neue „Generation Dschihad" ihre alten Kader nicht braucht. Mohamed Mahmouds Werdegang illustriert dies idealtypisch.

Die „Medien-Mudschaheddin" wie sie sich nennen, brauchen keinen starren Führungskader mehr. Die sozialen Medien eröffneten völlig neue Wege, um die Propagandabotschaften an ein großes Publikum zu bringen. Ein Netzwerk ist entstanden, das sich wie ein Insektenschwarm anpasst, im Flug die Richtung ändert. „Diese Form der Aktivität lässt sich am besten mit dem Begriff des Netzkrieges verstehen", sagt Robert Hannigan, Direktor der Sicherheits- und Geheimdienstgruppe GCHQ, die Teil der britischen Regierung ist. „Große soziale Netzwerke sind so die Kommando- und Organisationszentralen der Wahl von Terroristen geworden."[195]

Herzstück dieser Aktivitäten war wenigstens zu Beginn Twitter. Anfang 2015, so die konservative Schätzung, zählten 46.000 Accounts zum IS-Insiderkreis; eine Zahl, die sich mittlerweile vervielfacht hat. Apps, die automatisch das Teilen von Nachrichten übernehmen, wurden entwickelt, die Verbreitung stieg so exponentiell. Dazu werden statt einschlägiger Gewaltmotive Vögel, Kätzchen und Landschaftsaufnahmen als Profilbild verwendet, um nicht aufzufallen. Mir erzählten in Syrien lebende Dschihadisten aus Europa, dass sie ihre Accounts mit Freunden in Europa teilen würden, um so ihre geografische Zuordnung zu verschleiern.

Sie kommunizieren in einem Slang, der sich nicht immer sofort als Dschihadisten-Geschwätz identifizieren lässt. Sie nennen sich gegenseitig etwa „Bro“ (für „Brother“). Das Akronym „YOLO“ – „You only live once“ („Du lebst nur einmal“) wird umgewandelt in „YODO“ – „You only die once. Why not make it Martyrdom?“ („Du stirbst nur einmal. Warum nicht als Märtyrer?) Kleine Freuden werden gepostet: „Hätte nie gedacht, dass es hier Snickers gibt : =D“, Babykatzen, die um Kalaschnikows und Handgranaten tollen, direkt neben Fotos, die blutige Hände zeigen, versehen mit dem Kommentar: „Mein erstes Mal“ und einem weiteren Bild von abgetrennten Köpfen.[196]

Der Onlinekader des IS dürfte mit viel Personal ausgestattet sein: 24 Stunden ist das Kalifat online. Zu den Profis kommen wahrscheinlich Zehntausende, die ehrenamtlich im Sold des IS arbeiten. Das Internet und die PR über soziale Medien ist das zentrale Steuerungselement der wichtigsten militärischen Strategie des IS: sicherzustellen, dass die Drohkulisse aufrecht bleibt, dass sich ausreichend „einsame Wölfe“ finden, die nach eigenem Gutdünken angreifen. Am Tag nach den Anschlägen in Sousse in Tunesien schreibt die *Frankfurter Allgemeine:* „Ein einzelner Mann, eine Waffe und der Wille zum Töten Ungläubiger: Mehr braucht es nicht, um Schrecken zu verbreiten und den Terror des ‚Islamischen Staats‘ allein fortzuführen. Auch die jüngsten Anschläge demonstrieren: Der IS wird zum terroristischen Massenphänomen.“[197]

Attentate werden via Internet flugs ins Branding integriert. Nur wenige Stunden nach dem Anschlag auf das tunesische Nati-

onalmuseum von Bardo im Februar 2015 wurden sogenannte „Hashtags“ im Nachrichtenstrom besetzt. So vereinnahmten die Dschihadisten das von der tunesischen Tourismusindustrie veröffentlichte *#IWillComeToTunisiaThisSummer* („Ich werde in diesem Sommer nach Tunesien reisen!“). Das Schlüsselwort wurde in eine Grafik eingebettet, die Granaten und Gewehre zeigt, und so auf den Kopf gestellt.[198]
Das Onlineheer wird auch dazu eingesetzt, Leitfäden für die Anhänger zu verbreiten. Darin geht es, wie schon erwähnt, um Anleitungen zur Ausreise nach Syrien und wie man zu Hause den Dschihad am besten vorbereitet. Hier finden sich Werke wie „Das Buch des Terrors“, die sich einschlägigen Themen widmen, etwa „Wie man einen Autobombe nach Art des Irak baut“. Zentral ist hier auch die Verbreitung von Know-how, wie man im Netz möglichst ungehindert agieren kann.[199]

Die internationalen Sicherheitsbehörden und der IS befinden sich in einem Wettlauf um die Eroberung des Internets. Ende 2014 hatte das Netzwerk Twitter bereits tausend Accounts stillgelegt, aber das war erst der Anfang einer Welle an Aktivität. „Wir haben dazu festgestellt, dass die Schließung einzelner Accounts auch wenig Einfluss auf die Aktivitäten des IS hat. Zu schnell entstehen neue“, so das Fazit einer Analyse von J. M. Berger und Jonathon Morgen über die Twitter-Aktivitäten des IS.[200] Dabei stellten sie fest, dass der durchschnittliche Onlineaktivist des Kalifats fünf Mal so viele Follower hat wie herkömmliche Twitter-Benutzer, dazu sind sie deutlich aktiver und enger vernetzt.
„Es ist, als würde der Teufel auf deiner Schulter sitzen und ständig rufen: ‚Töte, töte, töte!‘“, charakterisiert FBI-Direktor James B. Comey diese Form der Gehirnwäsche. „Wir befürchten, dass alleine in den USA Hunderttausende sich ständig diesen Botschaften aussetzen und zum Terror aufgerufen werden.“ Von einer nie dagewesenen Bedrohung spricht er, die schwer einzudämmen sei. Wie ernst die Behörden die Gefahr nehmen, zeigt

ein Wert, den Twitter im Sommer 2015 veröffentlichte: Um zwei Drittel stiegen die Anfragen der US-Regierungsbehörden zu einzelnen Accounts.[201]

Längst bilden Plattformen wie Twitter oder Ask.fm nur die Oberfläche des Netzwerks. Heikle Nachrichten werden, wie es auch die al-Kaida-Führung tat, über Plattformen ausgetauscht, die nur verschlüsselte Nachrichten zulassen. Hier sorgt für besonders hohe Nervosität, dass der IS Programme erstellte, die Nachrichten so verbreiten, dass sie in Windeseile zerstört werden und von Firewalls umgeben sind, die kaum zu knacken sind. „Wir haben immer häufiger damit zu kämpfen, dass wir immer öfter völlig im Dunkeln tappen", gibt Michael B. Steinbach, der führende FBI-Beamte für den Antiterrorkampf, zu.[202]

7.

UNSICHTBARES TERRORNETZ

WIE DER IS-TERROR IN ÖSTERREICH, DEUTSCHLAND UND DEM ÜBRIGEN EUROPA FUSS FASSEN KONNTE UND EINZELTÄTER ZUR GRÖSSTEN BEDROHUNG WERDEN

Der deutsche Salafist Bernhard Falk ist zornig: „Bei den IS-Scheichs ist er zum Psychopathen geworden", sagt er, nachdem er im August 2015 das Mordvideo Mohamed Mahmouds gesehen hat. „Die Aktivitäten des IS fügen unseren so wichtigen Konzepten, wie jener der Scharia oder dem Kalifat, ungemeinen Schaden zu." Diese Reaktion zeigt, wie tief die politischen Salafisten im deutschsprachigen Raum mittlerweile gespalten sind. Es ist jenes Milieu, das im dringenden Verdacht steht, dem Dschihadismus – auch jenem des IS – Tür und Tor geöffnet zu haben.[203] Laut den deutschen Sicherheitsbehörden gilt Bernhard Falk, der in Ludwigshafen und Dortmund wohnt, als einer der zentralen „Gefährder" der deutschen Terrorszene.[204] Als „Gefährder" gelten Personen, denen Polizei und Geheimdienst die Organisation konkreter Taten oder die Anstiftung zu solchen zutrauen.

Zu ihnen zählt auch der Prediger Ibrahim Abou Nagie, der hinter der Online-Propagandaplattform „Die Stimme der Wahrheit" steht und seit 2011 die „Lies!"-Initiative betreibt, im Zuge derer Tausende Aktivisten in deutschen und österreichischen Einkaufsstraßen gratis Korane verteilen. Jeder Fünfte, der von Deutschland nach Syrien reiste, wurde in deren Umfeld radikalisiert.[205] Viele Anwerbungen besonders der ersten Welle an ausgereisten Kämpfern fanden auch im Umkreis von humanitären Initiativen statt, die zu diesem Milieu gehören, etwa Vereine wie „Helfen in Not e. V." Bei den Charity-Events dieser Gruppen wurde mit Aufnahmen toter, verstümmelter und schwer verletzter syrischer Kinder etwa für warme Winterbekleidung ebenso geworben wie für Kämpfer „der heroischen Armee, die den Satan Assad schlagen muss, der Muslime abschlachtet."[206]

Ebenso engagiert in der Radikalisierung von Muslimen im Kontext des Syrienkonflikts ist der Salafisten-Wanderprediger Pierre Vogel, einst ideologischer Ziehvater von Denis Cuspert. Dieser posierte in einem in der IS-Hauptstadt Raqqa aufgenommenen Video noch im Februar 2015 mit Decken und Wintermänteln, die Vereine der salafistischen Brüder in Deutschland für Syriens Notleidende gesammelt hätten, wie er darin betonte. Jetzt herrscht Eiseskälte, wie Twitter-Schlagabtäusche beweisen. „Ratzfatz ist da der Kopf ab. Dieser IS ist nicht unser Islam", schreibt Vogel im Mai 2015 über die Ex-Gefolgsleute in Raqqa und hat jede Verbindung zu Cuspert und Co. gekappt.[207] Der Dschihadisten-Bruderkrieg zwischen dem Kalifat und den al-Kaida-Gruppen innerhalb Syriens Rebellenfront hat mittlerweile militärische Dimensionen angenommen. Ab Mitte 2015 begannen die Ausläufer auch die Szene in Europa aufzuwirbeln. Wenn Gurus wie Falk oder Vogel plötzlich die Gruppe verdammen, beginnt die Kompassnadel der IS-Anhänger orientierungslos zu zucken. Wer sind denn nun die „wahren" Gläubigen, die das Recht haben, andere als „Takfiris" – als „keine Muslime" – zu disqualifizieren? Wenn dies Salafisten plötzlich gegenseitig tun, wird es sehr kompliziert und problematisch im Antiterrorkampf. Extremisten driften nun als freie Radikale durch die Szene, vor allem aber durchs Internet, und sind kaum noch aufzuspüren.

Im Gespräch mit mir versucht der Endvierziger Falk gar nicht so zu tun, als wäre ihm jeglicher islamistische Terror fremd. Im Gegenteil: „Natürlich bekenne ich mich offen dazu, die al-Kaida zu unterstützen. Aber es geht darum, die Verhältnismäßigkeit der Mittel zu bewahren." Die grauenhaften Bilder, die der IS in alle Welt ausstrahlt, würden nun den gesamten „Gotteskrieg" in Syrien gegen das brutale Assad-Regime verunglimpfen – und so auch alle Salafisten, die dort kämpften. „Im Krieg gegen Assad machen die al-Kaida-Truppen große Fortschritte. Die ‚Nusra-Front' etwa, die auch Krieg gegen den IS führt. Aber darüber redet hier ja kaum wer", so Falk. Die internen Probleme im Terrornetzwerk habe er schon lange kommen sehen. „Nach Osama bin Ladens Tod hat sich vieles verselbstständigt. Er selbst hat noch zu Lebzeiten beklagt, dass er den irakischen Flügel nicht mehr unter Kontrolle hat." Denn es gibt im Weltbild Bernhard Falks sehr wohl auch einen „richtigen" Dschihadismus: „Dabei muss man sich an Regeln halten. Minderheiten, die einem nichts tun, darf man nicht angreifen. Gewalt ist manchmal nötig, doch die darf sich nicht verselbstständigen. Im IS ist das passiert. Das wurde eine Internationale der Desperados aller Länder."
In Deutschland legt sich Falk derzeit für seine quasi missionarische Tätigkeit ins Zeug. 300 Personen sitzen mit Stand Sommer 2015 in deutschen Gefängnissen, weil sie sich dem Dschihad in Syrien und dem Irak angeschlossen haben oder die dort kämpfenden Terrorgruppen unterstützen. Er schreibt Briefe, kümmert sich um Anwälte, sammelt Geld. Das Leben im Gefängnis ist ihm vertraut. Und so gibt seine Biografie Einblick in die Welt der politischen Salafisten, an deren Spitze Konvertiten wie er eine maßgebliche Rolle spielen. Ein Konflikt mit seinem Vater ob dessen Nazivergangenheit katapultierte den rebellierenden Sohn während des Physikstudiums in die linksextreme Szene. Mit der „Antiimperialistischen Zelle" (AIZ) wollte er in den 1990er-Jahren den Kampf der RAF fortsetzen. Falk verübte Anschläge auf deutsche Politiker und Einrichtungen. 1994 konvertierte er zum Islam und schwärm-

te für die iranische Revolution: „Wir haben den Islam als revolutionäre Waffe in voller Schärfe und Schönheit kennenlernen dürfen“, hieß es im letzten AIZ-Bekennerschreiben Ende 1995. Danach saß er wegen versuchten vierfachen Mordes zwölf Jahre in Haft.[208] Aus dieser Zeit stammt auch sein Vokabular: „Gesinnungsgefangene der BRD“ nennt er die Häftlinge, die er betreut. Einmal mehr offenbart sich hier ein Phänomen, das eigentlich alle Fachleute, die ich interviewte, eingestanden. „Salafisten sind oft die besseren Sozialarbeiter.“ Falk versucht durch sein Engagement, die Szene zusammenzuhalten. Denn nicht nur der Rechtsstaat geht immer schärfer gegen ihn und seine Gefolgsleute vor, die alle nur im Fokus des IS gesehen würden.

Unterdessen beginnt es nicht nur an der Führungsspitze zu gären: Aus Kreisen, die dem „Lies!“-Projekt in Österreich nahestehen, hörte ich im Frühling 2015 von Schlägereien zwischen Anhängern der al-Kaida-Fraktionen und dem IS. Im Mai 2015 berichtet der über Neuigkeiten im Dschihadisten-Milieu gewöhnlich sehr gut informierte Blog „Erasmus-Monitor“[209] über Spaltungstendenzen aus der aktiven Frankfurter Szene. „Prediger und Fußvolk“, heißt es in dem anonym geschriebenen Forum, „sind ratlos, wie man mit dem IS umgehen soll, wo nun die Führung ausschert.“ Gleichzeitig buttert die „Lies!“-Initiative mehr denn je in die Koran-Verteilungsaktionen: Wie Beobachtungen in der Stadt Hamburg zeigen, hat sich ihre Zahl zwischen 2012 und 2015 vervielfacht.[210]

Die Lage verändert sich auch, weil zur ideologischen Orientierungslosigkeit potenzieller Ausreisewilliger auch eine geografische dazukommt. Mit dem sich abzeichnenden Kurswechsel der Türkei ist es wesentlich schwieriger geworden, von Europa in den IS zu gelangen. Bis dahin genügte ein Busticket nach Istanbul sowie ein weiteres für den Inlandstransport Richtung Gaziantep, Sanliurfa oder Reyhanli, dann konnte man mehr oder weniger ungehindert ins Land des Kalifen spazieren. IS-Kämpfer, die nachrücken wollen, sitzen in den Grenzstädten fest. Die Türkei, heißt es, baue nun eine Mauer und mache die Grenze dicht.[211]

VON IS-SYMPATHISANTEN ZU SELFMADE-ATTENTÄTERN

Ob damit der Spuk der Kooperation zwischen der Türkei und dem IS wirklich beendet ist, bezweifelt der Wiener Politikwissenschaftler Thomas Schmidinger, ein ausgewiesener Experte für die Region: „Es fällt mir schwer, abzuschätzen, was künftig passieren wird. Einzig ein Faktum ist klar: Die Syrienpolitik der Türkei ist gescheitert."[212] Schmidinger ist neben seiner Tätigkeit an der Universität Wien auch in einem Verein engagiert, den er gemeinsam mit dem Religionspädagogen Moussa Al-Hassan Diaw gegründet hat. Das „Netzwerk Sozialer Zusammenhalt" soll für Jugendliche da sein, die gefährdet sind, in den extremistischen Islamismus abzudriften.[213] Es bietet dazu auch Vorträge über Dschihadismus und Maßnahmen zur Deradikalisierung an, im Vordergrund der ehrenamtlichen Tätigkeit steht aber Hilfe für verzweifelte Eltern, deren Kinder ins Netz des IS geraten sind, und für die Betroffenen selbst.

„Das allergrößte Problem ist aber, jene, die bereits ausgereist sind, wieder zurückzuholen", so Schmidinger. In mehreren Fällen steht er über Chat oder E-Mail, entweder direkt oder über Vermittlung der Angehörigen, mit diesen Jugendlichen in Kontakt. „Nicht immer ist es einfach, herauszufinden, ob sie wirklich zurückwollen. Doch selbst wenn sie das zugeben, ist es unendlich kompliziert, eine solche Ausreise in die Wege zu leiten. Wir stehen derzeit vor allem mit jungen Frauen aus Österreich in Kontakt. Denen müssen wir mitunter erst einmal erklären, wo sie überhaupt sind. Die wurden vom Flughafen in Istanbul direkt nach Raqqa gefahren und haben sich nie erkundigt, wo das liegt."

Doch weder solche Berichte von verzweifelten Versuchen, wieder heimzukommen, noch die erwähnte Spaltung der Szene habe die Zahl der neuen Fälle von radikalisierten Jugendlichen einzudämmen vermocht: „Die Köpfe der Bewegung sind mittlerweile weg, weil sie entweder verhaftet oder in Syrien sind. Die Gruppe, die sich jetzt radikalisiert, agiert diffuser als jene zuvor. Ihr fehlt oft die direkte Verbindung zum IS. Wer ausreisen will, tut sich schwerer damit, Kontakte zu knüpfen. Doch es bleibt dabei, dass immer neue Fälle dazukommen. Das Positive für uns ist aber, dass durch den Konflikt zwischen den al-Kaida-treuen Gruppen und dem IS eine gewisse Verwirrung entstanden ist. Einige kennen sich nicht mehr aus, erleben die Streitereien im Milieu der Neo-Salafisten und erzählen uns deshalb mehr als früher", so Schmidinger. Er befürchtet einen möglichen Wettstreit zwischen IS-treuen und al-Kaida-treuen Gruppen und dass beide Seiten ihre Terroraktionen intensivieren, um Stärke gegenüber der jeweils anderen Gruppe zu demonstrieren. Gleichzeitig, sagt er, „wächst nun die Gefahr von Attentätern, die aus Europa selbst kommen und hier, wenn auch nur in kleinen Dimensionen, zuschlagen. ‚Small Home Grown Terrorism' sozusagen."

Das globale Netz von IS-Unterstützern ist zum selbsterhaltenden System geworden. Hassprediger und Anwerber, die sich entweder abwendeten oder inhaftiert wurden, substituiert man durch Onlinerekrutierung. Um sich bestätigt zu fühlen, zu den „Auserwählten" zu zählen, die den „Ungläubigen" mit voller Wucht eins auswischen können, brauchen gefährdete Jugendliche nur den Computer anzuschalten. „Wenn ihr die Hidschra nicht machen könnt, macht sie in Deutschland: Greift die Ungläubigen in ihren Häusern an, tötet sie dort, wo ihr sie findet", verkündet beispielsweise der Deutsche Yamin A., der neben Mahmoud in dem Mordvideo vom August 2015 auftritt.[214] Dieses Video beweist nicht nur die Kaltblütigkeit der Ausgereisten, sondern auch, dass die bereits skizzierte „dritte Generation der Dschihadisten" verstärkt mobilisiert wird. Diese Propaganda ermutigt ihre Fans dazu, alles an aufgestauter Wut im Namen des Kalifats als Beitrag zu dessen Heiligem Krieg entladen zu dürfen.

Der 35-jährige Franzose Yassin Salhi etwa köpfte am 26. Juni 2015 seinen Chef Matthieu Bourrette und versuchte, das Firmengelände in Brand zu stecken. Er erklärte später im Polizeiverhör, unter Stress gestanden zu sein: Seine Ehe sei gescheitert, sein Job in Gefahr gewesen. In den Jahren zuvor hatte er zwar Kontakte zum Milieu radikaler Islamisten, doch die französischen Sicherheitsbeamten hatten ihn als nicht mehr gefährlich eingestuft. „Allah ist groß", rief er, als ihn die Polizisten festnahmen. Im Internet tauchte später ein „Selfie" von ihm und seinem Opfer auf, das er einem Freund geschickt hatte, der mittlerweile in Syrien für den IS kämpft.[215]
Das Konzept des „führerlosen Dschihad" geht also auf. In den USA wurden 2015 bereits so viele Personen überwacht, dass es schlicht an Personal fehlt und Kriminalpolizisten von ihren Jobs abgezogen wurden, um beim Antiterrorkampf auszuhelfen.[216] Es reichte nicht, um den nächsten Anschlag zu verhindern: Ende Juli 2015 griff der 25-jährige Muhammad Youssef Abdulazeez zwei Einrichtungen der US-Armee in Chattanooga (Tennessee) an und tötete fünf Soldaten. Auch er berief sich auf den Dschihad im Namen des IS.[217]

VERSTÄRKER DER VIRTUELLEN TERRORARMEE

Auf dieses wachsende Problem verweist auch der im Juli 2015 erschienene Europol-Bericht über die aktuellen Trends der Terrorgefahr: „Auf Englisch veröffentlichtes Propagandamaterial stiftet Sympathisanten verstärkt dazu an, in ihren Heimatländern mit allen möglichen Mitteln Ziele anzugreifen. Und wir nehmen einen deutlichen Anstieg solcher Anschläge bereits wahr. Die Täter waren den Sicherheitsbehörden zuvor meist unbekannt und bewegten sich nicht in den einschlägigen Extremistennetzwerken", so der Bericht. Die anhaltende Instabilität in Syrien und im Irak würde dieses Risiko weiter erhöhen, heißt es weiter: „Das erkennen wir an der enormen Zunahme von Verhaftungen aufgrund von religiös motivier-

tem Terrorismus. Besonders betroffen waren dabei Frankreich, Belgien, Spanien, Bulgarien, die Niederlande, Österreich und Deutschland."[218]
Noch habe das Niveau der Bedrohung durch den IS-Terror nicht jenes der al-Kaida erreicht, sagt der norwegische Terrorexperte Thomas Hegghammer. „Die Führung in Raqqa scheint keine Anschlagspläne globaler Natur zu haben."[219] Doch ein Trend lässt sich aus den Daten ablesen, die Hegghammer akribisch gesammelt hat. 69 Terroranschläge planten islamische Extremistengruppen weltweit seit 2011; ein Drittel konnte nicht mehr verhindert werden. Mit jedem Jahr erhöht sich die Zahl der Terroristen, die Anschläge verüben und sich zum IS – und nicht mehr zur al-Kaida – bekennen, signifikant. Und sie hätten eine deutlich höhere Erfolgsquote als jene der al-Kaida, so Hegghammer. Besonders problematisch ist dabei: Je mehr über solche Anschläge in den Medien zu lesen ist, desto höher ist die Gefahr von weiteren Taten durch Nachahmungstäter. Dabei gilt die Formel: Je angesehener ein Medium ist, desto mehr verstärkt es den Impuls zur Nachahmung. So belegte eine aufwendige Studie, dass die Berichterstattung in der *New York Times* über ein Attentat die Gefahr von Wiederholungstätern um bis zu 15 Prozent erhöhe.[220]

Öffentliche Aufmerksamkeit, besonders jene der Massenmedien, ist also der Treibstoff für die Bewegung als Ganzes und für die einzelnen Kämpfer. Solche, die das Rampenlicht brauchen, zieht der IS an wie Motten das Licht. Der Österreicher Firas Houdini, der mit neunzehn Jahren bei der Schlacht um die Stadt Kobane 2015 starb, ist ein tragisches Paradebeispiel. Schon Jahre, bevor er im August 2014 nach Syrien zog, hatte er sich zum „Social-Media-Star" hochgekämpft. Cooles Outfit und erzkonservative Sprüche: So präsentierte er sich in den Videos, die er von sich anfertigte und via YouTube und Facebook unter die Leute brachte. Er war eine Leitfigur der rasch wachsenden neosalafistischen Jugendszene Österreichs, die seine Videos begierig teilte und ihn anhimmelte. Seine Eltern sind gut situierte, säkulare Muslime, stammen aus Tunesien, wohnen in Wien-Aspern und hatten eigentlich gehofft, dass ihr äußerst talentierter Sohn die guten Startbedingungen einer europäischen Großstadt für eine passable Karriere nutzen würde. Doch Firas' Rastlosigkeit ließ alle Chancen verpuffen; er brach mehrere Lehrausbildungen ab, schwänzte die Maturaschule. Er hatte vor allem zwei Sachen im Kopf: Religion und die Auftritte im Netz.

Seine Videoauftritte in Syrien waren dann die tragischen „Höhepunkte" seiner „Karriere" im Internet, auf Facebook „gefielen" seine Sager Hunderten. Es war ihm gelungen, gestylt als wilder Krieger, regelmäßig auf den Titelseiten der österreichischen Boulevardpresse zu erscheinen, er wurde telefonisch von Fernsehsendern zum Liveinterview aus der IS-Hauptstadt Raqqa zugeschaltet.[221] „In der Szene gab es sicher viele, die das cool fanden und ihn bewundert haben", so Abdallah, sein ehemals bester Freund. Ob seine Auftritte andere dazu bewogen hätten, ihm nach Syrien zu folgen? „Da bin ich mir nicht ganz sicher. Am Anfang schon." Später habe das dann nachgelassen: „Es war einfach zu brutal, was er da tat."

In mehreren Gesprächen erzählte mir Abdallah, wie Firas von einem „extrem gläubigen und guten Menschen, der sanft war, viel Mitgefühl hatte", zu einem kaltblütigen IS-Terroristen werden konnte.

Die Gleichaltrigen lernten sich mit sechzehn Jahren kennen und verbrachten jede Minute ihrer Freizeit gemeinsam. Sie lasen gemeinsam die gleichen religiösen Texte, beteten, diskutierten, wie sie es schaffen könnten, den Anforderungen des Islam zu 100 Prozent gerecht zu werden. „Ich habe keine Freundin, ich warte bis zur Ehe", sagt Abdallah: „Bei Firas war es auch so. Der hat nicht einmal im Internet mit Frauen gechattet. Dabei haben ihn viele angehimmelt."

Sicher ist sich Abdallah über Firas' Weg in die Radikalisierung: „Firas ist von Anwerbern angesprochen worden. Die findet man nicht in Moscheen, sondern in den Parks oder den Schischa-Bars. Wer die sind, das weiß keiner." Im Jänner 2014 war Firas plötzlich nicht mehr erreichbar. Abdallah selbst wäre für solche Ideen nicht zu begeistern gewesen, wie er betont. „Der Dschihadismus ist engstirnig. Das, was der IS tut, hat nichts mit dem Islam zu tun. Die verbrennen ihre Gefangenen. So etwas verbietet unsere Religion." Und doch, ergänzt er, müsse man die Relationen beachten: „Da empören sich hier alle fürchterlich darüber, was in Raqqa geschieht, was dieser IS tut. Und gleichzeitig sterben die Muslime in Gaza, werden sie in Syrien von Assad bombardiert. Das, sage ich Ihnen, ist aus meiner Sicht das viel größere Problem."

Während ich Abdallah treffe, ist er im Stress. Fieberhaft bereitet es sich der Biologiestudent auf den Aufnahmetest für das Fach Medizin vor. Er betet, dass er beim dritten Anlauf den Zugang schafft. Ein Problem beschäftigt ihn dabei massiv: Der Test findet Anfang Juli 2015 statt, im Fastenmonat Ramadan. Ob er am Tag der lebensentscheidenden Prüfung das Fasten aussetzen darf? Der Sohn von ägyptischen Einwanderern, dessen Vater Taxi fährt, weil sein Universitätsabschluss in Betriebswirtschaft in Österreich nie anerkannt wurde, will „diese Prüfung unbedingt schaffen". Somit ist eigentlich Abdallahs Geschichte noch aufschlussreicher als die Details der Biografie von Firas. Sie zeigt, wie Immunisierung gegen Radikalismus funktioniert. Abdallah fand einen produktiven Weg, seine Benachteiligung als Kind von Migranten zu kompensieren: Er besteht den selektiven Aufnahmetest für Medizin dann auch – exakt ein Jahr, nachdem Firas auszog, um für den IS zu kämpfen.

SONDERFALL ÖSTERREICH

Abdallah schaffte es, seine Wut in ein Drehmoment für extreme Lerndisziplin zu verwandeln, während sein Freund Firas dramatisch scheiterte. Letzterer war einer jener Gefährdeten, nach denen die „Gefährder" des IS jahrelang auf der Suche waren. Wenn man versucht, die Netzwerke des IS zu identifizieren, führen in den meisten Ländern viele Stränge zu einer Person. In Österreich taucht in den Geschichten, die Syrienkämpfer oder jene, die es werden wollten, erzählen, ein mysteriöser Afghane namens „Amiri" ausgesprochen oft auf. Er agierte im Umfeld einer Moschee in Wien-Favoriten, soll Anfang Fünfzig sein und dürfte mit seiner Frau und seinen drei erwachsenen Söhnen direkt hinter dem Wiener Rathaus gewohnt haben. Als ich zu seiner Adresse komme, die ich von einem an der Ausreise gehinderten Dschihadisten erhalten habe, steht die Wohnung leer. Amiri und sein Clan seien längst in Syrien, heißt es. Zu behaupten, „Amiri" hätte gezielt österreichische Dschihadisten angeworben, ist weder falsch noch richtig. Im Fall des ausgereisten Teenagers Oliver ist nachgewiesen, dass der Jugendliche in „Amiris" Umfeld radikalisiert wurde. Bei anderen agierte er bloß als Reiseleiter Richtung Kalifat. Das gilt vor allem für tschetschenische Kämpfer, die nicht für den Dschihadismus begeistert werden mussten, sondern die in Syrien etwas anderes erledigen wollten: in den Krieg gegen den Verbündeten des Erzfeindes Russland ziehen, um gegen Baschar al-Assad zu kämpfen und so Präsident Wladimir Putin indirekt zu treffen.

Als am 8. Juni 2015 einer der größten Terrorprozesse Österreichs am Wiener Straflandesgericht beginnt, sind acht Tschetschenen und eine Tschetschenin sowie einer ihrer Fahrer angeklagt, ein Österreicher, der aus der Türkei stammt. Sie waren am 18. August 2014 verhaftet worden, als sie Richtung Syrien aufbrechen wollten. Die Polizei hatte sie zuvor im Visier, hörte ihre Telefone ab und nahm sie fest, als sie dabei waren, Österreich Richtung Ungarn beziehungsweise Italien zu verlassen. Nicht alle Angeklagten geben zu, tatsächlich in den IS gewollt zu haben, einige sprechen von einer Urlaubsreise nach Bulgarien. Aber alle sagen, dass „Amiri" den Kontakt zum Fahrer hergestellt habe. Keiner der Beschuldigten gibt zu, dass er dort habe kämpfen wollen. Jene, die eingestehen, auf dem Weg nach Syrien gewesen zu sein, meinen: „Wir wollten dort ein schönes Leben haben." Dies sagen etwa Hizir und Malika, die nach islamischem Recht verheiratet sind: Die erst Achtzehnjährige ist im vierten Monat schwanger, als sie versucht, auszureisen. Glauben schenkt man ihnen allen nur bedingt. Für den Versuch, in den IS zu gelangen, werden die Angeklagten zu neunzehn Monaten bis drei Jahren unbedingter Haft verurteilt. Einzig ein Achtzehnjähriger, der als schwer traumatisiert gilt, bekommt eine bedingte Strafe. Er gibt während des Prozesses auf die Fragen des Richters auch klipp und klar zu, nach Syrien zum IS gewollt zu haben. „Mein Vater hat mir gedroht, wenn ich die Schule nicht schaffe, schickt er mich nach Tschetschenien. Und da war es mir lieber, gleich nach Syrien zu gehen."

Die Hälfte jener 230 Personen, die aus Österreich ausgereist sind, um in Syrien zu kämpfen, stammt aus Tschetschenien. Sie besaßen teilweise bereits die Staatsbürgerschaft, einen anerkannten Asylstatus oder hatten einen Asylantrag gestellt. Tschetschenen stellen eine große Einheit in der Armee des IS vor Ort, gelten als Elite in der Hierarchie. Viele holen deshalb ihre männlichen Verwandten als Kämpfer ins Land. Doch es gehe nicht nur um den Krieg, wie mir der 22-jährige Magomed, der zum Prozess als Zuschauer kommt, erzählt: „Ich habe bei uns in der Moschee Videos gesehen, die belegen, dass Assad nicht nur mit Putin gemeinsame Sache macht, sondern auch mit Ramsan Kadyrow, Putins Statthalter in Tschetschenien. Dieser Verbrecher gehört also auch zu der Assad-Bande. Deshalb ist das auch unser Krieg. Und gleichzeitig gibt es in Syrien nun eine Ordnung, die meinem Glauben entspricht. Warum sollen wir nicht hinwollen?"

Trotz der vergleichsweise hohen Zahl stellen tschetschenische Dschihadisten nur eine verschwindend kleine Minderheit dieser Zuwanderergruppe. Schätzungsweise 25.000 Tschetschenen leben in Österreich, es ist somit die größte Exil-Community außerhalb Tschetscheniens.[222] Die Ursache: Seit Jahrzehnten wird die Separationsbewegung der Nordkaukasus-Republik von Russlands Führung brutal unterdrückt. Dies führte nicht bloß zu einer großen Fluchtbewegung, die Aufständischen radikalisierten sich auch zunehmend. So haben Dschihadistengruppen den Kampf übernommen und auch mit eine Flucht ausgelöst.[223]

Mariam ist eine der Frauen, die nur noch weg aus Tschetschenien wollten. 39 Jahre ist sie alt, und als ich sie kennenlerne, versucht sie gerade zu verkraften, dass ihr Sohn tot ist. Nur sehr behutsam kann ich mit ihr über die Ursache dafür sprechen. Ihr zweites Kind, ein kleines Mädchen, hat sie im Arm. Ihr älteres Kind Yussuf starb im April 2015. Gerade achtzehn war er da. „Eine Männerstimme war am Telefon. Er rief von einer Nummer an, die ich nicht kannte. Und da hat er gesagt: ‚Er ist tot. Gefallen im Krieg!'", erzählt sie. Zwischen Mutter und Sohn bestand ein besonders enges Band. „Er war sechs, als ich mit ihm aus Grosny wegging. Ich habe ihn durch eisige Bäche getragen, nachts, illegal über Grenzen. Bis Wien."

Gerackert habe sie, um einen Neustart zu schaffen. Dann heiratete sie wieder, wurde schwanger und dann fingen die Probleme an. Erst mit dem noch ungeborenen Kind: „Ich hatte Schwangerschaftsdiabetes, mir ging es fürchterlich schlecht. Da hatte ich keine Sekunde mehr Zeit für Yussuf." Nur ein paar Details seien ihr aufgefallen, damals im Spätsommer 2014. Yussuf habe sich in einem Fitnesscenter im 20. Bezirk eingeschrieben und dann auf einmal die Moschee gewechselt. „Ich war nur noch im Spital. Er war nur noch beten oder trainieren." Als sie am 18. Dezember 2014 von ihrer Tochter entbunden wird, verliert sie ihren Sohn. Er nützt ihre Abwesenheit, um sich in Syrien den Dschihadisten des IS anzuschließen. Dann starb er im Krieg als islamistischer Kämpfer, ein Los, das sie für ihn in Tschetschenien befürchtet hatte und dem sie glaubte, entkommen zu sein. „Er hat früh seinen Vater verloren. Sie haben ihn gefoltert. Das hinterlässt Wunden, an denen kann man zerbrechen."

DIE BOSNIEN-CONNECTION

Rund hundert Personen sind derzeit wegen der Unterstützung einer Terrorgruppe in Österreich angeklagt oder bereits verurteilt: „Mitgliedschaft bei einer terroristischen Vereinigung im Sinne des Paragrafen 278b Absatz 2 des Strafgesetzbuches" lautet das Delikt präzise. Nicht alle der Angeklagten waren in Syrien, sondern es sind auch jene dabei, die lediglich versuchten, auszureisen. Eine Entscheidung des Obersten Gerichtshofs (OGH) ebnete den Weg dafür, die Strafverfolgung schon beim bloßen Vorhaben starten zu können.[224] Circa ein Drittel der Dschihadisten ist zurück. Nicht alle wurden angeklagt, denn es gestaltet sich schwierig, hier in Europa Verbrechen nachzuweisen, die im Bürgerkriegsgebiet verübt wurden. Einige sind deshalb in sogenannter „Sicherheitsüberwachung". Das heißt: Die Polizei wirft „ein wachsames Auge auf sie", wie man mir sagte. Es sind sehr wenige und doch viele, die aus Österreich ausreisten. Aus Deutschland, wo zehn Mal so viele Menschen leben, reisten „nur" etwas mehr als drei Mal so viele Kämpfer aus. Dabei spielt die skizzierte Mobilisierung von jungen Tschetschenen eine wesentliche Rolle. Doch gleich wie ihre Biografie aussieht und woher sie kommen: Immer handelt es sich bei den Fanatikern um Ausnahmefälle, deren Glaubensbekenntnis herzlich wenig mit dem der 570.000 in Österreich lebenden Muslime zu tun hat. Doch ein Problem offenbart sich angesichts eines weiteren Aspekts der Ausreisebewegung von Dschihadisten Richtung Syrien: „Wir Muslime haben lange nicht genau hingesehen, was sich an den radikalisierten Rändern der Glaubensgemeinschaft abspielt, in den Hinterzimmer-Moscheen, wo die radikalen Prediger sich hofieren lassen", sagt mir ein österreichischer Journalist, der aus Bosnien stammt, der nicht namentlich zitiert werden will: „Unsere Ignoranz rächt sich jetzt."

Ermittlungen gegen Dschihadisten brachten die enorme Gefährlichkeit eines schon seit Jahrzehnten bestehenden Netzwerks zutage, das gewaltbereite Extremisten aus Bosnien in

Österreich gebildet haben. Sein Ausmaß zeigte sich spätestens am 28. November 2014 in den frühen Morgenstunden. In einer lange geplanten Polizeiaktion wurden gleichzeitig in Wien, Graz und Linz dreizehn Personen festgenommen, Gebetsräume, Wohnungen und Autos durchsucht, Computer beschlagnahmt. Den Verhafteten wird die Bildung einer terroristischen Vereinigung vorgeworfen und vor allem die Rekrutierung neuer Kämpfer. Die Aktion des österreichischen Verfassungsschutzes ging auf parallel geführte Ermittlungen in Bosnien-Herzegowina zurück. In Sarajevo und anderen Orten wurden an diesem Tag sechzehn Verdächtige festgenommen, unter ihnen auch Anwerber, die in Österreich aktiv waren.
Im Zentrum der Aktion stand der als „Ebu Tejma“ bekannte Prediger Mirsad Omerovic, der in der „Altun Alem Moschee“ im 2. Wiener Gemeindebezirk wirkte. Er soll Geld für den IS gesammelt und zwischen Wien und Bosnien im großen Stil Mitstreiter rekrutiert haben. Ermittler bezeichnen ihn gar als eine „Hauptfigur im internationalen Dschihadismus“.[225]
Bei Redaktionsschluss dieses Buches, mehr als ein halbes Jahr nach seiner Verhaftung, hat der Prozess gegen ihn noch nicht begonnen, doch sein Umfeld erzählte mir, dass der festgenommene Imam „heute auf den IS flucht, was das Zeug hält“. So wie die Salafistenprediger in Deutschland scheint er sich auf die Seite der syrischen al-Kaida-Gruppen geschlagen zu haben. Sehr relevant für die Szene ist dies nicht mehr, da er mittlerweile nicht mehr rekrutieren kann. Dafür tat er dies zuvor umso emsiger: Bis April 2014 sind 52 Personen aus seinem Umfeld nach Syrien ausgereist, darunter auch die beiden „Dschihad-Bräute“ aus Wien, und auch Firas Houdini wurde kurz vor seiner Abreise beim Beten in der Moschee gesehen. Dazu soll er gemeinsam mit jenen Personen, die mit ihm verhaftet wurden, neu angeworbene Dschihadisten militärisch trainiert haben.[226]
Omerovic wurde 1981 in Tucin im serbischen Sandschak geboren und schloss sich bereits als Zwanzigjähriger bosnischen Islamisten an. Seit die „Mudschaheddin-Brigade“ zwi-

schen 1992 und 1995 im Bosnienkrieg kämpfte und sich ihr einige Tausend ausländische Dschihadisten – vor allem aus dem arabischen Raum – anschlossen, gilt das Land als eine der Hochburgen des extremistischen Islamismus. Ihr Einfluss und das Netzwerk bosnischer Mitglieder der Brigade blieben nach Kriegsende mehr oder weniger intakt, wie auch der saudische Einfluss auf die Hardliner. Sie werden als „Wahhabiten" bezeichnet, da sie jener Form des Salafismus anhängen, der im spendablen Königreich praktiziert wird. Österreich galt während des Krieges als logistisches Zentrum des Netzwerkes. Hier dürften die Geldströme, meist aus saudischen Kassen, in Richtung der Dschihadisten geflossen sein. [227]
Wien blieb auch nach dem Krieg ein Brückenpfeiler. Bosnische Extremisten predigten in einschlägigen Moscheen, etwa in jenem Gebetshaus in der Lindengasse im 7. Wiener Gemeindebezirk, wo der Vater Mohamed Mahmouds Imam war,[228] und sie pendelten kontinuierlich zwischen dem Balkanland und Österreich.

Der Wahlwiener Omerovic ist ein typisches Beispiel für die Radikalisierung junger Balkanextremisten und ihrer Verankerung in Österreich. Er bekam ein saudi-arabisches Stipendium, um seine religiöse Erziehung zu vervollständigen. Von 2002 bis 2008 studierte er in Mekka. Nach seiner Rückkehr ging er nach Wien, wo er sich salafistischen Tschetschenen anschloss. Der militarisierte Prediger gilt als Vertrauter von Nusret Imamovic, einer Schlüsselfigur der bosnischen Wahabiten. Als Dorfvorstand des nordostbosnischen Dorfes Gornja Maoca regierte dieser eine ihrer Hochburgen, trat auch oft in Wien auf, wo er Sermone hielt, in denen er seinem Extremismus freien Lauf ließ, und etwa sagte, die Pflicht eines Muslims sei es, eine Waffe zu tragen, Ungläubige zu töten und den „Unglauben" auszumerzen, besonders den modernen Staat und dessen Gesetze. [229]
Ich habe sein Heimatdorf Gornja Maoca 2007 besucht: Abgeschieden im Wald lebten hier in etwa zwanzig Familien strikt nach den Regeln des Salafismus. Auf ihren Wäscheleinen hin-

gen Burkas und vor den maroden Häusern parkten schrottreife Autos mit Wiener Kennzeichen. Bereits drei Jahre später brachte eine Razzia in dem Ort viele Hinweise auf die Militarisierung der Islamisten dieses sowie eines halben Dutzends weiterer Wahhabitendörfer in der Region. Nun ist es dort sehr ruhig geworden. Bis Jahresbeginn 2015 sind etwas mehr als 200 Bosnier in den IS gereist. 156 Männer, 25 Kinder sowie 36 Frauen zwischen achtzehn und fünfzig Jahren: Es handelt sich also um ganze Familien, die ins Kalifat zogen. Zwei Drittel stammen aus Wahhabitendörfern wie Gornja Maoca. [230]
Es handelt sich nicht bloß um ein regionales Problem: Die Verhaftung der Mitglieder des Wiener Bosniennetzwerks, aber auch Polizeirazzien in Bosnien, Italien und Serbien bewiesen, wie groß die Bedeutung der Bosnien-Connection für den europaweiten Rekrutierungsprozess von Kämpfern für Syrien war. „Im Krieg zwischen dem Westen und dem Islam war der Bosnienkrieg zentral. Er war die Wiege des modernen Dschihadismus", sagt der Aiman Dean, der von Saudi-Arabien 1994 in das Land zog, sich den „Mudschaheddin-Brigaden" anschloss und später den britischen Geheimdienst mit Insiderinformationen versorgte.[231]

DIE LOKALE AGENDA DER EXTREMISTEN

Weder das bosnische Netzwerk noch andere Gruppen, die in Europa den Boden für die Rekrutierungen des IS aufbereiteten, sind im Jahr eins des Kalifats noch intakt. Nun rücken neue Probleme in den Vordergrund. Der erwähnte „führerlose Dschihad" und Fragen wie: Was soll mit den Rückkehrern geschehen, welche Gefahr geht von ihnen aus, und wie lassen sich jene Jugendlichen, die vom „Pop-Dschihadismus" angesteckt sind, aus den Klauen der Onlinehetzer befreien? Immer wieder hat sich gezeigt, dass die mangelnde Abgrenzung von radikalen Gruppierungen durch Vertreter des Islam in Europa auch ein Problem ist. Doch eine Glaubensgemeinschaft, der

vierzig Millionen Europäer angehören, unter Generalverdacht zu stellen geht an der Realität des Problems vorbei.
Aus Frankreich, dem Land mit der höchsten Anzahl an Muslimen, stammt auch die größte Gruppe an europäischen Syrien-Dschihadisten. Darunter ist, wie erwähnt, jeder vierte französische Kämpfer ein Konvertit, von den schätzungsweise 15.000 französischen Salafisten ist es sogar ein Drittel.[232] Die meisten Gewalttäter, die im Namen des Islam agieren, waren zuvor im Gefängnis in einschlägige Kreise geraten. Dass Jugendliche Terroristen des IS werden, liegt also an vielen Faktoren: Dazu gehört auch ihr zum Fanatismus verzerrter Glaube. Deshalb müssen Vertreter des moderaten Islam immer Teil der Lösung sein. Denn trotz aller Einschränkungen ist es offensichtlich, dass es ein Problem damit gibt, die junge, muslimische Generation in Europa zu verankern. So kämpfen mit Stand Mitte 2015 mehr britische Muslime in der Armee des Kalifen als in der Großbritanniens.[233]

Wie die Entfremdung zwischen Europa und seinen muslimischen Jugendlichen rasant an Tempo gewonnen hat und wie dies die IS-Terroristen ausnutzen konnten, illustriert die Lage in Belgien. Es ist das EU-Land mit der höchsten Pro-Kopf-Rate an ausgereisten Kämpfern Richtung Syrien. Laut offiziellen Angaben sind es 400, höchstwahrscheinlich dürften es aber mit Stand 2015 bereits 500 sein. 2010 wurde hier die Gruppe „Sharia4Belgium“ gegründet. Anders als Extremistengruppen vor ihr versteckt sie sich nicht, sondern wurde mehr und mehr Teil des Straßenbildes. So wie in Österreich und Deutschland „Lies!“-Aktivisten, die in Einkaufsstraßen den Koran verteilen, versuchten die belgischen Salafisten an öffentlichen Plätzen zu missionieren. Die „Scharia“ sollte eingeführt werden, forderten sie in diesen Kundgebungen.
Belgiens Sicherheitsexperten hielten dies zunächst für rhetorische Folklore und nahmen die bärtigen Prediger in den seltsamen Gewändern lange nicht ernst. Erst Ende 2012, als Fouad Belkacem, der Führer von „Sharia4Belgium“, öffentlich

zur Gewalt aufrief und die US-Flagge verbrannte, setzte Alarmstimmung ein. Die Gruppe wurde verboten, Belkacem festgenommen und später zu zwölf Jahren Haft verurteilt. „Das kam aber viel zu spät“, sagt Guy van Vlierden, der die Rolle von „Sharia4Belgium“ im Rekrutierungsprozess von Dschihadisten untersuchte. „Zu diesem Zeitpunkt hatten sie bereits sehr viele Anhänger, die binnen kürzester Zeit radikalisiert waren. Muslimische Jugendliche waren von der Botschaft der Gruppe schlicht elektrisiert, denn diese kam zum für sie richtigen Zeitpunkt: Als die belgischen Behörden das Tragen von Kopftüchern in den Schulen Antwerpens verboten, die Politik sich immer mehr gegen Praktiken des Islams zu richten schien, gewann die Gruppe in ihrer Rolle als Anwältin der Rechte ‚wahrer Muslime‘ noch mehr Auftrieb.“ [234]
Ein Fünftel aller belgischen Dschihadisten, die in Syrien kämpften, war zuvor bei der Gruppe aktiv gewesen.[235] Und wie überall zeigt ein Blick auf ihre Biografien, dass viele aus dem kleinkriminellen Milieu ins Lager der Islamisten wechselten. Doch es gibt auch andere Fälle: Etwa Jejoen, der in besten katholischen Privatschulen erzogen wurde und dessen Vater als UN-Soldat in Bosnien aktiv war. Er war frisch zum Islam konvertiert, als er mit achtzehn Jahren in seiner Heimat in den Sog von „Sharia4Belgium“ geriet und hier mit System zu einem Kämpfer des IS ausgebildet wurde: Leibesübungen, Ausdauersport, Einweisung in die Scharia, das islamische Recht nach Verständnis des Kalifats. Sukzessive erfolgte auch die Gewöhnung an Gewalt. „An einem Tag zeigten sie uns das Video einer Enthauptung. Wenn du einmal Monate in der Gruppe verbracht hast, kommt dir das völlig normal vor“, so Jejoen, der von seinem Vater Dimitri zurückgebracht wurde.[236]

Doch nicht bloß in Belgien, auch in den Niederlanden, in Spanien und in anderen EU-Ländern formierten sich um 2010 neue Extremistengruppen, oft als Zweigstellen der britischen „Islam4UK“-Bewegung oder in engem Kontakt mit ihr. Sie ist eine radikale Splittergruppe der „al-Muhadschirun“-Bewe-

gung. Ihre Gründer waren ehemalige freiwillige Kämpfer aus den vorangegangenen „Heiligen Kriegen“ in Bosnien, im Irak oder Afghanistan, die zurück in ihre Heimatländer kamen. Sie bauten mit Gleichgesinnten ein europaweites Netzwerk auf. Als Kopf von „Islam4UK“ agierte der Brite Anjem Choudary. Die Gruppen traten wie der belgische Ableger offensiv auf.
So rief Choudary vor den britischen Unterhauswahlen 2015 öffentlich zum Boykott auf. Er und Mitstreiter seiner Kampagne „Stay Muslim, Don't Vote“ posierten mit ihren Informationsständen vor dem britischen Parlament und gaben TV-Interviews, in denen sie erläuterten, warum ein wahrer Muslim sich nicht am demokratischen Prozess beteiligen dürfe, da nur Gott und nicht eine gewählte Regierung Gesetze erlassen könne. Zuletzt galt seine Gruppe als Sammelbecken jener, die sich so sehr radikalisierten, dass sie nach Syrien in den Dschihad reisten. Choudary wurde erst im August 2015 wegen Unterstützung des IS zwischen Juni 2014 und März 2015 angeklagt: eine sehr späte Reaktion der britischen Justiz.[237] Längst hatten Figuren wie er eine neue Bewegung ins Leben gerufen, die die kruden Ideale des IS samt der Gewaltbereitschaft der Terrormiliz auch in ihren Heimatländern vertritt – mit und ohne ihre alten Hassprediger im Schlepptau.

IM DEUTSCHEN DSCHIHAD

Zum Netz Choudarys gehörte auch die von Mohamed Mahmoud und Denis Cuspert gegründete Gruppe „Millatu Ibrahim“. Laut dem deutschen Dschihadismus-Experten Guido Steinberg war es diese Gruppe, die nicht bloß mit europäischen Gesinnungsgenossen ein Netzwerk formierte, sondern auch dank Mahmouds Kontakten nach Syrien, Libyen und in den Irak ab 2011 Verbindungen zwischen deutschen Extremisten und jenen in Nahost aufbaute. Eine immer stärker wachsende Szene gewaltbereiter Salafisten habe es zwar im Jahrzehnt zuvor gegeben, aber „fehlende Kontakte und Arabisch-Sprachkenntnisse verhinderten, dass Verbindungen zur al-Kaida im Irak aufgebaut wurden", so Steinberg. „Deutsche Dschihadisten reisten eher nach Pakistan, wo sie sich Ausbildungscamps von Usbeken anschlossen. Die sprachen Türkisch und so gelang eher ein Anknüpfungspunkt." Zur Überwindung sprachlicher Barrieren, etwa beim Zugang zu Texten von Dschihad-Ideologen, hatte Mohamed Mahmoud schon in den Jahren zuvor einen wesentlichen Beitrag geleistet, indem er auf der deutschen Version seiner „Globalen Islamischen Medienfront" Übersetzungen veröffentlichte.[238]

Mamoud und Cuspert verwandelten ihren Onlineauftritt „Millatu Ibrahim" in der 150.000-Einwohner-Stadt Solingen ab November 2011 in eine greifbare Gruppe und übernahmen eine Moschee. „Es war wie eine Droge, was sie predigten", erzählt mir Mehmet, ein 21-Jähriger, der in einem Dönerladen arbeitet. „Einer meiner Cousins ist einmal in diese Moschee gegangen und war ihnen regelrecht verfallen." Als man sich dann im Gebetshaus, das Mehmet regelmäßig aufsuchte, entschloss, „sich das einmal anzuschauen", passierte die nächste Katastrophe. „Unser Moscheevorstand hat zwei Leute hingeschickt, denen sie voll und ganz vertrauten." Doch auch diese beiden „Spione" waren so sehr von „Millatu Ibrahim" fasziniert, dass sie überliefen. Der Spuk dauerte nur wenige Monate. Im Mai 2012 kam es in Solingen und Bonn zu den ersten gewalttätigen Auseinandersetzungen mit radikalen Salafisten in Deutschland. Die Gefolgsleute der „Millatu Ibrahim" waren an vorderster Front beteiligt. Mehrere Polizisten wurden verletzt und binnen Tagen wurde die Gruppe „Millatu Ibrahim" für verboten erklärt. Mohamed Mahmoud und Denis Cuspert flüchteten in den IS. Und viele ihrer Fans folgten ihnen: 34 Islamisten, die 2012 bei Demonstrationen in Solingen und Bonn dabei gewesen waren, tauchten später als Dschihadisten in Syrien auf.[239]

Drei Jahre später, am 1. Mai 2015, ist Solingen noch vom Schreck des Jahrestages gezeichnet. Der sehr überschaubare

Maiaufmarsch endet vor dem Einkaufszentrum. Türkische Verbände warten mit Snacks aus der Region auf, neben ihnen bieten marxistisch-leninistische Gruppen vegane Imbisse an, eine „Initiative gegen Radikalismus" verteilt Broschüren. Dabei wird wenig unterschieden zwischen Salafisten und Rechtsradikalen. „Alles dasselbe", sagt der Solinger Hartmut L. „Die Stimmung gegenüber Fremden ist härter geworden, doch unser Hauptproblem sind die Rechtsradikalen." Doch besorgt wird auch gemunkelt, dass wieder einer der Solingenkämpfer am Tag zuvor zurückgekehrt sei. „Wir haben diese Typen einfach satt!"

Denn mit „Millatu Ibrahim" ist der gewaltbereite Salafismus nicht aus Solingen verschwunden. Eine Nachfolgeorganisation – „Tauhid Germany" – hat sich formiert, die massiv Propaganda für den IS betrieb. Ob Berlin, Bremen, Hamburg, Wolfsburg: Überall tauchten Meldungen von Kämpfern in Syrien auf, die eben noch in diesen Städten gewohnt hatten, immer mehr einschlägige Moscheen wurden geschlossen, Vereine aufgelöst, „Tauhid Germany" im März 2015 schließlich verboten.[240] Nur wenige Wochen später wird bekannt, dass zwei weitere Bürger der Stadt in Syrien umgekommen sind: Der 27-jährige Dhirar J. und der 26 Jahre alte Usmah A. seien laut Facebookmeldungen tot, heißt es im *Solinger Tagblatt*.[241]

Wie diese Entwicklung möglich war, bereitet Mohammed Zorba immer noch Kopfzerbrechen. Der 78-jährige Exil-Palästinenser ist Mitglied im Vorstand des „Islamischen Zentrums" Solingen. Er bekam viele Auszeichnungen für den vorbildlichen Dialog mit den Christen der Stadt und für sein Engagement im Dialog aller Gruppen der Stadt. Ausgerechnet in seiner Moschee tauchten zwei der späteren Gefolgsleute Mohamed Mahmouds auf, die später zu den bekanntesten deutschen Dschihadisten im IS wurden: Christian Emde, der im Propagandaapparat des Kalifats hoch aktiv ist, und Robert Baum, der im Jänner 2015 bei einem Selbstmordattentat starb. „Sie fragten schon lange, bevor dieser Mahmoud auftauchte, ob sie zu uns kommen dürften, um ein wenig mehr über den Islam zu erfahren, und kamen über ein Jahr regelmäßig zu uns in die Moschee ", erzählt er. Dann verschwanden sie. „Sie sagten, sie wollten in Ägypten Arabisch lernen", so Zorba. Doch nach ihrer Rückkehr wurde offensichtlich, dass sie dort vor allem das Gedankengut des radikalen Islam internalisiert hatten. „Die erklärten uns, wir seien keine richtigen Muslime, und haben sich ständig eingemischt, wie wir zu predigen hätten. Irgendwann schmissen wir sie dann raus. Da kam denen die Gründung der Millatu-Ibrahim-Moschee gerade recht und sie haben sich sofort denen angeschlossen."

Dies ist ein Indiz, dass Deutschland, wie Steinberg es betont, schon vor dem Auftauchen der Rekrutierer der IS-Terrormiliz ein immer größeres Problem mit islamischen Extremisten hatte. Schon bei den Terroranschlägen vom 11. September 2001 gab es eine Verbindung: Der Anführer der Terroristen, Mohammed Ata, verkehrte in einer einschlägigen Moschee in Hamburg. Im Dezember 2000 wurde ein Attentat auf einen Weihnachtsmarkt, wahrscheinlich jenen in Münster, vereitelt. Im April 2002 planten Extremisten einen Anschlag auf ein jüdisches Gemeindezentrum in Berlin sowie auf eine Diskothek in Düsseldorf. Im Juli 2006 scheiterten Anschläge auf zwei Regionalzüge am Kölner Hauptbahnhof. 2007 wurden die Mitglieder der „Sauerland-Gruppe" festgenommen, die mehrere Anschläge in Deutschland zu verüben versucht hatte. Im April 2011 wurden in Düsseldorf und Bochum drei Personen festgenommen, die im Auftrag der al-Kaida terroristische Anschläge in Deutschland vorbereiteten.[242]

Mit dem Auftauchen des IS-Terrors stieg die Besorgnis enorm. Besonders 2015, als sich zeigt, dass die Zahl der Dschihadisten, die aus Deutschland in Kampfgebiete in Syrien und im Irak ausreisen, rasant steigt. Mehr als 500 Ermittlungsverfahren gegen Islamisten wegen des Verdachts auf Unterstützung oder Mitgliedschaft in einer terroristischen Vereinigung im Ausland wurden Mitte 2015 bei der Bundesanwaltschaft in Karlsruhe geführt. Doch nicht nur die Ermittlungen, Prozesse und

Ausreisen nahmen zu diesem Zeitpunkt zu: Nach den Anschlägen in Paris und Kopenhagen und den Drohungen seitens Mohamed Mahmouds wurden die von den Sicherheitsbehörden identifizierten „Gefährder" noch dichter überwacht. Immer mehr Hinweise auf Anschlagspläne, meist gegen rechtsradikale Ziele, tauchten auf.[243]

Vereitelt wurde dann auch ein möglicher Anschlag auf ein Radrennen in Frankfurt im Frühling 2015 durch Halil Ibrahim D., einen ehemaligen Chemiestudenten, und seine Frau Senay, beide Mitte dreißig. Seit einigen Jahren stufte der Verfassungsschutz Halil Ibrahim D. als Randfigur mit engen Kontakten zur Szene ein. Er traf sich dort mit Führungspersonen des salafistischen Netzwerks „Sharia4Spain" und stand in Verbindung mit der „Sauerland-Gruppe".[244]

8.

ORTE DER BEGEGNUNG

GEFÄNGNISSE SIND RISIKOZONEN WEITERER RADIKALISIERUNG: EIN DÄNISCHES MODELL ZEIGT ALTERNATIVEN IM UMGANG MIT SYRIEN-RÜCKKEHRERN AUF

Etwa ein Drittel der aus Europa ausgereisten Syrienkämpfer ist mit Stand 2015 wieder in ihre Heimatländer zurückgekehrt. Siebzig sind es zu diesem Zeitpunkt in Österreich, 200 in Deutschland, ein Drittel davon dürfte an Kampfhandlungen teilgenommen haben. Sie gelten als besondere Bedrohung, weil sie Erfahrung im Kampfeinsatz, mit Schusswaffen, im Bombenbau oder in der Rekrutierung von neuen Anhängern mitbringen. Die Angst vor ihnen kursiert nicht bloß unter Sicherheitskräften, sondern auch unter der Bevölkerung. 82 Prozent der Deutschen etwa glauben, dass von ihnen eine große Gefahr ausgeht.[245] Was soll also mit den Rückkehrern und jenen, die sich in ihren Heimatländern radikalisierten, getan werden? Das Phänomen der Anziehungskraft der IS-Terrormiliz auf Jugendliche, der wachsende Zulauf zu fundamentalistischen Gruppen, auch von Konvertiten, lässt sich weder eindimensional als „Sicherheitsproblem“ definieren, noch können lediglich „Sicherheitsmaßnahmen“ helfen, es in den Griff zu bekommen.

Wie hier bereits an vielen Beispielen aufgezeigt wurde, haben ungelöste gesellschaftliche Probleme einen beträchtlichen Anteil daran, dass Neosalafismus und Pop-Dschihadismus an Boden gewinnen. Die zurückgekehrten Syrienkämpfer oder jene, die es werden wollten, in Gefängnissen zu „parken" löst die tieferliegenden Wurzeln ihrer Radikalisierung mit Sicherheit nicht. Eher im Gegenteil. Sie sind als Urheber des Terrors in der Minderheit: Zu ihnen zählt etwa Mehdi Nemmouche, der 2014 vier Besucher des jüdischen Museums in Brüssel ermordete. Die anderen Extremisten, die Anschläge verübten, verbindet nicht, dass sie in Syrien gekämpft haben, sondern dass sie zuvor im Gefängnis saßen und hier mutmaßlich radikalisiert wurden. Freilich sind alle bereits zuvor als Extremisten aufgefallen, doch die Haft scheint ihre Gewaltbereitschaft massiv verstärkt zu haben.

Dies trifft höchstwahrscheinlich auch auf Chérif Kouachi zu; einen der drei „Charlie-Hebdo"-Attentäter. Er war zu knapp vier Jahren Haft verurteilt worden, nachdem er 2005 auf dem Weg nach Damaskus kurz vor dem Einchecken am Flughafen festgenommen worden war. Frankreichs Polizei hatte Wind davon bekommen, dass er sich in ein Terrorcamp begeben wollte. Kouachi war da schon Teil der „Butte Chaumonts"-Zelle, benannt nach jenem Pariser Park, in dem sich die Mitglieder zum Training trafen, gelegen am Rande des Pariser Bezirks Belleville. Bei seinem Prozess sagte Kouachi damals noch kleinlaut: „Ich war froh, dass ihr mich verhaftet habt. Ich habe mich nicht getraut, zu kämpfen, wollte aber nicht als Feigling dastehen." Ein Jahrzehnt später wurde er zum kaltblütigen Killer. „Man könnte es so sagen: Die Butte-Chaumonts-Phase war eine Vorschule des Dschihad, die Zeit im Gefängnis dann der Moment, als er sein Diplom erhielt", so der französische Journalist und Autor Jacques Follorou. Vor allem seine Untersuchungshaft im legendären Gefängnis „Fleury-Mérogis", in dem bis zu 4000 Häftlinge untergebracht sind, dürfte, darin sind sich viele

Fachleute in Frankreich einig, maßgeblich zu seiner weiteren Radikalisierung beigetragen haben.[246]

Auch im Fall des 22-jährigen Dänen Omar Abdel Hamid El-Hussein dürfte die Zeit im Gefängnis seine Sympathien für radikales Gedankengut in konkrete Terrorpläne verwandelt haben. Er griff kurz nach seiner Haftentlassung am 14. Februar 2015 eine Veranstaltung im Kopenhagener Kulturzentrum Krudttønden an. Dabei tötete er den Dokumentarfilmer Finn Nørgaard und verletzte drei Polizeibeamte. In der darauffolgenden Nacht attackierte er eine Synagoge in der Stadt und erschoss einen jüdischen Wachmann.
„Er war ein anderer Mensch, nachdem er entlassen wurde", berichtete El-Husseins Freundeskreis nach dem fürchterlichen Anschlag den dänischen Medien. Nicht mehr über Autos und Frauen habe er gesprochen, sondern Monologe gehalten über Religion, die Opfer im Gazastreifen und das Paradies. Seit 2011 war er zu insgesamt vier Jahren Gefängnis verurteilt worden – wegen Waffenbesitzes, Einbrüchen, Drogen und Gewalt. Jedes Mal kam er vorzeitig frei. Die letzte Haftstrafe dürfte ihn aber maßgeblich verändert haben. Laut der Zeitung *Ekstra Bladet* saß er gleichzeitig mit dem wegen Aufruf zum Terror verurteilten Sam Mansour ein. Mansour soll bereits vorher andere Mithäftlinge radikalisiert haben, so die Zeitung. Im September 2014 zeigten sich auch bei El-Hussein so gravierende Radikalisierungstendenzen, dass er in einer Einzelzelle untergebracht wurde. Er bekannte sich offen zum IS und griff einen Mithäftling an.[247]

STARTHILFEN GEGEN RADIKALISIERUNG

Die Tat des 22-Jährigen war anfangs ein massiver Rückschlag für ein sehr ambitioniertes Modell, das in Dänemark seit Anfang 2013 läuft. Die Polizei der Stadt Aarhus versucht, Dschihadrückkehrern außerhalb des Gefängnisses einen Weg zurück in die Gesellschaft zu bahnen. Die Kritiker dieses angeblich „zu sanften" Umganges mit potenziellen Terroristen fühlten sich nach dem Anschlag im Aufwind. Doch bald schlug die Stimmung ins Gegenteil um: Je mehr über die Radikalisierung des Jugendlichen in der Haft gesprochen wurde, desto mehr strich dies die Bedeutung des Programms hervor. Dänemark zählt wie Belgien zu den EU-Staaten, wo der Pro-Kopf-Anteil von Dschihadisten, die ausreisten, besonders hoch war. Massiv betroffen war die 320.000-Einwohner-Stadt Aarhus. Von hier aus brachen ab 2012 mindestens 33 Jugendliche Richtung Syrien auf. Sechzehn sind zurückgekehrt. Ins Gefängnis kam keiner von ihnen, sondern allen wurde von der Polizei angeboten, an einem Mentoringprogramm teilzunehmen. Zehn nahmen das Angebot wahr und konnten zurück auf die Universität, in ihren Job oder bekamen die Chance auf eine neue Berufslaufbahn.

Das Frappierende daran ist, dass mit dem Start des Projekts die Ausreisen mit einem Mal aufhörten. Vor allem deshalb gilt es als globales Vorzeigeprogramm. So wurden im Februar 2015 der damalige Polizeichef Jorgen Ilum und der Bürgermeister der Stadt, der dem umstrittenen Projekt politisch den Rücken freihielt, nach Washington geladen, um ihre Erfahrungen persönlich US-Präsident Barack Obama zu präsentieren. Ilum ist seit Juli 2015 in Pension, ein abgebrühter, aber moderner Polizist, dessen langjährige Erfahrung dazu führte, dass er dieses Projekt entwickelte.[248] „Was wir hier tun, ist eigentlich Kriminalprävention im klassischen Sinn. Unsere Arbeit verringert das Risiko", erzählt er mir im Gespräch. „Denn was bitte ist die Alternative? Laut dänischen Gesetzen ist eine bloße Reise nach Syrien nicht ausreichend, um jemanden anzuklagen und zu verurteilen. Wenn ich keine Beweise für eine Straftat habe – und wie bitte soll man heute in Syrien oder im Irak Beweise einholen gehen? –, dann muss ich solche Personen einfach laufen lassen. Sie alleine zu lassen wäre für die dänische Gesellschaft ein viel größeres Risiko. Denn wenn diese Rückkehrer sich einfach irgendwo herumtreiben und nicht Fuß fassen, ist die Gefahr, dass sie auf dumme Gedanken kommen, doch sehr beträchtlich."

In der Praxis funktioniert der Ansatz so, dass, sobald die Polizei von einem Rückkehrer erfährt, dieser „eingeladen" wird, vorbeizukommen. „Wir sagen da ganz locker: ‚Hast du Lust, mit uns einen Kaffee zu trinken? Reden wir ein bisschen?'", so Ilum. Alle sind zum Plaudern gekommen, doch von den sechzehn Betroffenen hätten sechs dann abgelehnt, an dem Programm mitzuarbeiten. „Denen haben wir aber sehr deutlich gesagt: ‚Wir und der Geheimdienst wissen, wo ihr lebt und wer ihr seid. Achtung!'" Die restlichen zehn nützten ihre Chance, und es gelang, dass sie nach ihrer Rückkehr aus Syrien auch in Dänemark „ankommen" konnten. Dabei helfen Mentoren – etwa ein Jurist, der aus einer muslimischen Einwandererfamilie stammt – sowie regelmäßige Treffen mit Psychologen und Sozialarbeitern. Geholfen wird jedem Jugendlichen individuell, wo er es am meisten braucht. Das reicht von der Jobsuche bis zu einer Therapie eines möglichen posttraumatischen Syndroms.

Natürlich seien dem Ansatz auch Grenzen gesetzt, räumt der ehemalige Polizeichef ein: „Viele, die nach Syrien gehen, um zu kämpfen, sind sehr jung. Ich habe Zweifel, ob die wirklich alle verstehen, wofür der IS steht. Man muss deshalb bei jedem individuell vorgehen und fragen: Was sind die Motive gewesen? War es wegen des Assad-Regimes oder wegen der Ideologie? Jene, die jetzt noch unten sind, sind sicher der harte Kern, und es ist fraglich, ob denen geholfen werden kann. Aber die, die zurück sind, haben in den meisten Fällen mit dem Thema abgeschlossen. Sie sind geschockt und desillusioniert. Deshalb kommen sie zurück."

Die Grundlagen des Programms wurden bereits 2007 entwickelt, es wurde nun für die Dschihadistenrückkehrer und gefährdete Islamisten neu adaptiert und überarbeitet. Bei der ersten Variante ging es darum, Jugendlichen, die ins rechtsradikale Milieu abgedriftet waren, einen Ausweg aus der Szene aufzuzeigen. Im Zentrum der Bemühungen steht nun die enge Kooperation mit lokalen Polizeibeamten und Sozialarbeitern, die als erste Ansprechpartner für besorgte Angehörige oder Nachbarn fungieren. „Diese Leute vor Ort genießen das Vertrauen der Bevölkerung, weil alle wissen, dass wir sorgsam mit den Informationen umgehen." So werden Jugendliche, die ein auffälliges Verhalten zeigen, erst einmal ohne großes Aufsehen zu einem Gespräch gebeten. Ilum: „Wir fragen: ‚Hey, erzähl einmal, was ist denn los mit dir? Können wir dir irgendwie helfen?'"

Eine Basis des aktuellen Erfolgsprojektes mit Syrienrückkehren ist aber nicht nur die Art der Kooperation mit den Betroffenen selbst, sondern auch, dass Oussama El Saadi mitmacht. Er leitet die Grimhojvej Moschee am Stadtrand. Hier hört Aarhus auf, die hübsche dänische Großstadt zu sein und wird zu einer von Betonburgen geprägten, eintönigen Metropole. In diesen Häusern leben jene, die sich mit dem Gegenwert eines gepflegten Abendessens in Aarhus' Innenstadt zwei Wochen über Wasser halten müssen. Für El-Saadi, der in dieser Gegend predigt und seit Jahren auch einen muslimischen Jugendverein betreibt, sei jener Jännertag 2013, an dem sein Telefon klingelte und der Polizeipräsident dran war, ein kleiner Feiertag gewesen. „Das war nämlich der Tag, an dem ich mich zum ersten Mal als Däne behandelt fühlte. Auf Augenhöhe." Denn in dem Gespräch sei es nicht um die Androhung von irgendwelchen Strafen gegangen. „Er wollte mit mir ein Projekt starten. Als Partner."

Dieser Schritt hat den Imam zu Recht überrascht. 22 der 33 Dschihadisten, die aus Aarhus ausreisten, hatten zuvor in seiner Moschee gebetet. „Wir hatten keine Ahnung", beteuert er. Dies dürfte allerdings nur begrenzt stimmen. In seinem Gebetshaus, das auch als Büro eines Vereins fungiert, stapeln sich Hilfsgüter mit der Destination Syrien. Und er gibt sich als „sehr frommer Muslim" zu erkennen. „Natürlich muss man als echter Gläubiger dem Aufruf folgen, in einen islamischen Staat zu ziehen", sagt er. Warum ist er dann nicht im IS? „Weil ich mir noch nicht sicher bin, ob das überhaupt ein islamischer Staat ist. Sie bekämpfen andere Muslime, und das passt so überhaupt nicht ins Konzept." Dafür sei es umso wichtiger, gegen das Assad-Regime zu kämpfen. „Ich bin mir auch sicher, dass es das ist, was die Jugendlichen, die hier bei mir waren und dorthin gingen, wollten." Sein Engagement für eine Resozialisierung in Dänemark hält er auch aus diesem Grund für wichtig: „Wir müssen den Leuten zeigen, dass sie keine Angst vor jenen zu haben brauchen, die sich auf die Seite der Syrer stellen. Die wollen nichts in Dänemark anstellen."

Jorgen Ilum freut sich über die Kooperation, wahrt aber Distanz: „Wir können natürlich nie sicher sein, dass uns die Rückkehrer die Wahrheit erzählen über das, was sie getan haben." Was er aufgrund der vielen Gespräche aber sehr genau weiß, ist der Grund, warum sie in das radikale Milieu abgedriftet sind. „Die meisten der 33 Ausreisenden waren sehr gut situiert, gut ausgebildet oder auf dem Weg dorthin. Aber alle hatten Probleme damit, sich bei uns voll angenommen zu fühlen. Irgendetwas war da, was ihnen das Gefühl gab, hier nicht dazuzugehören. Im muslimischen Jugendzentrum des Imams in der Grimhojvej Moschee waren sie dann plötzlich Teil von etwas – sie fanden einfache Antworten auf ihre Sorgen. Die hätten dann gelautet: ‚Ich werde in Dänemark nicht angenommen, weil ich Muslim bin. Deshalb ist ist kein Platz für mich.'" Ob solche Gefühle wirklich berechtigt sind, bleibe dahingestellt. Immerhin war auch ein Konvertit darunter. Ernst müsse man sie auf jeden Fall nehmen, so Ilum.

WAS GETAN WERDEN KANN

In den meisten europäischen Ländern dominiert eine andere Politik den Umgang mit den Anhängern der IS-Miliz, den Rückkehrern und Sympathisanten. Immer strengere Antiterrorgesetze werden erlassen, Pässe von gefährdeten Personen eingezogen. Vorrangiges Ziel ist es, die Ausreisen Richtung Syrien zu stoppen. Knapp dreißig Personen waren mit Stand

Mitte 2015 in Österreichs Gefängnissen in Haft, die wegen des Verdachtes der Mitgliedschaft bei einer Terrorgruppe oder der Unterstützung einer solchen entweder angeklagt oder bereits verurteilt sind. Dies ist jedoch erst der Anfang, Experten erwarten einen deutlichen Anstieg der Zahl. Um auf die damit verbundenen Herausforderungen vorbereitet zu sein, unternahm man große Anstrengungen. 900 Justizwachebeamten wurden bis Mitte 2015 dafür geschult: Sie sollten in der Lage sein, sich anbahnende Konflikte rasch zu erkennen und auch einordnen zu können, wenn jemand sich zu radikalisieren droht.

„Man steckt sich allerdings mit einer Ideologie nicht an, wie mit einem Schnupfen. Da kommen besondere Faktoren hinzu", erklärt Michael Binder, deshalb könnten die richtigen Rahmenbedingungen während der Haft viel bewirken. Binder ist stellvertretender Abteilungsleiter der im August 2015 neu geschaffenen Generaldirektion für Strafvollzug im österreichischen Justizministerium und auch für die „Kompetenzstelle Sicherheit" zuständig. Mit der Neuordnung der Strukturen im Justizministerium wurde auch der Umgang mit Häftlingen aus diesem Milieu neuen Richtlinien unterzogen. „Bisher gab es einzelne Initiativen. Diese haben wir zusammengefasst und eine ‚Taskforce De-Radikalisierung im Strafvollzug' gebildet," sagt Binder. Dort sind Abteilungsleiter des Justizministeriums, ein Kriminologe, ein forensischer Psychiater und ein Diplompsychologe, eine Sozialarbeiterin sowie die Leitung der Strafvollzugsakademie vertreten. Zudem besteht eine institutionalisierte Zusammenarbeit mit dem Verfassungsschutz des Innenministeriums, dem Verein „Neustart" sowie Universitätsmitarbeitern.

Zentrale Aufgabe dieses Teams ist es, für eine möglichst lückenlose Informationskette zu sorgen: zwischen jenen Personen, die täglich mit den Haftinsassen zu tun haben, und den Experten. „Unsere bisherigen Erfahrungen zeigen, dass sich solche Häftlinge sehr angepasst verhalten. Das ist nicht unbedingt ein Grund zur Beruhigung, denn es kann sein, dass viel passiert, was unter unserem Radar läuft." Dazu gelte es zu unterscheiden, ob jemand mit einem Verhalten nur provozieren wolle oder dabei sei, wirklich abzudriften. Ein zweiter Bereich ist Prävention, die Sicherstellung sinnvoller Maßnahmen zur Deradikalisierung. „Dazu zählt, dass wir, besonders wenn es um Jugendliche geht, nicht nur dafür sorgen, dass sie ihre Ausbildung verbessern; dass sie, wenn nicht vorhanden, einen Schulabschluss nachholen. Sie brauchen auch ein sinnvolles Freizeitangebot." Es liege eben in der Natur der Sache, dass die Zeit in Haft viele Leerläufe mit sich bringe, so Binder: „Wenn wir die nicht füllen, dann tut dies jemand anderer."

Die neu eingerichtete „Taskforce" hat auch klare Handlungsanleitungen vorgesehen, wie vorzugehen ist, falls jemand in der Haftanstalt für Probleme sorgt. Zu den Alarmzeichen, dass sich jemand radikalisiere, gehöre mitunter, dass bestimmte Gefängnis-Imame abgelehnt würden. „Wenn wir Sachen hören wie: ‚Das ist kein richtiger Muslim!', ist Vorsicht geboten", erklärt Binder. Was auch immer die Beamten auf den Plan ruft: Anders als etwa im französischen Justizsystem setze man in Österreich nicht strikt auf Trennung oder gar Quarantäne, vielmehr werde versucht, durch eine Verlegung und eine besondere Betreuung des Betroffenen zu reagieren. Wobei auch Binder zugibt, dass es Grenzen gibt: „Wirklich abgebrühte Extremisten in Haft zu verändern ist extrem schwierig." Für „Gefährder" kann also wenig getan werden, jedoch sehr viel für Gefährdete. Dazu sei es aber auch nötig, für ein soziales Auffangnetz nach der Haft zu sorgen. „Es nützen alle unsere Anstrengungen zur Vorbereitung der Resozialisierung sehr, sehr wenig, wenn die Gesellschaft draußen nicht bereit ist, sie tatsächlich auch zu resozialisieren."

DEN BANN DES IS BRECHEN

Mehrere Faktoren halte ich für zentral, um Radikalisierung und Terrorgefahr einzudämmen: die Lage in den Gefängnissen zu verändern und die Sinnhaftigkeit von Haftstrafen für jene, die noch keine Verbrechen begangen haben, zu überdenken ist aus meiner Sicht der wichtigste. Deshalb habe ich diesem Bereich in diesem Abschnitt auch den meisten Platz gewidmet. Doch es gibt wenigstens vier weitere Bereiche, die essenziell sind, um gefährdete Jugendliche aus dem Sog des Netzwerkes zurückzuholen.

Ein zentraler Punkt ist hier die Mitarbeit von religiösen Autoritäten bei der Betreuung von Radikalisierten. Sie stehen für ein gemäßigtes offenes Bild des Islam und können so kompetent die Verzerrungen des Glaubens durch die IS-Dogmatik korrigieren. „Das habe ich oft erlebt, dass die Jugendlichen erst im Gespräch mit mir plötzlich einsahen, dass sie am völlig falschen Weg sind“, sagt Tarafa Baghajati. Der gebürtige Syrer ist Obmann der „Initiative muslimischer ÖsterreicherInnen“, steht in engem Kontakt mit Religionslehrern und arbeitet auch als Gefängnis-Imam. „Ich habe jetzt auch besonders für soziale Medien Videos produziert, um einiges richtigzustellen. Es ist dringend notwendig, in den Kanälen, in denen der IS aktiv ist, mit einem angemessenen Islambild präsent zu sein.“ Auf seinem YouTube-Kanal „Tarafa Baghajati“ versucht er, die Hauptthemen wie Extremismus und IS, Werte, Islam in Europa etc. trotz aller Komplexität mittels kurzer Botschaften unter zehn Minuten auf Deutsch und Arabisch zu behandeln.

Der dritte Ansatz ist, dem Gefühl der Entfremdung von muslimischen Jugendlichen entgegenzuwirken. Dies hält Lamya Kaddor, Islamwissenschaftlerin und Religionspädagogin, für unumgänglich. Die Deutsche, deren Familie aus Syrien stammt, hat als Lehrerin in der Stadt Dinslaken fünf Schüler unterrichtet, die später als Dschihadisten in die Heimat ihrer Eltern zogen. Über ihre Erfahrungen schrieb sie den Bestseller „Zum Töten bereit“. Für sie, sagt Kaddor heute, sei es auch eine persönliche Niederlage gewesen, als sie erfuhr, was aus ihren Schülern geworden sei. „Auch wenn ich zu ihnen schon seit

Jahren keinen Kontakt mehr hatte: Natürlich erlebt man das als Verlust, denn wir haben sie ja auch verloren." Exakt dieses Gefühl sei der Radikalisierung auch vorangegangen. „Gemeinsam hatten diese fünf, dass sie sich verloren fühlten. Sie fanden in dieser Gesellschaft keinen Anker."[249]
Derzeit zählt Kaddor zu den einflussreichsten Muslimas Deutschlands und setzt sich dafür ein, dass der Nährboden für Radikalismus an den Wurzeln gekappt wird: „Wir haben es beim Neo-Salafismus mit einer noch sehr jungen Bewegung zu tun, über die wir noch sehr wenig wissen, die aber rasant an Anhängern gewinnt. Tatsache ist, dass nicht alle Salafisten automatisch Dschihadisten werden, aber alle, die es in den IS zieht, Salafisten sind." Die Bewegung habe es lange vor dem IS gegeben: „Die Hochzeit der Islamfeindlichkeit waren die Jahre von 2005 bis 2010. Parallel dazu begannen die Salafisten ihre Arbeit aufzunehmen." Islamhasser und religiöse Fundamentalisten stellten aus ihrer Sicht zwei Seiten derselben Medaille dar. Deshalb sei es an der Zeit, den Islam als Teil Europas zu begreifen. Dazu müssten alle beitragen, „auch die Muslime", betont Kaddor. Am meisten stört sie aber Folgendes: „Wir betreiben beim Thema Islam immer Ausgrenzungsdebatten. Dass wir uns allen Ernstes an den Spitzen des Staates darüber unterhalten, ob der Islam zu Deutschland gehört, das macht mich sprachlos."

Viertens ist es nötig, die schwierige Frage zu klären, wie die mediale Verbreitung der IS-Propaganda eingedämmt werden kann. Welche Bilder des IS sollen von den Massenmedien überhaupt gezeigt werden? Worüber muss berichtet werden? Und wie gelingt es, nicht versehentlich zum Verstärker zu werden? Dazu brauchen wir dringend eine intensive Debatte. Auch, wie soziale Medien im Einklang mit der Meinungsfreiheit, die ein unbestrittenes Gut bleiben muss, bei der Verbreitung von PR-Material aus den Produktionsstätten des Kalifats eingeschränkt werden können, ist ein zentrales Thema. Im März 2015 wurde auf Betreiben der EU-Innenminister Europol mit der Errichtung einer Online-Taskforce beauftragt. Das war ein sehr wichtiger erster Schritt, dem aber noch zahlreiche weitere folgen müssen.[250]

Tatsächlich scheint mir aber der letzte Punkt, den ich an dieser Stelle formuliere, der wichtigste zu sein, wenn es darum geht, im Kampf gegen den IS an Boden zu gewinnen: Um dem Wahnsinn der Terrormiliz seinen Nährboden zu entziehen, wird es nötig sein, den entgleisten Bürgerkrieg in Syrien zu beenden oder dies wenigstens mit glaubwürdigen Initiativen zu versuchen. Darin sind sich so gut wie alle Fachleute einig. Der Think-Tank „Muflehun" etwa widmet sich der Terrorprävention und berät zu diesem Thema US-Behörden, darunter das FBI. Gründerin Humera Khan beschäftigt sich mit den Mechanismen der Radikalisierung und wie sie durchbrochen werden können. Sie kommt zu einem ganz klaren Schluss: „Wenn wir verhindern wollen, dass sich junge Menschen radikalisieren, wird es nicht reichen, Accounts abzuschalten. Wir müssen uns mit den Botschaften inhaltlich auseinandersetzen. Wir können den IS nicht stoppen, ohne uns mit der politischen Krise in Syrien und im Irak zu befassen. Denn die Argumentation des IS, dass Syriens Machthaber Assad die Bevölkerung gewaltsam unterdrückt, ist ja wahr. Das hat sich der IS nicht ausgedacht."[251]

Die Lösung des Konfliktes in Syrien ist eine der schwierigsten Aufgaben der internationalen Politik. Ich mache mir keine Illusionen, da ich vor Ort die schier ausweglose Situation immer wieder mit eigenen Augen gesehen habe. Doch was auch immer getan werden kann, muss getan werden. Das Regime von Baschar al-Assad ist für den überwiegenden Teil der zivilen Opfer verantwortlich, darin sind sich alle Beobachter einig. Dass dadurch radikale Gruppen wie der IS trotz aller Gräuel, die von der Gruppe begangen werden, weiter Zulauf erhalten, ist leider Teil eines solchen teuflischen Kreislaufs der Gewalt. Solange sich der IS als „Retter vor Assad" inszenieren kann und ins Vakuum des Bürgerkrieges vordringt, wird der Konflikt mit jedem Tag verschärft.

Syrien zu helfen, zu einer friedlichen Zukunft zu finden, muss aber auch prioritär im Eigeninteresse Europas liegen. Dies nicht bloß aufgrund der Terrorgefahr durch Anhänger des IS in unseren Ländern. Millionen von Menschen wurden und werden aus Syrien und dem Irak in die Flucht getrieben, um ihr Leben zu retten. Um ihnen wirklich zu helfen, ist es nötig, ihnen in einem ersten Schritt Schutz zu geben. Langfristig aber brauchen sie eine Heimat, in die sie zurückgehen können: wo weder Fassbomben des Regimes noch eine brutale Terrormiliz ihnen jede Zukunft stiehlt.

Anmerkungen

[1] Petra Ramsauer: „Ich lebe in der von der Terrormiliz IS kontrollierten Stadt Raqqah", in: *profil*, 30.9.2014 (http://www.profil.at/ausland/ich-terrormiliz-is-stadt-raqqah-378030)
[2] Vgl.: Karim el-Gawhary, Mathilde Schwabeneder: Auf der Flucht. Reportagen von beiden Seiten des Mittelmeers, Wien, Kremayr & Scheriau 2015
[3] Die Namen von Betroffenen werden, so sie noch minderjährig sind, auf die Erwähnung des Vornamens beschränkt. Auch bei älteren Jugendlichen wird versucht, so gut es geht, die Privatsphäre ihrer Familien zu respektieren. Personen, die eindeutig im öffentlichen Interesse stehen, wie die Führungsfiguren des IS, werden – so bekannt – mit dem vollen Namen genannt.
[4] Die Zitate von Olivier Roy in diesem Buch stammen auch einem Vortrag, den er am 13.4.2015 in Wien im „Bruno-Kreisky-Forum" hielt, sowie aus: Meili Dschen: „Mangelnde Integration? Wir müssen mit der Heuchelei aufhören", auf: *srf kultur online*, 4.6.2015 (http://www.srf.ch/kultur/im-fokus/welten-des-islam/mangelnde-integration-wir-muessen-mit-der-heuchelei-aufhoeren)
[5] Nigel Bunyan: „Senior Muslim Lawyer Says British Teenagers See Isis as ‚Pop Idols', in *The Guardian*, 5.4.2015 (http://www.theguardian.com/world/2015/apr/05/senior-muslim-lawyer-says-british-teenagers-see-isis-as-pop-idols)
[6] Graeme Wood: „What ISIS Really Wants", in: *The Atlantic*, March Issue 2015 (http://www.theatlantic.com/features/archive/2015/02/what-isis-really-wants/384980/)
[7] Simon Tomlinson: „I witnessed Jihadi John Behead Japanese Hostage", in: *The Daily Mail*, 10.3.2015 (http://www.dailymail.co.uk/news/article-2987647/I-witnessed-Jihadi-John-behead-Japanese-hostage-ISIS-defector-reveals-British-graduate-subjected-prisoners-mock-executions-killing-them.html)
[8] Zeina Karan u. a.: „Inside Islamic State Group's Rule: Creating a Nation of Fear", in: *Associated Press*, 19.6.2015 (http://bigstory.ap.org/article/107f1977ef8241d9865649d03ac5816f/inside-islamic-state-groups-rule-creating-nation-fear?nc=1434638672833#)
[9] Javier Espinosa: „I Survived Jihadi John's threats to cut my throat", in: *The Sunday Times*, 15.3.2015 (http://www.thesundaytimes.co.uk/sto/news/uk_news/National/Terrorism/article1531324.ece)

[10] Assiem El Difraoui: „Die brutale Subkultur des ‚Heiligen Kriegs'", in: *Die Welt*, 22.11.2014 (http://www.welt.de/politik/ausland/article134518761/Die-brutale-Subkultur-des-Heiligen-Kriegs.html)

[11] Ann Marie Weaver: „Her Majesty's Jihadists", in: *New York Times*, 9.4.2015 (http://www.nytimes.com/2015/04/09/magazine/her-majestys-jihadists.html?ref=world)

[12] Brynjar Lia: „The Islamic State (IS) and its Mediatized Barbarism", in: *The New Middle East Blog*, 14.3.2015 (https://newmeast.wordpress.com/2015/03/14/the-islamic-state-is-and-its-mediatized-barbarism/)

[13] Arie W. Kruglanski: „Psychology not Theology: Overcoming ISIS' Secret Appeal", in: *E-International Relations*, 28.10.2014 (http://www.e-ir.info/2014/10/28/psychology-not-theology-overcoming-isis-secret-appeal/)

[14] Nico Heins: „Sexual Frustration Driving Kids to ISIS", in: *The Daily Beast*, 15.6.2015 (http://www.thedailybeast.com/articles/2015/06/15/sexual-frustration-driving-kids-to-isis.html)

[15] John Gray: „Isis: An Apocalyptic Cult Craving a Place in the Modern World", in: *The Guardian*, 26.8.2014 (http://www.theguardian.com/commentisfree/2014/aug/26/isis-apocalyptic-cult-carving-place-in-modern-world)

[16] Marwan Abou-Taam: „Syrien-Ausreisende und Rückkehrer. Ein Überblick", in: *Bundeszentrale für politische Bildung*, 2.6.2015 (http://www.bpb.de/politik/extremismus/islamismus/207441/syrien-ausreisende-und-rueckkehrer)

[17] Anthony Faiola u. a.: „From Hip-hop to Jihad, how the Islamic State became a Magnet to Converts", in: *The Washington Post*, 6.5.2015 (http://www.washingtonpost.com/world/europe/from-hip-hop-to-jihad-how-the-islamic-state-became-a-magnet-for-converts/2015/05/06/b1358758-d23f-11e4-8b1e-274d670aa9c9_story.html)

[18] Martin Chulov: „ Abu Bakr al-Baghdadi Emerges from Shadows to Rally Islamist Followers", in: *The Guardian*, 6.7.2014 (http://www.theguardian.com/world/2014/jul/06/abu-bakr-al-baghdadi-isis)

[19] Haneen Dajani: „ISIL's Claims to Caliphate Have no Basis in Islam, Says Scholar", in: *The National*, 24.6.2015 (http://www.thenational.ae/uae/government/isils-claims-to-caliphate-have-no-basis-in-islam-says-scholar)

[20] Erika Solomon u. a.: „Battling ISIS. A Long Campaign Ahead", in: *Financial Times*, 8.6.2015 (http://www.ft.com/intl/cms/s/0/33a0e52c-0ac9-11e5-a8e8-00144feabdc0.html#axzz3cgkcOSIq)

[21] Sean D. Naylor, „Airstrikes Killing Thousands of Islamic State Fighters, but It Just Recruits More", in: *Foreign Policy*, (http://foreignpolicy.com/2015/06/09/airstrikes-killing-thousands-of-islamic-state-fighters-but-it-just-recruits-more/)

[22] Daveed Gartenstein-Ross: „ How Many Fighters Does the Islamic State Really Have?", in: *War on the Rocks*, 9.2.2015 (http://warontherocks.com/2015/02/how-many-fighters-does-the-islamic-state-really-have/2/)

[23] Guy Van Vlierden: „How Belgium became a Top Exporter of Jihad" (*Terrorism Monitor* Volume 13, Issue 11), in: *The Jamestown Foundation online*, 29.5.2015 (http://www.jamestown.org/programs/tm/single/?tx_ttnews%5Btt_news%5D=43966&tx_ttnews%5BbackPid%5D=26&cHash=3ca3381f89f28b906b75b93701e092af#.VWi_JpEnXbT)

[24] Richard Kerbaj: „Twice as Many UK-Jihadists as Police Thought, Officials Say", in: *The Sunday Times online*, 19.4.2015 (http://www.thesundaytimes.co.uk/sto/news/uk_news/National/Terrorism/article1546017.ece)

[25] Brian Michael Jenkins: „There Will Be Battles in the Heart of Your Abode", in: *RAND Foundation*, 17.4.2015 (http://www.rand.org/content/dam/rand/pubs/testimonies/CT400/CT426z1/RAND_CT426z1.pdf)

[26] Jörg Diel u. a.: „Ausgereiste Dschihadisten: Neuer BKA-Chef fordert Kampagne gegen islamistischen Terror", in: *Spiegel online*, 29.4.2015 (http://www.spiegel.de/politik/deutschland/islamismus-neuer-bka-chef-fordert-anti-terror-kampagne-a-1031220.html)

[27] „The caliphate cracks", in: *The Economist*, 21.3.2015 (http://www.economist.com/news/leaders/21646750-though-islamic-state-still-spreading-terror-its-weaknesses-are-becoming-apparent)

[28] „Brussels Jewish Museum Killings: Suspect admitted attack" in: *BBC NEWS online*, 1.6.2014 (http://www.bbc.com/news/world-europe-27654505); abgerufen am 15.7.2015

[29] https://twitter.com/icsr_centre/status/604300785891954688

[30] Peter Tefner: „Up to 5.000 Europeans Joined Jihad, Europol Chief Says", in: *euobserver*, 14.1.2015 (https://euobserver.com/news/127202)

[31] Juan Pablo Somiedo Garcia: „La SCA Como Táctica Terrorista", in: *IEEE*, 14.5.2015 (http://www.ieee.es/Galerias/fichero/docs_opinion/2015/DIEEEO49-2015_La_SCA_PabloSomiedo.pdf)

[32] „The Caliphate Cracks", in: *The Economist,* 21.3.2015 (http://www.economist.com/news/leaders/21646750-though-islamic-state-still-spreading-terror-its-weaknesses-are-becoming-apparent)

[33] Martin Staudinger u. a.: „Dschihad am Riesenrad. Die ISIS und ihre Sympathisanten in Österreich", in: *profil,* 7.7.2014 (http://www.profil.at/ausland/dschihad-riesenrad-die-isis-sympathisanten-oesterreich-376592)

[34] „Jihadismus: 14-Jähriger in St. Pölten verurteilt", in: *Der Standard,* 26.5.2015 (http://derstandard.at/2000016366226/Jihadismus-14-Jaehriger-in-St-Poelten-vor-Gericht)

[35] Nazir Afzal: „Young People Are Easily Led. Our anti-Radicalisation Schemes Need to Be Cleverer", in: *The Guardian* (http://www.theguardian.com/global/2015/apr/08/nazir-afzal-young-people-anti-radicalisation-government-isis)

[36] Vgl.: Abu Amru Al Qa'idy: „A Course in the Art of Recruiting", Juli 2010 (https://ia800300.us.archive.org/32/items/ACourseIn TheArtOfRecruiting-RevisedJuly2010/A_Course_in_the_Art_of_Recruiting_-_Revised_July2010.pdf)

[37] Jörg Diehl, Özlem Gezer, Hubert Gude, Peter Müller, Sven Röbel, Fidelius Schmid, Andreas Ulrich: „An Tagen wie diesen", in: *Der Spiegel,* 4/2015. (http://www.spiegel.de/spiegel/print/d-131355115.html)

[38] Frank Jansen: „Die Hauptstadt ist Hochburg der Extremisten", in: *Der Tagesspiegel,* 12.6.2015 (http://www.tagesspiegel.de/politik/salafisten-in-berlin-die-hauptstadt-ist-hochburg-der-extremisten/11910604.html)

[39] Bundesamt für Verfassungsschutz und Terrorismusbekämpfung: „Verfassungsschutzbericht. Österreich 2014" (http://www.bmi.gv.at/cms/BMI_Verfassungsschutz/Verfassungsschutzbericht_Jahr_2014.pdf)

[40] „Thaibox-Star trainierte Winterthurer Jihadisten", in: *20min,* 25.5.2015 (http://www.20min.ch/schweiz/news/story/20388527?redirect=mobi&nocache=0.5)

[41] Sam Jones, Erika Solomon: „Terrorism: Radical Shift", in *„Financial Times",* 3.7.2015 (http://www.ft.com/intl/cms/s/0/33a90052-2150-11e5-aa5a-398b2169cf79.html)

[42] Katja Riedel u. a.: „Dschihad in Rosarot", in: *Süddeutsche Zeitung,* 26.6.2015 (http://www.sueddeutsche.de/politik/report-dschihad-rosa-rot-1.2539341)

[43] Richard Barrett: „Foreign Fighters in Syria“, The Soufan Group, June 2015 (http://soufangroup.com/wp-content/uploads/2014/06/TSG-Foreign-Fighters-in-Syria.pdf)

[44] Nabeelah Jaffa: „The Secret World of ISIS Brides“, in: *The Guardian*, 24.6.2015 (http://www.theguardian.com/world/2015/jun/24/isis-brides-secret-world-jihad-western-women-syria)

[45] Bundeszentrale für Politische Bildung: „Syrienausreisende und -Rückkehrer. Ein Überblick“, 2.6.2015 (http://www.bpb.de/politik/extremismus/islamismus/207441/syrien-ausreisende-und-rueckkehrer)

[46] siehe Anmerkung 42

[47] Die folgenden Zitate stammen aus: Kimiko De Freytas-Tamura: „Victim of Extremists Comes to Understand the Siren Song of ISIS“, in: *New York Times*, 25.4.2015 (http://www.nytimes.com/2015/04/25/world/europe/victim-of-extremists-comes-to-understand-the-siren-song-of-isis.html?_r=1)

[48] Interview siehe: Islamismusexperte Kepel: „Ihr Ziel ist der Bürgerkrieg“, in: *Frankfurter Allgemeine Zeitung*, 29.6.2015 (http://www.faz.net/aktuell/feuilleton/debatten/gilles-kepel-ueber-anschlaege-von-tunesien-und-frankreich-13673418-p2.html?printPagedArticle=true#pageIndex_2)

[49] Nico Hines: „Sexual Frustration Driving Kids to ISIS“, in: *The Daily Beast*, 15.6.2015 (http://www.thedailybeast.com/articles/2015/06/15/sexual-frustration-driving-kids-to-isis.html)

[50] Erasmus Monitoring (anonymer Blog): „Schöner kann man sich nicht fühlen. Die Geschichte einer Radikalisierung“, 24.3.2015 (http://erasmus-monitoring.blogspot.de/2015/03/schoner-kann-man-sich-nicht-fuhlen-die.html)

[51] Daniel H. Heinke, Jan Raudszus: „Foreign Fighters in Syria and Iraq“, 22.1.2015 (http://icsr.info/2015/01/icsr-insight-german-foreign-fighters-syria-iraq/)

[52] Brian Michael Jenkins: „There Will Be Battles in the Heart of Your Abode“, Rand Cooperation, April 2014 (http://www.rand.org/content/dam/rand/pubs/testimonies/CT400/CT426z1/RAND_CT426z1.pdf)

[53] Arie W. Kruglanski: „Psychology not Theology: Overcoming ISIS Secret Appeal“, *E-International Relations online*, 28.10.2014 (http://www.e-ir.info/2014/10/28/psychology-not-theology-overcoming-isis-secret-appeal/)

[54] Dounia Bouzar u. a.: „ La Metamorphose operée chez le jeune par les nouveaux discours terroristes", CPDSI, November 2014 (http://www.bouzar-expertises.fr/metamorphose)

[55] Vgl.: Eric Hoffer: The True Believer, 1951. Neu aufgelegt 2010 von Harper Perennial Modern Classics

[56] Joachim Röderer: „IS-Attentäter wurde offenbar schon in Freiburg radikalisiert", in: *Badische Zeitung*, 27.5.2015 (http://www.badische-zeitung.de/freiburg/is-attentaeter-wurde-offenbar-schon-in-freiburg-radikalisiert--105413455.html)

[57] Vgl. Karen Armstrong: „Wahabism to ISIS: How Saudi Arabia Exported the Main Source of Global Terrorism", in: *The New Statesman,* 27.11.2014 (http://www.newstatesman.com/world-affairs/2014/11/wahhabism-isis-how-saudi-arabia-exported-main-source-global-terrorism)

[58] Bundesamt für Verfassungsschutz: Salafistische Strömungen (http://www.verfassungsschutz.de/de/arbeitsfelder/af-islamismus-und-islamistischer-terrorismus/was-ist-islamismus/salafistische-bestrebungen)

[59] Elaine Ganley: „Austere Brand of Islam on the Rise in Europe", in: *Associated Press,* 21.6.2015 (http://bigstory.ap.org/article/f011f5c4c5654dcf9a7666ef2355ffce/austere-brand-islam-rise-europe-stirring-concerns)

[60] Thorsten Gerald Schneiders (Hg): „Salafismus in Deutschland", Verlag Transcript, 2014

[61] Sabine am Orde: „Das ist die 9/11-Generation", in: *taz,* 14.10.2014 (http://www.taz.de/!5031136/)

[62] Stefan Braun: „Video-Clips aus dem Krieg", in: *Süddeutsche Zeitung,* 9.11.2014 (http://www.sueddeutsche.de/politik/islamismus-videoclips-aus-dem-krieg-1.2202691-2)

[63] Alfred Hackensberger: „Die neuen IS-Kämpfer", in: *Die Welt,* 11.6.2015 (http://www.welt.de/politik/ausland/article142217606/Die-neuen-IS-Kaempfer-Obdachlose-und-Behinderte.html)

[64] Katrin Bennhold: „Two Outcomes, Similar Patterns: in: *The New York Times,* 5.3.2015 (http://www.nytimes.com/2015/03/06/world/europe/two-outcomes-similar-paths-radical-muslim-and-neo-nazi.html?_r=0)

[65] Stefan Brändle: „Alle Züge einer Zwangsneurose", in: *fr-online,* 22.11.2014 (http://www.fr-online.de/terrorgruppe-islamischer-staat/islamischer-staat-alle-zuege-einer-zwangsneurose,28501302,29122916.html)

[66] Graeme Wood: „What ISIS Really Wants“, in: *The Atlantic*, 2015/03 (http://www.theatlantic.com/features/archive/2015/02/what-isis-really-wants/384980/)

[67] Eine pdf-Datei des Magazins *Dabiq* ist auf der im Folgenden angeführten Seite für Forschungszwecke gespeichert. Sie zählt nicht zu den Propagandaseiten des IS und kann bedenkenlos geöffnet werden: https://azelin.files.wordpress.com/2014/07/islamic-state-22dc481biq-magazine-122.pdf

[68] Harleen K. Gambhir: „Dabiq: The Strategic Messaging of the Islamic State“, Institute for the Study of War, Backgrounder, 15. August 2014 (http://www.understandingwar.org/sites/default/files/Dabiq%20Backgrounder_Harleen%20Final.pdf)

[69] Graeme Wood: „What ISIS Really Wants“, in: *The Atlantic*, 2015/03 (http://www.theatlantic.com/features/archive/2015/02/what-isis-really-wants/384980/)

[70] Eric Schmitt: „In Battle to Defang ISIS, U.S. Targets Its Psychology“, in: *New York Times*, 28.12.2014 (http://www.nytimes.com/2014/12/29/us/politics/in-battle-to-defang-isis-us-targets-its-psychology-.html?_r=0)

[71] Die Zitate sind den Aufsätzen William McCants entnommen, in denen er auf die Kernaussagen seines Buches verweist. Sie sind unter diesem Link auf der Website des „Brookings Institute“ abrufbar. http://www.brookings.edu/blogs/markaz/posts/2015/02/17-isis-libya-apocalyptic-executions-christians-egypt.
Das erwähnte Buch, „The ISIS Apocalypse“ (St. Martins Press), erscheint im Spätherbst 2015.

[72] Norman Cohn: „The Pursuit of the Millennium“, Oxford University Press, 1952

[73] Shadi Hamid: „Temptations of Power: Islamists and Illiberal Democracy in a New Middle East“, Oxford University Press, 2014

[74] Nick Danfarth: „The Myth of the Caliphate“, in: *Foreign Affairs*, 19.11.2014 (https://www.foreignaffairs.com/articles/middle-east/2014-11-19/myth-caliphate?cid=emc-apr15promoc-content-031715&sp_mid=48247954&sp_rid=d2hpdGVwYXRoQGdtYWlsLmNvbQS2)

[75] Anonymus: „The Mystery of ISIS“, in: *The New York Review of Books*, 13.8.2015 (http://www.nybooks.com/articles/archives/2015/aug/13/mystery-isis/)

[76] Siehe dazu die Analyse der SOUFAN-Gruppe, die auf dieser Website abrufbar ist: http://soufangroup.com/tsg-intelbrief-the-dual-definitions-of-the-islamic-state/

[77] Anonymus: „The Mystery of ISIS", in: *The New York Review of Books*, 13.8.2015 (http://www.nybooks.com/articles/archives/2015/aug/13/mystery-isis/)
[78] Anne Barnard, Michael R. Gordon, Eric Schmitt: „Turkey and U.S. Plan to Create Syria ‚Safe Zone' Free of ISIS", in: *New York Times*, 27.7.2015 (http://www.nytimes.com/2015/07/28/world/middleeast/turkey-and-us-agree-on-plan-to-clear-isis-from-strip-of-northern-syria.html)
[79] „Syrian Rebel Group Leaves Their HQ After Clash With Al-Qaida", in: *Associated Press*, 1.8.2015 (http://www.nytimes.com/aponline/2015/08/01/world/middleeast/ap-ml-syria.html?ref=world&_r=0)
[80] Vgl.: Shiraz Maher: „From Portsmouth to Kobane: the British Jihadis Fighting for Isis", in: *The New Statesman*, 6.11.2014 (http://www.newstatesman.com/2014/10/portsmouth-kobane)
[81] Sean D. Naylor: „Airstrikes Killing Thousands of Islamic State Fighters, but It Just Recruits More", in: *Foreign Policy*, (http://foreignpolicy.com/2015/06/09/airstrikes-killing-thousands-of-islamic-state-fighters-but-it-just-recruits-more/)
[82] Aaron Lund: „Who are the Soldiers of the Islamic State", in: *Syria in Crisis*, Carnegie Endowment, 24.10.2014 (http://carnegieendowment.org/experts/?fa=913)
[83] Sam Jones, Piotr Zalewski, Erika Solomon: „Isis Sells Smuggled Oil to Turkey and Iraqi Kurds, Says US Treasury", in: *Financial Times*, 23.10.2014 (http://www.ft.com/intl/cms/s/0/6c269c4e-5ace-11e4-b449-00144feab7de.html#axzz3gyXlVTZE)
[84] Elizabeth Dickinson: „Playing with Fire", Brookings Institute, Analysis Paper. Number 16, Dezember 2013 (http://www.brookings.edu/~/media/research/files/papers/2013/12/06-private-gulf-financing-syria-extremist-rebels-sectarian-conflict-dickinson/private-gulf-financing-syria-extremist-rebels-sectarian-conflict-dickinson.pdf)
[85] Patrick Cockburn: „Iraq Crisis: How Saudi Arabia Helped Isis Take over the North of the Country", in: *The Independent*, 13.7.2014 (http://www.independent.co.uk/voices/comment/iraq-crisis-how-saudi-arabia-helped-isis-take-over-the-north-of-the-country-9602312.html)
[86] Presseaussendung des US-Finanzministeriums, dazu: http://www.treasury.gov/press-center/press-releases/Pages/jl2249.aspx

[87] Alfred Hackensberger: „Wie die geheime Allianz mit dem IS zu Bruch ging", in: *Die Welt*, 24.7.2015 (http://www.welt.de/politik/ausland/article144423834/Wie-die-geheime-Allianz-mit-dem-IS-zu-Bruch-ging.html)

[88] vgl. Aaron Y. Zelin: „Assad's Self-Fulfilling Prophecy", Washington Institute, 14.12.2012 (http://www.washingtoninstitute.org/policy-analysis/view/assads-self-fulfilling-prophecy)

[89] „Bashar al-Assad Interview: The Fight against Terrorists in Syria", geführt von der Nachrichtenagentur AFP am 24.1.2014. Das ungekürzte Manuskript, aus dem diese Passage stammt, ist abrufbar unter: http://www.globalresearch.ca/bashar-al-assad-interview-the-fight-against-terrorists-in-syria/5365613

[90] Behnam T. Said: „Islamischer Staat", München, 2014

[91] Zur Geschichte des politischen Islamismus und der Radikalisierung siehe: Petra Ramsauer: „Mit Allah an die Macht", Wien. 2012; Petra Ramsauer: „Muslimbrüder", Wien – Graz – Klagenfurt 2014

[92] Brian Fishman: „Al-Qa'ida's Road in and out of Iraq", Combating Terrorism Center, Westpoint 2008. (http://www.princeton.edu/~-jns/publications/Sinjar_2_July_23.pdf)

[93] Mary Anne Weaver: „The Short, Violent Life of Abu Musab al-Zarqawi", in: *The Atlantic*, July, August Edition 2006. (http://www.theatlantic.com/magazine/archive/2006/07/the-short-violent-life-of-abu-musab-al-zarqawi/304983/)

[94] Cole Bunzel: „From Paper State to Caliphate: The Ideology of the Islamic State", Brookings Project on U.S. Relations with the Islamic World, Analysis Paper, No. 19, March 2015 (http://www.brookings.edu/~/media/research/files/papers/2015/03/ideology-of-islamic-state-bunzel/the-ideology-of-the-islamic-state.pdf)

[95] Matt Spence, Alexandra Frean: „Bin Laden's Pakistani Hideaway Was Filled With Porn", in: *The Times*, 21.5.2015 (http://www.thetimes.co.uk/tto/news/world/americas/article4446496.ece)

[96] Shiv Malik (e. a.): „How ISIS Crippled Al-Qaida", in: *The Guardian online*, 10.6.2015 (http://www.theguardian.com/world/2015/jun/10/how-isis-crippled-al-qaida)

[97] David Samuels: „The New Mastermind of Jihad", in: *The Wall Street Journal*, 6.4.2012 (http://www.wsj.com/articles/SB10001424052702303299604577323750859163544)

[98] Hassan Hassan: „A Jihadist Blueprint for Hearts and Minds is Gaining Traction in Syria", in: *The National*, 4.3.2014 (http://www.thenational.ae/thenationalconversation/comment/a-jihadist-blueprint-for-hearts-and-minds-is-gaining-traction-in-syria)

[99] Brynjar Lia: „The Islamic State and its Mediatized Barbarism", in: *newmeast,* März 2015 (https://newmeast.wordpress.com/2015/03/14/the-islamic-state-is-and-its-mediatized-barbarism/)

[100] Der Sprechgesang ist hier archiviert: http://www.aymennjawad.org/2015/06/our-sharia-nasheed-from-islamic-state-ajnad-media#continued

[101] Siehe dazu die entsprechenden Screenshots; John Hall: „Executed for Daring to Speak the Truth about ISIS", in: *mailonline,* 22.4.2015 (http://www.dailymail.co.uk/news/article-3050145/Executed-daring-speak-truth-ISIS-Syrian-media-activist-pays-ultimate-price-telling-world-cruelty-suffered-Islamists-regime.html)

[102] Dieses Dokument und zahlreiche andere Verordnungen des IS wurden vom britischen Blogger Aymenn Jawad al-Tamimi archiviert und sind über diese Seite abrufbar: http://www.aymennjawad.org/2015/01/archive-of-islamic-state-administrative-documents

[103] „Men in Iraqi City of Mosul Brace for ‚Beard Patrols'", in: *Agence France Press,* 1.6.2015 (http://www.abc.net.au/news/2015-06-01/men-brace-for-beard-patrols-in-iraqs-mosul/6511800)

[104] Andrew F. March, Mara Revkin: „Caliphat of Law", in: *Foreign Affairs,* 15.4.2015 (https://www.foreignaffairs.com/articles/syria/2015-04-15/caliphate-law)

[105] „Inside Islamic State Group's Rule: Creating a Nation of Fear", in: *Associated Press,* 18.6.2015 (http://bigstory.ap.org/urn:publicid:ap.org:107f1977ef8241d9865649d03ac5816f)

[106] „Islamic State Beheads Female Civilians for First Time in Syria", in: *Reuters,* 30.6.2015 (http://mobile.reuters.com/article/idUSKCN0PA0QB20150630?irpc=932)

[107] Georg Mascolo, Britta von der Heide, Stephan Wels: „Einer packt aus", in: *Süddeutsche Zeitung,* 17.7.2015 (http://www.sueddeutsche.de/politik/deutscher-is-aussteiger-einer-packt-aus-1.2569633?reduced=true)

[108] „Iraq: ISIS Execution Site Located", Bericht, *Human Rights Watch,* 26.6.2014 (https://www.hrw.org/news/2014/06/26/iraq-isis-execution-site-located)

[109] Konrad Litschko: „Dokumente der Verrohung", in: *taz,* 18.6.2014 (http://www.taz.de/!5039741/)

[110] Ein Screenshot dieser Aussage wurde von der Autorin archiviert.

[111] Khales Joumah: „Mosul is a Safe Clean City Full of Bearded Men", Analyse, erstellt in Mossul für die irakische NGO „NIQASH", 11.6.2015 (http://www.niqash.org/en/articles/security/5029/Extremists%27-Mosul-Is-A-Safe-Clean-City-Full-Of-Bearded-Men-Veiled-Women.htm)

[112] http://www.wsj.com/articles/iraqi-city-of-mosul-transformed-a-year-after-islamic-state-capture-1433888626?mg=id-wsj

[113] Mona Sarkis: „Kreuzigungen und Spaßtage", in: *Neue Zürcher Zeitung*, 23.6.2014 (http://www.nzz.ch/feuilleton/kreuzigungen-und-spasstage-1.18327875)

[114] Jack Moore: „British Jihadi Writes Caliphate Guide to Attract ‚Cosmopolitan' Militants", in: *Newsweek*, 19.5.2015 (http://europe.newsweek.com/british-jihadi-writes-caliphate-guide-attract-cosmopolitan-militants-327484)

[115] Alle im folgenden Abschnitt zitierten Gerichtsdialoge wurden von der Autorin als Beobachterin bei den jeweiligen Prozessen am Wiener Landesgericht mitprotokolliert.

[116] Abu Ibrahim al-Raqqawi: „Inside the Islamic State ‚Capital': No End in Sight to its Grim Rule", in: *The Guardian*, 21.2.2015 (http://www.theguardian.com/world/2015/feb/21/islamic-state-capital-raqqa-syria-isis?CMP=share_btn_tw)

[117] Einen Überblick über diverse Medienberichte gibt es hier: Markus C. Schulte von Drach: „Zwietracht im Kalifat", in: *Süddeutsche Zeitung*, 11.3.2015 (http://www.sueddeutsche.de/politik/islamischer-staat-zwietracht-im-kalifat-1.2388182)

[118] Eli Lake: „Foreign Recruits are Islamic State's Canon Fodder", in: *Bloomberg View*, 11.2.2015 (http://www.bloombergview.com/articles/2015-02-11/foreign-fighters-are-islamic-state-s-cannon-fodder)

[119] Amberin Zaman: „Captured Fighter Details Islamic State's Turkey Connection", in: *Turkish Pulse*, 17.6.2015 (http://www.al-monitor.com/pulse/originals/2015/06/turkey-syria-iraq-isis-new-turkish-unit-lures-kurds.html#ixzz3dQDWud1D)

[120] Die Tagebucheintragungen liegen der Autorin vor, Auszüge sind auf Englisch hier zusammen gefasst: Noah Blazer, Doru Eroglu: „Journey to Isis: From Astrophysics Student to Shell-shocked Islamist Fighter", in: *Newsweek*, 13.5.2015 (http://europe.newsweek.com/journey-isis-astrophysics-student-shell-shocked-islamist-fighter-327165)

[121] Michael Weiss, Hassan Hassan: „ISIS: Inside the Army of Terror", New York 2015

[122] Die folgenden Zitate stammen aus: Patrick Cockburn: „Life under ISIS", in: *The Independent*, 16.3.2015 (http://www.independent.co.uk/news/world/middle-east/life-under-isis-why-i-deserted-the-islamic-state-rather-than-take-part-in-executions-beheadings-and-rape--the-story-of-a-former-jihadi-10111877.html)

[123] Die Zahlen stammen zum Großteil aus den zuvor erwähnten Quellen. Ergänzt wurde die Zahl russischer Freiwilliger aus Raniah Salloum, Benjamin Bidder: „Kämpfer in Syrien und Irak: Russland fürchtet den Terror der IS-Rückkehrer", in: *Spiegel online*, 1.8.2015 (http://www.spiegel.de/politik/ausland/islamischer-staat-russland-fuerchtet-terror-der-is-rueckkehrer-a-1046217.html)

[124] Scott Gates, Sukanya Podder: „Social Media, Recruitment, Allegiance and the Islamic State", in: *Perspectives on Terrorism*, 4/2015 (http://www.dailystar.com.lb/News/Middle-East/2015/Feb-21/288224-signs-of-tension-emerge-in-isis-ranks.ashx)

[125] Der offizielle Wortlaut der zitierten UN-Resolution ist über diese Seite abrufbar: http://www.un.org/press/en/2014/sc11580.doc.htm

[126] Siehe dazu das Protokoll des UN-Sicherheitsrates vom 29.5.2015, 7453rd Meeting: http://www.un.org/press/en/2015/sc11912.doc.htm

[127] Mohammad-Mahmoud Ould Mohamedou: „The Islamic State's First Year", in: *Al-Monitor*, 25.6.2015 (http://www.al-monitor.com/pulse/originals/2015/06/iraq-isis-baghdadi-al-qaeda-mosul-raqqa–syria-yemen.html)

[128] Charles Lister: „Profiling the Islamic State", *Brookings Doha Center Analysis Paper*, November 2014 (http://www.brookings.edu/~/media/Research/Files/Reports/2014/11/profiling%20islamic%20state%20lister/en_web_lister.pdf)

[129] Vivenne Walt: „Iraqi PM Warns That New ISIS Fighters Are Overwhelming the Iraqi Army", in: *TIME*, 2.6.2015 (http://time.com/3904741/abadi-iraq-paris/)

[130] Hugh Naylor: „Fall of Ramadi Reflects Failure of Iraq's Strategy against ISIS, Analysts Say", in: *Washington Post*, 19.5.2015 (http://www.washingtonpost.com/world/middle_east/fall-of-ramadi-reflects-failure-of-iraqs-strategy-against-islamic-state-analysts-say/2015/05/19/1dc45a5a-fda3-11e4-8c77-bf274685e1df_story.html)

[131] Barry Posen: „The Iraqi Army no Longer Exists", in: *Defense One*, 7.6.2015 (http://www.defenseone.com/ideas/2015/06/iraqi-army-no-longer-exists/114607/)

[132] Liz Sly: „The Hidden Hand Behind the Islamic State Militants Saddam Hussein's", in: *Washington Post*, 4.4.2015 (http://www.washingtonpost.com/world/middle_east/the-hidden-hand-behind-the-islamic-state-militants-saddam-husseins/2015/04/04/aa97676c-cc32-11e4-8730-4f473416e759_story.html)

[133] Charles Lister: „The Islamic State. A Brief Introduction", Brookings Institution Press, 2015

[134] Weiss: Hassan, 2015

[135] Wilfried Buchta: „Terror vor den Toren Europas. Der Islamische Staat, Iraks Zerfall und Amerikas Ohnmacht", Frankfurt 2015

[136] Vgl. Emma Sky: „The Unraveling: High Hopes and Missed Opportunities in Iraq", Public Affairs 2015

[137] https://www.iraqbodycount.org/analysis/numbers/2011/

[138] http://www.zeit.de/2009/28/Falluja/komplettansicht

[139] http://musingsoniraq.blogspot.sg/2015/06/behind-revival-of-islamic-state-in-iraq.html

[140] Charles Lister: „The Islamic State. A Brief Introduction", Brookings Institute 2015

[141] Martin Chulov: „ISIS: The Inside Story", in: *The Guardian*, 11.12.2014 (http://www.theguardian.com/world/2014/dec/11/-sp-isis-the-inside-story)

[142] Christoph Reuter: „Die schwarze Macht", Spiegel Buchverlag, 2015

[143] Vgl.: Kyle Orton: „Saddam's Former Loyalists Are Leading ISIS – as True Believers", in: *National Review*, 20.7.2015 (http://www.nationalreview.com/article/421370/saddam-loyalists-running-isis-are-true-believers-not-secularists)

[144] Sherine Tadros:„Escaped Islamic State Wives In Hiding In Turkey", in: *Sky News*, 20.4.2015 (http://news.sky.com/story/1468284/escaped-islamic-state-wives-in-hiding-in-turkey)

[145] John Hall: „Up to 60 Women Rule IS Capital by Fear", in: *The Daily Mail*, 4.2.2015 (http://www.dailymail.co.uk/news/article-2858819/Up-60-British-Jihadette-women-rule-ISIS-s-capital-fear.html)

[146] Leela Jacinto: „You've Reversed a Long Way, Baby", in: *Foreign Policy*, 5.3.2015 (http://foreignpolicy.com/2015/03/05/youve-reversed-a-long-way-baby-women-violence-extremism/)

[147] Katja Riedel, Georg Heil und Volkmar Kabisch: „Dschihad rosa-rot", in: *Süddeutsche Zeitung*, 26.6.2015 (http://www.sueddeutsche.de/politik/report-dschihad-rosa-rot-1.2539341)

[148] Dieses und weitere Zitate stammen aus einem persönlichen Gespräch Frau Schlaffers mit der Autorin.

[149] James Longman: „Female Muslim Converts Drawn to Islamic State", in: *BBC News*, 29.1.2015 (http://www.bbc.com/news/uk-31027457)

[150] Lydia Smith: „Islamic State's Women Warriors: How Fierce Al-Khansa Battalion was Borne Out of Repression", in: *International Business Times*, 13.8.2014 (http://www.ibtimes.co.uk/islamic-states-women-warriors-how-fierce-al-khansa-battalion-was-borne-out-repression-1461016)

[151] Unter diesem Link ist die von Charlie Winter ins Englische übersetzte und im Text bereits zitierte Version des Dokumentes abrufbar: http://www.quilliamfoundation.org/wp/wp-content/uploads/publications/free/women-of-the-islamic-state3.pdf

[152] Zitiert nach Stefanie Heckel: „Was junge Frauen aus der Region an IS-Kämpfern fasziniert", in: *Augsburger Allgemeine*, 19.6.2015 (http://www.augsburger-allgemeine.de/politik/Was-junge-Frauen-aus-der-Region-an-IS-Kaempfern-fasziniert-id34507062.html)

[153] Erin Marie Saltman, Melanie Smith: „Till Martyrdom Do Us Part. Gender and the ISIS Phenomenon", Institute for Strategic Dialogue, 2015 (http://www.strategicdialogue.org/Till_Martyrdom_Do_Us_Part_Gender_and_the_ISIS_Phenomenon.pdf)

[154] Die Verfügbarkeit des Links zum Magazin DABIQ, herausgegeben vom Islamischen Staat und über das Internet verbreitet, ist langfristig nicht garantiert. Die hier erwähnte Ausgabe vom Juni 2015 wurde unter folgendem Link abgerufen: https://azelin.files.wordpress.com/2014/07/islamic-state-e2809cdc481biq-magazine-2e280b3.pdf
Die Autorin verfügt über Screenshots der zitierten Passage.

[155] Nancy A. Youssef, Shane Harris: „The Women Who Secretly Keep ISIS Running", in: *The Daily Beast*, 5.7.2015 (http://www.thedailybeast.com/articles/2015/07/05/the-women-who-secretly-keep-isis-running.html)

[156] Patrick Cockburn: „The Grim Reality of Life under the Islamist Group in Iraq", in: *The Independent*, 16.5.2015 (http://www.independent.co.uk/news/world/middle-east/war-with-isis-the-grim-reality-of-life-under-the-islamist-group-in-iraq-10255422.html)

[157] Martin Gehlen: „Das Trauma der Jesiden", in: *zeit-online*, 16.5.2015 (http://www.zeit.de/politik/ausland/2015-05/jesiden-frauen-sexueller-missbrauch-trauma)

[158] Die Berichte der Sondergesandten sind unter diesem Link der Pressestelle der Vereinten Nationen abrufbar: http://www.un.org/apps/news/story.asp?NewsID=50794

[159] Rukmini Callimachi: „ISIS Enshrines a Theology of Rape", in: *New York Times,* 13.8.2015 (http://www.nytimes.com/2015/08/14/world/middleeast/isis-enshrines-a-theology-of-rape.html?_r=0)

[160] Amelia Smith: „ISIS Publish Pamphlet On How to Treat Female Slaves", in: *Newsweek,* 12.9.2014 (http://europe.newsweek.com/isis-release-questions-and-answers-pamphlet-how-treat-female-slaves-290511)

[161] Heather Saul:„ISIS in Libya", in: *The Independent,* 12.5.2015 (http://www.independent.co.uk/news/world/europe/isis-in-libya-families-forced-to-marry-girls-as-young-as-12-to-fighters-for-protection-as-clinics-see-growing-number-of-miscarriages-and-stds-10244257.html)

[162] Interview mit William McCants siehe: Michael Petrout: „Why Are so Many Young Women from Western Countries Running Away from Home to Join a Genocidal Death Cult?", in: *Maclean's,* 7.3.2015 (http://www.macleans.ca/society/teen-girl-jihadists/)

[163] Jörg Diehl, Hubert Gude, Barbara Schmid, Fidelius Schmid: „Die Töchter des Dschihad", in: *Der Spiegel,* 7.2.2015 (http://www.spiegel.de/spiegel/print/d-131696270.html)

[164] Jamie Dettmer: „The ISIS Online Campaign Luring Western Girls to Jihad", in: *The Daily Beast,* 8.6.2014 (http://www.thedailybeast.com/articles/2014/08/06/the-isis-online-campaign-luring-western-girls-to-jihad.html)

[165] Das Statement der Eltern ist auf dieser Website nachzulesen: http://www.nbcnews.com/storyline/isis-terror/bedroom-radical-aqsa-mahmood-left-u-k-become-isis-bride-n195386

[166] A. A. (undercover reporter): „EXCLUSIVE: ‚LOL!'", in: *Mail on Sunday,* 4.7.2015 (http://www.dailymail.co.uk/news/article-3149629/Laugh-loud-UK-schoolgirl-jihadi-s-sick-reaction-Tunisian-massacre-series-extraordinary-online-messages-undercover-MOS-reporter.html?ito=social-facebook)

[167] Rukmini Callimachi: „ISIS and the Lonely Young American", in: *New York Times,* 27.6.2015 (http://www.nytimes.com/2015/06/28/world/americas/on-isis-terms-courting-a-young-american.html)

[168] siehe Longman, 2015

[169] Susan Zalkind: „This Is What the Government Thinks an ISIS Fighter Looks like", in: *The Daily Beast,* 26.6.2015, (http://www.thedailybeast.com/articles/2015/06/26/this-is-what-the-government-thinks-an-isis-fighter-looks-like.html?source=socialflow&via=twitter_page&account=thedailybeast&medium=twitter)

[170] siehe Riedel et al, 2015

[171] Mona Alami: „The Female ‚Rock-Stars' of Terror", in: *Lebanon Pulse*, 17.3.2015 (http://www.al-monitor.com/pulse/originals/2015/03/jihadist-middle-east-women-terrorist-activities.html?utm_source=Al-Monitor+Newsletter+%5BEnglish%5D&utm_campaign=32e1c11b1c-March_18_2015&utm_medium=email&utm_term=0_28264b27a0-32e1c11b1c-102096013#)

[172] Das Zitat stammt aus einem Vortrag, den er am 13.12.2014 im „Bruno Kreisky Forum" in Wien hielt. Dazu auch Peter Steinbach: „Kalifat des Schreckens", München 2015, und Behnam T. Said: „Islamischer Staat", München 2014

[173] Peter Bergen: „Holy War Inc", New York 2002

[174] siehe: Said, 2015

[175] Dominik Schreiber: „Entschuldigungs-Mail vor dem Mord", in: *Kurier*, 9.8.2015 (http://kurier.at/chronik/wien/vater-von-mohamed-m-eines-tages-war-er-einfach-weg/145.870.473)

[176] vgl.: Said, 2015

[177] Die Autorin verfügt über die Screenshots der Postings des Accounts von Mohamed Mahmoud auf Twitter.

[178] Das Interview mit Bernhard Falk führte die Autorin im Juli 2015. Es wird im nächsten Kapitel ausführlich wiedergegeben und auch seine Person näher erläutert.

[179] „Dschihad-Prediger zieht nach Hessen", in: *Der Westen*, 2.3.2012 (http://www.derwesten.de/nachrichten/dschihad-prediger-zieht-nach-hessen-id6422209.html#plx281869403)

[180] Daniel H. Heinke, Jan Raudszus: „German Foreign Fighters in Syria and Iraq", Combating Terrorism Center, West Point, 22.1.2015 (https://www.ctc.usma.edu/posts/german-foreign-fighters-in-syria-and-iraq)

[181] Hubert Gude, Souad Mekhennet, Christoph Scheuermann: „Im Feindesland", in: *Der Spiegel*, 23.4.2012 (http://www.spiegel.de/spiegel/print/d-85157562.html)

[182] „Salafisten: Türkische Polizei lässt Hassprediger frei", in: *Spiegel Online*, 24.9.2014 (http://www.spiegel.de/politik/ausland/mohamed-mahmoud-tuerkei-entlaesst-hassprediger-aus-gefaengnis-a-993562.html)

[183] John Simpson, Alex Christie Miller: „UK Jihadists were Traded by Turkey for Hostages", in: *The Times*, 6.10.2014 (http://www.thetimes.co.uk/tto/news/uk/article4227988.ece)

[184] Mustapha Ajbaili: „How ISIS Conquered Social Media", in: *Al Arabiya News*, 24.6.2014 (http://english.alarabiya.net/en/media/digital/2014/06/24/How-has-ISIS-conquered-social-media-.html)

[185] Christoph Elflein, Josef Hufelschulte, Axel Spilcker, Stephanie Stallmann: „Die deutsche Terror-Brigade", in: *Focus*, 23.6.2015 (http://www.focus.de/politik/ausland/politik-die-deutsche-terror-brigade_id_3921596.html)

[186] siehe Gude u. a. „Der Spiegel", 2012

[187] Asiem El Difraoui: „IS nutzt Pop für Propaganda", in: *Die Welt*, 22.11.2014 (http://www.welt.de/politik/ausland/article134518761/Die-brutale-Subkultur-des-Heiligen-Kriegs.html)

[188] Gude et al. 2012

[189] Vgl. Stefan Brändle: „Alle Züge einer Zwangsneurose", in: *fr-online*, 22.11.2014 (http://www.fr-online.de/terrorgruppe-islamischer-staat/islamischer-staat-alle-zuege-einer-zwangsneurose,28501302,29122916.html)

[190] Cori E. Daubner, Mark Robinson: „ISIS and the Hollywood Visual Style", in: *jihadology*, 8.7.2015 (http://jihadology.net/2015/07/06/guest-post-isis-and-the-hollywood-visual-style/)

[191] Weiss, Hassan 2015

[192] Katrin Bennhold: „Britain Is Losing Against ISIS Recruitment Tactics", in: *New York Times*, 29.7.2015 (http://www.nytimes.com/2015/07/29/world/europe/britain-is-losing-against-isis-recruitment-tactics.html?smid=pl-share&_r=0)

[193] Die beschriebenen Aufnahmen sind per Screenshot archiviert worden. Vgl. dazu auch: Omar Abdallah: „ISIS Teaches Children How to Behead in Training Camps", in: *ABC Syria Deeply*, 6.9.2014 (http://abcnews.go.com/International/isis-teaches-children-behead-training-camps/story?id=25303940); Imogen Calderwood: „Slaughter in the Roman Amphitheatre", in: *mailonline* 4.7.2015, (http://www.dailymail.co.uk/news/article-3149469/Slaughter-amphitheatre-ISIS-executioners-brutally-shoot-dead-25-Syrian-regime-soldiers-bloodthirsty-crowds-ancient-Palmyra-ruin.html)

[194] Charlie Winter: „The Virtual ‚Caliphate': Understanding Islamic State's Propaganda Strategy",Quiliam Foundation, 1.7.2015 (http://www.quilliamfoundation.org/wp/wp-content/uploads/publications/free/the-virtual-caliphate-understanding-islamic-states-propaganda-strategy.pdf)

[195] Robert Hannigan: „The Web is a Terrorist's Command-and-Control Network of Choice", in: *Financial Times*, 3.11.2014 (http://on.ft.com/1qmo2QJ)

[196] Martin Staudinger, Anna Giulia Fink: „Dschihad am Riesenrad", in: *Profil*, 7.7.2014 (http://www.profil.at/ausland/dschihad-riesenrad-die-isis-sympathisanten-oesterreich-376592)

[197] Markus Wehner: „Das Muster des IS“, in: *FAZ*, 27.6.2015 (http://www.faz.net/aktuell/politik/ausland/europa/terror-im-alleingang-das-muster-des-is-13672306.html)
[198] Aaron Y. Zelin: „Between the Islamic State and al-Qaeda in Tunisia“, in: *ICSR Insight*, 25.5.2015 (http://icsr.info/2015/05/icsr-insight-islamic-state-al-qaeda-tunisia/)
[199] Dipesh Gadher: „Manual for ‚Lone Wolf‘ Attacks Posted Online by UK Extremists“, in: *Sunday Times*, 28.6.2015 (http://www.thesundaytimes.co.uk/sto/news/article1574589.ece)
[200] J. M. Berger, Jonathon Morgan: „The ISIS Twitter Census“, Brookings Institute, Analysis Paper 20, März 2015 (http://www.brookings.edu/~/media/research/files/papers/2015/03/isis-twitter-census-berger-morgan/isis_twitter_census_berger_morgan.pdf)
[201] Ryan J. Reilly: „FBI: When It Comes To @ISIS Terror, Retweets = Endorsements“, in: *Huffington Post*, 7.8.2015 (http://www.huffingtonpost.com/entry/twitter-terrorism-fbi_55b7e25de4b0224d88344466e)
[202] Brian Bennett: „With Islamic State Using Instant Messaging Apps, FBI Seeks Access to Data“, in: *LA Times*, 8.6.2015 (http://www.latimes.com/world/middleeast/la-fg-terror-messaging-20150608-story.html)
[203] Siehe dazu zusammenfassend: Heinke/Raudszus, 2015. Verfassungsschutzbericht 2014 des Bundesinnenministeriums. Abrufbar unter folgendem Link: http://www.bmi.gv.at/cms/BMI_Verfassungsschutz/BVT_VSB_2014_V20140613_online.pdf
[204] Özlem Gezer: „Emrah und seine Brüder“, in: *Der Spiegel*, 2.5.2015 (http://www.spiegel.de/spiegel/print/d-134762497.html)
[205] Florian Flade: „Erst Korane verteilt, dann für Allah in den Krieg“, in: *Die Welt*, 18.10.2014 (http://www.welt.de/politik/deutschland/article133423847/Erst-Korane-verteilt-dann-fuer-Allah-in-den-Krieg.html)
[206] Said. 2015
[207] Die Autorin hat Screenshots dieser Tweets archiviert.
[208] Sabine am Orde: „Der linke Salafist“, in: *taz*, 31.10.2014 (http://www.taz.de/!5029925/)
[209] Abrufbar unter: http://erasmus-monitor.blogspot.de
[210] André Zand-Vakili, Christoph Heinemann, Christian Unger: „Salafisten ködern neue Rekruten in Hamburg“, in: *Hamburger Abendblatt*, 1.8.2015 (http://www.abendblatt.de/hamburg/article205556807/Salafisten-koedern-neue-Rekruten-in-Hamburg.html#)

[211] Erin Cunningham: „The Flow of Jihadists into Syria Dries up as Turkey Cracks down on the Border“, in: *Washington Post*, 1.8.2015 (https://www.washingtonpost.com/world/middle_east/the-flow-of-jihadists-into-syria-dries-up-as-turkey-cracks-down-on-the-border/2015/07/31/d95f4234-34ad-11e5-b835-61ddaa99c73e_story.html?postshare=4931438425924457)

[212] Die folgenden Zitate stammen aus einem persönlichen Gespräch Schmidingers mit der Autorin von Anfang August 2015.

[213] Neben der Initiative dieser Gruppe gibt es seitens der Stadt Wien seit September 2014 das „Netzwerk zur Deradikalisierung und Prävention“, eine vom österreichischen Familienministerium eingerichtete „Deradikalisierungs-Hotline“.

[214] Frank Vallender: „Zum Urlaub in den Krieg“, in: *General-Anzeiger*, 15.8.2015 (http://www.general-anzeiger-bonn.de/news/politik/nrw/zum-urlaub-in-den-krieg-article1700336.html)

[215] Willy le Devin: „Les connexions dangereuses de Yassin Salhi“, in: *Libération*, 29.6.2015 (http://www.liberation.fr/societe/2015/06/29/les-connexions-dangereuses-de-yassin-salhi_1339420)

[216] Eric Schmitt: „ISIS or Al-Qaeda?“, in: *New York Times*, 4.8.2015 (http://www.nytimes.com/2015/08/05/world/middleeast/isis-or-al-qaeda-american-officials-split-over-biggest-threat.html?_r=0)

[217] Harry Bruinius: „Does Chattanooga-Shooter Fit the Lone-Wolf-Terrorist-Pattern?“, in: *Christian Science Monitor*, 17.7.2015 (http://www.csmonitor.com/USA/Society/2015/0717/Does-Chattanooga-shooter-fit-the-lone-wolf-terrorist-pattern-video)

[218] „European Union Terrorism and Trend Report 2015“, Juli 2015, abrufbar unter: „https://www.europol.europa.eu/content/european-union-terrorism-situation-and-trend-report-2015

[219] Thomas Hegghammer, Peter Nesser: „Assessing the Islamic State's Commitment to Attacking the West“, in: *Perspectives on Terrorism*, 4/2015 (http://www.terrorismanalysts.com/pt/index.php/pot/article/view/440/html)

[220] Details zu der erwähnten Studie in Jamie Doward: „Media Coverage of Terrorism ‚Leads to Further Violence‘“, in: *The Observer*, 1.8.2015 (http://www.theguardian.com/media/2015/aug/01/media-coverage-terrorism-further-violence)

[221] Fabian Schmid: „Propaganda auf Facebook: Im Netzwerk der österreichischen IS-Fans“, in: *Der Standard*, 12.9.2014 (http://derstandard.at/2000004876852/Im-Netzwerk-der-oesterreichischen-IS-Fans)

[222] Herwig Höller: „Tschetschenen in Österreich“, in: *Der Standard*, 26.4.2013 (http://derstandard.at/1363709232026/Tschetschenen-in-Oesterreich-Trotz-Namensaenderung-nicht-angekommen)
[223] Daniel Wechlin: „Die Islamisten im Nordkaukasus in Bedrängnis“, in: *NZZ*, 11.8.2015 (http://www.nzz.ch/international/die-islamisten-im-nordkaukasus-in-bedraengnis-1.18593998)
[224] Clemens Neuhold: „Justitias scharfe Waffen gegen Austro-Dschihadisten“, in: *Wiener Zeitung*, 22.1.2105 (http://www.wienerzeitung.at/nachrichten/oesterreich/politik/729880_Justitias-scharfe-Waffen-gegen-Austro-Dschihadisten.html)
[225] Christa Zöchling, Edith Meinhart: „Nach der Großrazzia rücken die radikalen Islamisten enger zusammen“, in: *profil*, 29.11.2014 (http://www.profil.at/oesterreich/nach-grossrazzia-islamisten-378587)
[226] „‚Ebu Tejma‘: Schieß- und Kampftraining“, in *ORF-online*, 11.12.2014 (http://wien.orf.at/news/stories/2683920/)
[227] Zu den Hintergründen siehe Anes Alic: „Wahhabism: From Vienna to Bosnia“, International Security Network. ETH Zürich, 6.7.2007 (http://www.isn.ethz.ch/Digital-Library/Articles/Detail//?id=53104&lng=en)
[228] Vgl. Thomas Roser: „Wien als Wahhabiten-Zentrum“, in: *Die Presse*, 5.11.2011 (http://diepresse.com/home/politik/aussenpolitik/706228/Wien-als-WahhabitenZentrum)
[229] Zöchling, 2014
[230] Vlado Azinovic, Muhamed Jusic: „The Lure of the Syrian War: The Foreign Fighter's Bosnian Contingent“, Report, Atlantic Initiative, 2015
[231] Mark Urban: „Bosnia: Cradle of Modern Jihadism?“, in: *BBC*, 2.7.2015 (http://www.bbc.com/news/world-europe-33345618)
[232] Vgl.: Asma Guénifi: „Islam radical: ‚Le salafiste est paranoïaque‘“, in: *Le Parisien*, 14.11.2014 (http://www.leparisien.fr/societe/islam-radical-le-salafiste-est-paranoiaque-14-11-2014-4291071.php)
[233] Shiraz Maher: „From Portsmouth to Kobane: the British Jihadis Fighting for Isis“, in: *New Statesman*, 6.11.2014 (http://www.newstatesman.com/2014/10/portsmouth-kobane)
[234] Guy Van Vlierden: „How Belgium Became a Top Exporter of Jihad“, in: *Terrorism Monitor* Volume: 13 Issue: 11, veröffentlicht am 29.5.2015, abrufbar unter: http://www.jamestown.org/programs/tm/single/?tx_ttnews%5Btt_news%5D=43966&tx_ttnews%5BbackPid%5D=26&cHash=3ca3381f89f28b906b75b93701e092af#.VWi_JpEnXbT

[235] Die Recherchen des niederländischen Historikers Pieter van Ostaeyen sind auf seinem Blog dokumentiert: https://pietervanostaeyen.wordpress.com/category/jabhat-an-nusra/

[236] Ben Taub: „Journey to Jihad", in: *New Yorker,* 1.6.2015 (http://www.newyorker.com/magazine/2015/06/01/journey-to-jihad)

[237] Jamie Grierson, Shiv Malik: „Preacher Anjem Choudary Charged with Encouraging Support for Islamic State", in: *The Guardian,* 5.8.2015 (http://www.theguardian.com/uk-news/2015/aug/05/cleric-anjem-choudary-charged-with-encouraging-support-for-islamic-state)

[238] Steinberg, 2015

[239] „Teilnehmer an Salafisten-Krawallen wurden zu Kämpfern in Syrien", in: *Focus online,* 21.4.2015 (http://www.focus.de/regional/duesseldorf/extremismus-teilnehmer-an-salafisten-krawallen-wurden-zu-kaempfern-in-syrien_id_4626497.html)

[240] Guido Radtke, Günter Tewes: „Razzia gegen Salafisten in den frühen Morgenstunden", in: *rp-online,* 27.3.2015 (http://www.rp-online.de/nrw/staedte/solingen/razzia-gegen-salafisten-in-den-fruehen-morgenstunden-aid-1.4973545)

[241] Hans Peter Meurer: „Solinger Salafisten sterben in Syrien", in: *Solinger Tagblatt,* 30.4.2015 (http://www.solinger-tageblatt.de/solingen/solinger-salafisten-sterben-syrien-4958055.html)

[242] Zusammenfassung der Attentatsversuche siehe: „Islamismus. Entwicklungen – Gefahren – Gegenmaßnahmen", Broschüre des niedersächsischen Verfassungsschutzes, abrufbar unter dem Link: http://www.verfassungsschutz.niedersachsen.de/portal/live.php?navigation_id=30947&article_id=106665&_psmand=30

[243] Jörg Diehl, Özlem Gezer, Hubert Gude u. a.: „An Tagen wie diesen", in: *Der Spiegel,* 17.1.2015 (http://www.spiegel.de/spiegel/print/d-131355115.html)

[244] Im Blogeintrag des Journalisten Florian Flade werden die Hintergründe sehr präzise beschrieben. Abrufbar unter: https://ojihad.wordpress.com/2015/05/08/verwendungszweck-teich-terroralarm-in-hessen/

[245] Gezer, 2015

[246] Vgl. Daten und Zitat: Angelique Chrisafis: „Charlie Hebdo Attackers: Born, Raised and Radicalised in Paris", in: *The Guardian,* 12.1.2015 (http://www.theguardian.com/world/2015/jan/12/-sp-charlie-hebdo-attackers-kids-france-radicalised-paris)

[247] Holger Dambeck, Jörg Diehl, Björn Hengst, Anna Reimann: „Was die Attentäter verbindet", in: *Der Spiegel*, 17.2.2015 (http://www.spiegel.de/politik/ausland/terror-in-kopenhagen-und-paris-parallelen-der-attentate-a-1018903.html)

[248] Die Interviews mit Jorgen Ilum und Oussama El Saadi, aus denen in diesem Kapitel zitiert wird, hat die Autorin Anfang Mai 2015 in Aarhus geführt.

[249] Das Interview mit Lamya Kaddor wurde am 30.4.2015 in Duisburg geführt. Ihr Buch „Zum Töten bereit. Warum deutsche Jugendliche in den Dschihad ziehen" erschien 2015 im Piper Verlag.

[250] „Response to foreign terrorist fighters and recent terrorist attacks in Europe", Europäischer Rat, März 2015 (http://www.consilium.europa.eu/en/policies/fight-against-terrorism/foreign-fighters/)

[251] Lutz Knappmann: „Die Social-Media-Strategie des Islamischen Staats", in: *Süddeutsche Zeitung*, 21.3.2015 (http://www.sueddeutsche.de/digital/radikalisierung-in-sozialen-medien-die-social-media-strategie-des-islamischen-staats-1.2400586)